LOCUS

LOCUS

LOCUS

LOCUS

from

vision

from 33　蘋果橘子經濟學

Freakonomics

作者：Steven D. Levitt & Stephen J. Dubner

譯者：李明．林茂昌（加贈附錄）

責任編輯：湯皓全

美術編輯：何萍萍

法律顧問：全理法律事務所董安丹律師

出版者：大塊文化出版股份有限公司

台北市105南京東路四段25號11樓

www.locuspublishing.com

讀者服務專線：0800-006689

TEL：(02) 87123898　FAX：(02) 87123897

郵撥帳號：18955675　戶名：大塊文化出版股份有限公司

總經銷：大和書報圖書股份有限公司　地址：台北縣五股工業區五工五路2號

TEL：(02) 89902588 (代表號)　FAX：(02)22901658

排版：天翼電腦排版印刷有限公司　製版：源耕印刷事業有限公司

初版一刷：2006年4月

二版一刷：2010年1月

二版 39 刷：2023 年 11 月

定價：新台幣300元

Printed in Taiwan

Freakonomics

蘋果橘子經濟學

Steven D. Levitt & Stephen J. Dubner 著
李明 譯

目次

擴充・修訂紀念版前言

當我們在寫《蘋果橘子經濟學》的時候，我們嚴重懷疑，會有人眞正讀這本書——我們當然更沒想到，竟然還必須做這個擴充改版。但我們現在很高興，也很感激，我們錯了。

那麼，爲什麼要煞費周章地改版呢？

有幾個理由。第一，世界是活的，會呼吸，也會改變，但書本卻不是。作者一旦完稿之後，稿子就被迫擱置將近一年，如石沉大海一般，直到出版商將稿子打理好，準備發行。如果你所寫的是，譬如說，第三次迦太基戰爭史，那麼，這不會造成太大困擾。但由於《蘋果橘子經濟學》所探討的是現代眞實世界的各種議題，而且由於現代世界的變化相當快，所以，我們把這本書從頭到尾做個檢查，並做了一些細部的更新。還有，我們有些地方寫錯了。指出錯處要我們注意的，通常是讀者；對此，我們非常感激。同樣的，這些大都是非常細微的修正。

本書變動最大的章節是第二章開頭，講的是有一個人從事反三K黨運動的故事。在《蘋果橘子經濟學》初版發行的幾個月之後，有人提醒我們，這個人對於他的反三K黨運動和對各種三K黨事物的描述過於誇張。完整的說明，請看一篇叫做〈欺世盜名〉（Hoodwinked）的文章，在第二四五頁。儘管知道這個錯誤，並貶抑一個在各地都受到愛戴的人物的聲譽，是件令人難過的事，但我們覺得，把歷史記載老老實實地說出來也很重要。

我們還把這本書的架構做了一些更動。在最初的版本裡，每一章的開端都先摘錄一段《紐約時報雜誌》上，我們其中一人（杜伯納）爲另一人（李維特）所作的人物簡介，而這些文章，正是撰寫本書的發端。因爲有些讀者覺得這些摘錄很突兀（且／或目中無人、且／或太諂媚），我們已經將其刪除，改成放在本版後面第二〇七頁的「擴充・修訂紀念版加贈附錄」中，將完整的《紐約時報雜誌》文章重新刊出。這樣，方便各位跳過，或是單獨閱讀，但看你的選擇。

我們還有更多的加贈收錄，所以，我們把這個版本稱爲「擴充版」，而不只是「修訂版」。二〇〇五年四月，《蘋果橘子經濟學》初版剛出來沒多久，我們就開始爲《紐約時報雜誌》撰寫每月專欄。在這個版本裡，我們把這個專欄的幾篇文章收錄進來，主題從投票行爲、狗大便、到性偏好經濟學。

我們還把我們部落格（www.freakonomics.com/blog/）上的各種文章收錄進來——這個部落格和本次改版一樣，也不是事先規劃好的東西。我們寫部落格是勉爲其難、試驗性質、一天打魚兩天晒網。但幾個月下來，當我們發現讀過《蘋果橘子經濟學》的人有在看我們的部落格，而且他們對書中的構想，熱切地反覆琢磨，我們對這個部落格便報以更大的熱忱。結果，對一個厭倦一旦完稿之後便有如石沉大海這種感覺的作者來說，部落格是絕佳的解藥。尤其是像這樣的一本書，一本充滿各種構想的書，若我們能夠把這些構想加以延伸，即使世界繼續向前邁進，我們仍能繼續精鍊、挑戰這些構想，並與之搏鬥，還有什麼比這更刺激的呢？

代序

一個顛覆傳統智慧的閱讀經驗
一趟發掘潛藏人性的驚奇旅程

臺大經濟系副教授　林明仁

只要在 Google 打上 Steven D. Levitt，本書主要作者的所有豐功偉業，包括曾經發表在《美國經濟評論》（*American Economic Review*）、《政治經濟學期刊》（*Journal of Political Economy*）、《經濟學季刊》（*Quarterly Journal of Economics*）等頂尖經濟學期刊的十數篇文章，所得過的各大獎項（當然，截至目前為止最重要的就是克拉克獎了）、《紐約時報》、《華爾街日報》、《芝加哥論壇報》等數十家知名報社的專訪書評，以及本書英文版在各國書市排行榜所造成的熱潮（亞馬遜網站排行榜第二名僅次於《哈利波特》、《紐約時報》非文學類第二名、英國及加拿大上市第一周即拿下非文學類第一名），都會一五一十巨細靡遺地呈現在你的眼前，如果你不滿足，還可定期瀏覽兩位作者為本書所建立的網站（www.freakonomics.com），並加入他們的電子郵件通訊錄，你將會定期收到如「猩猩有公平互助，但也不想被幺的天性」（行為實驗經濟學），或「兒童汽車安全座椅並沒有比安全帶安全」（法律經濟學）等最新的經濟學研究結果。因此，我想從一個完全不同的角度——一個有幸參與書中所提大部分研究的形成過程，但大部分時間卻只是一個旁觀者的學生角色——來談談這本書，或者更貼切的是——這位經濟學界的印第安那瓊斯——李維特

(Steven D. Levitt)。

時間得先拉回到一九九九年春季學季第一週的某個傍晚，考伯大樓（Cobb Hall）一〇六室預定的課程是法律經濟學，窗外四方廣場（Main Quadrangle）的積雪尚未融化，寧靜卻又寒冷刺痛的北方空氣，與海德公園（Hyde Park）嚴肅密集卻又沉重的智識氛圍搭配得恰到好處，教室裡則擠滿了正在找尋論文題目的經濟系博士班學生，大家七嘴八舌的討論著這位剛到系上的年輕教授：

「聽説他是過去兩年市場上最紅的求職者，正在竄起的新星呢。」

「對！他博二時就已經在經濟界最頂尖的《政治經濟學期刊》上發表文章了。」

「可是我聽説他數學很爛……。」

此時，一位穿著輕便，手中抱著一大疊講義，還背著看起來至少塞了三臺筆記型電腦大背包的年輕人，輕快的走進了教室；學生們頓時安靜了下來，不過沒人敢確定他的身分，因爲在芝大，你可得特別小心，看來老氣橫秋、飽經風霜的，可能是捱了十幾年還沒畢業的博士班學生；而稚氣未脫，眼神中總是閃爍著好奇光芒的，則有可能反而是新聘的教授，更有可能是十年後的克拉克獎得主。接著，他放下所有的裝備，用靦腆而又吸引人的笑容，細聲但驚訝的說：「你們都是來上我的課的？」

所以他是後者。

接著下來我們就好像進了糖果屋的漢斯兄妹一樣，被色彩絢爛的經濟學甜食炫誘得不亦樂乎：洛伊對韋德案（Roe v. Wade，最高法院墮胎合法化判決）減低了十五年後的犯罪率？沒錯！因爲犯罪機率大的小孩在一開始就消失了。爲什麼警察越多犯罪率反而越高？這只是因爲犯罪率高的地方政府會投入較多警力，而統計上常用的最小平方法把這兩個變數的因果關係方向搞混罷了。爲什麼收到越多競選獻金的人當選機率越高？——誰會把錢押在能力不好、不容易當選的人身上？「外部性」眞的存在嗎？看看 Lojack（「路捷」是全球首屈一指的失車追蹤及尋回系統）比例高的城市汽車犯罪率的下降幅度就知道了。犯下罪行的青少年眞的只是這個混亂社會的無辜受害者？那爲什麼一旦對他們提高刑罰，犯罪率馬上大幅減少？販賣毒品幫派和麥當勞或沃爾瑪（Wal-Mart）連鎖超商的企業組織結構有何不同？答案是沒有！因爲它們都付給底層員工很低的工資，每個分支機構都得上繳加盟金到總部，而最高領導階層都叫董事會（Board of Directors）！整個學期的課程，學生們就好像華生醫生親身跟隨著福爾摩斯一般，解決一個又一個的問題，發現一個又一個的眞相。而所運用的工具，只有經濟學的直覺、基本的統計技巧以及好奇心！這些經驗與之前在芝大經濟系著名的「博士班核心課程」（The Core）中被教導只有嚴謹的數學證明才是優雅連結現實世界與經濟學模型的王道的我們來說，都是一個嶄新的經驗。雖然有時背叛的興奮所帶來的罪惡感仍會讓我們感到心虛，但我想當時底下的學生都與我有相同的感覺：能夠親眼目睹經濟學一個新的革命的誕生（孔恩用這個辭來指涉科學典範的轉移，我想此處並非辭溢乎實），感受經濟直覺與熱情所帶來的感動，即使自己很大部分只是一個無關的旁觀者，卻是令人一輩子無法忘懷的經歷！

接著，我也變成了他的指導學生，並連續兩年繼續修習他的博士班課程：「如何做好實證研究」（How to Do Empirical Research）。本書所提到的墮胎法律與犯罪率的關係、相撲選手與公立學校教師的作弊行爲等等課題，都是他與同學們在課堂上反覆討論的成果，而這幾年下來，他在經濟學界的鋒芒再也隱藏不住；一九九七年夏天他才剛結束三年的哈佛年輕學者到芝加哥大學，三年內就又從「終身聘任」助理教授（這恐怕是有史以來第一次）連跳三級到教授了。緊接著而來的則是二〇〇〇年的美國國家科學基金會總統青年學者獎（National Science Foundation Presidential Early Career Award），二〇〇二年美國藝術及科學院院士（Fellow, American Academy of Arts and Sciences），以及每個經濟學者第二夢寐以求的二〇〇三年克拉克獎（John Bates Clark Medal）。此獎爲美國經濟學會每兩年選出一位四十歲以下對經濟學已有卓越貢獻的年輕學者，大部分的得主如薩繆森（Paul Anthony Samuelson），傅利曼（Milton Friedman），亞羅（Kenneth Arrow），貝克（Gary Stanley Becker），史迪格里茲（Joseph E. Stiglitz），海克曼（James J. Heckman），麥克發登（Daniel Mcfadden）等人，在二十五年之後都自動成爲諾貝爾經濟學獎的得主。可見他在經濟學界受重視的程度。

目前他則是芝大經濟系的 Alvin H. Baum 講座教授，也與寇斯（Ronald Coase），貝克，墨菲（Kevin M. Murphy），史勒佛（Andrei Shleifer）共同帶領芝大商學院新成立的「芝加哥價格理論中心」（Initiative on Chicago Price Theory），並擔任執行長的角色。雖然他曾經在第一次執委會之後開玩笑的說：「這是我這輩子第一次發現自己是全屋子裏最笨的一個人。」然而放眼當今經濟學界，誰比他更有資格領導這樣一個從奈特（Frank Knight），傅利曼，以至貝克一脈相承，視價格理論作爲了解世界運轉最佳工具的芝加哥學派？

介紹至此，大家都會想問：他的成功祕訣是什麼？我想，這可以分幾方面來探討。

首先，是他對自己比較利益的了解。他最喜愛的自嘲就是，在剛進MIT的博士班時，他問鄰座同學的第一句話居然是「黑板左邊X'右上角那一撇是什麼？」他的同學很驚訝的回答：「你麻煩大了！你！」後來在博二時，他的指導教授在改完他的第一篇論文之後也說：「題目很有趣，不過太簡單了。你需要寫出一個能徹底改變人們看法的經濟學模型。」他花了整個暑假思考如何做到這件事，後來想起在哈佛花了兩個暑假研究賽馬資料，試圖用統計方法找出如何下對賭注的學士論文但卻輸了五千美金的經驗之後，他終於了解到，他一輩子也不可能寫出這種模型，但他可以以他敏銳的直覺，對經濟學一次做出一點小的貢獻。於是他捨棄了論文老闆的忠告，選擇走自己的路。這對一個正在浩瀚文獻中奮力掙扎的博士班學生來說，是一個不可思議的決定，但是在心理上離開自己對指導教授的依賴，確是成爲一個偉大的學者必要（但非充分）的一步。結果證明他這些一點一滴的小貢獻，在短短十年間的確改變了人們對經濟學的看法。就如同克拉克獎評審所言：Steven Levitt is the most innovative empirical researcher in his cohort（史蒂文．李維特是其同儕實證研究學者當中最能開創新局的）。

另外，則是他對經濟學觀點的正確認識，及對表達溝通方法的高度重視。在他之前，許多經濟學家都認爲，只有複雜的數學模型推演才是了解世界的唯一途徑，公式越複雜，表示離正確的理解越接近，也同時表示你越聰明，至於一般大眾甚至不同領域的經濟學家，壓根就不是必須接觸了解的對象，這也難怪本書另一位作者杜柏納（Stephen E. Dubner）要說李維特是他從事記者生涯多年來，第一個不說火星話的經濟學家了。李維特則認爲，我們並不一定需要數學來了解世界，他只想藉由問有創意、重要、有趣的問題來了解世界如何運作，如果回答這個問題需要數學，那模型自然就會出現，事實上他的確也寫過幾篇有關資訊不對稱的數學模型文章，還發表在《蘭德經濟學刊》（*The RAND Journal of Economics*）這個頂尖的領域期刊呢！不過大部分的時候，他選擇的則是使用簡單的統計方法，從堆積如山數百萬筆資料中，找到一些與經濟直覺符合卻又違反傳統智慧的結果。本書第一章中的教師與相撲選手相同之處的例子就是最好的證明。他對問題執著卻對結論開放的態度，其實就是師承傅利曼和貝克的；對經濟學家來說，重要的是了解世界如何運作，而不是我們希望、或者是傳統智慧告訴我們它如何運作。這樣的自信，自然影響到他對研究的堅持。舉例來說，從一開始他就知道那篇墮胎合法化會減低犯罪率的文章結論會惹惱所有的人；事實也正是如此，保守主義者痛罵他的研究只是假統計之名，行謀殺之實的僞科學；自由主義者則認爲他的研究，無可避免的把不好家庭的小孩從一出生就貼上歧視的標籤；對這些批評他的回應也維持一貫的經濟學家風格「如果道德代表的是理想的世界，那麼經濟學家代表的則就是眞實的世界。」本書的英文書名副標題：A Rogue Economist Explores the Hidden Side of Everything。其實在某種程度上也反映了這樣的態度。rogue 一字原意是流氓或調皮鬼的意思，對那些把自己希望的道德結論或對自己有利的政策論點暗藏在中立客觀、正義公平、關懷弱勢外衣下的學者專家（這一點臺灣和美國倒是相差無幾）來說，在自己的無知與自私被赤裸裸的揭露後，除了漲紅著臉罵他惡棍、流氓外又能如何？對我們這些旁觀者來說，見到這種毫不留情地卻堅持的研究態度，對僞君子所造成令人發噱的窘態，除了笑罵聲「好個調皮的經濟學家！」還能有什麼更貼切的反應？

另一個有趣的小故事，也可以看出他追求眞理不媚俗的學者一面。在本書二〇〇五年五月初版時，許多書評都提到李維特正在與CIA合作，希望利用他的統計知識與經濟直覺，從龐大的金融資料如銀行轉帳、股票交易中找到恐怖分子交易的蛛絲馬跡。不過當八月我與他在芝大碰面，問起這計畫的後續發展時，他的反應卻出奇的冷淡。原來當他滿懷希望到CIA總部時，卻發現他們的邏輯是這樣的：「恐怖分子若計畫在麥當勞放炸彈，他們也會在前一天放空該公司股票大撈一筆，因此政府只需要監控市場是否有『針對某公司』的異常交易行爲，就可以預知恐怖行動並加以防範了。」「只是，如果恐怖分子眞的如此做的話，錢還沒到手，不就馬上就被逮了？」李維特試圖告訴CIA沒有人會這麼愚蠢地去放空特定公司，這些人只要放空史坦普五〇〇指數（S&P 500）就可以了，而以目前的交易量，想要在一天之內所有放空史坦普五〇〇指數的交易中找出不到五個有問題的帳戶，簡直有如大海撈針。只是CIA的官員們不知是爲了顧全面子，或眞的無法理解這問題，還是堅持要在這無意義的計畫上持續投入資源，當我問起他對於這些官僚系統的顢頇反應時，他只搖搖頭說：「我已經不接CIA的電話了。」

另外他也認爲，如果一個經濟學家不能以淺顯簡潔的文字向一般受過良好教育的人說明他的研究，那有很大的可能是他根本就不了解自己到底在做什麼，因此在研討會時，他總是會打斷充滿數學符號的演講問道：「你媽了解你現在說的這些嗎？」「她感興趣嗎？」這樣的看法也顯示在本書當中，在第五章〈怎樣才算理想的父母？〉中，他與另一作者杜柏納花了兩頁的篇幅，詳細了解釋了經濟學迴歸分析（Regression Analysis）的意義與詮釋方法，不用任何數學符號！

最後一項我覺得最重要的個人特質，則是他對人溫柔敦厚的態度，許多享有盛名的學者，經常在不經意中，對周遭的同僚或學生流露出不耐煩、自以爲是的鄙視態度，可能眞的覺得他們高人一等，或者只是想要藉著這樣的表現來展現權威，甚至是掩飾個人在學識上早已停滯的事實罷了。可是李維特從來不如此，雖然在學術上他依舊犀利地就事論事，毫不留情，但他的態度總是保持著一貫的自信與謙沖，即使是對學生，也像是對待同僚一般的親切；這樣對人保持基本尊重、關心他人，評論時對事不對人的風格，不但博取了每一個人的信任，也是他成功的最主要關鍵。在本書討論犯罪的第四章〈罪犯都跑到哪裡去了？〉中提及的那位印度裔社會學家，在與李維特閒聊了十分鐘後就自動將手上已握有一年，卻不知該相信誰能幫得上忙的幫派詳細資料交給了他；而在他失去第一個兒子那段最痛苦的時刻，他平常對人的關心付出也都得到了回報：貝克自願幫他代了好幾週的課，而當時高齡已八十五的蓋爾・強生博士（D. Gale Johnson）也經常自動前來安慰他，並且提供了很多領養中國小女孩的資訊（強生的女兒一九八〇年代就是第一波領養中國女嬰的美國人之一）；這些友誼也幫助了他很快再站起來，現在他與太太 Janet 一共有四個小孩：Olivia，Nick 爲親生，Amada 與 Sophie 則是從中國領養的；在領養的時候，他也還細心的爲孤兒院每個工作人員準備小禮物，並請我幫忙寫中文卡片，只爲了要讓對方覺得把小孩交給他是可以放心的。對許多跟他有近距離接觸的人來說，除了他的聰敏慧黠外，他願意鼓勵與傾聽他人的特質以及對研究的熱情，恐怕才是大家都對他讚譽有加的原因吧。

還記得當我第三次想旁聽他的課時，他覺得我應該把時間花在更有效率的事上而拒絕了，情急之下我脫口說出：「張五常也上了三次傅利曼的價格理論的課！」沒想到他還是一派輕鬆，微笑的說：「我又不是傅利曼！」逼得我也只好回答：「我也不是張五常！」才不過數年的光景，時間已經證明他當時對自己的判斷是大錯特錯了。現在就讓這位經濟學界的印第安那瓊斯，帶領大家進入這趟充滿驚奇的人性探險吧！

林明仁，芝加哥大學經濟學博士，作者李維特為其指導教授

緣起

二〇〇三年夏，《紐約時報雜誌》（*The New York Times Magazine*）指派作家兼記者杜伯納（Stephen J. Dubner）進行一次專題採訪，對象是芝加哥大學知名的經濟學新秀李維特（Steven D. Levitt）。

杜伯納當時正在爲撰寫一本金錢心理學的書蒐集資料，剛拜訪過多位經濟學者，結果發現學者們講話用的似乎是另一種語言。至於當時剛獲得克拉克獎（John Bates Clark Medal，給美國四十歲以下最優秀的經濟學者的最崇高獎項，等於是針對年輕經濟學家所頒發的一種年輕版諾貝爾經濟學獎）的李維特，才接受過不少記者的採訪，結果發現記者們的思考似乎不太……**靈光**。

不過李維特看出杜伯納不算太白痴，而杜伯納則發現李維特也不像一臺人腦計算機。這位經濟學者在研究上創意迭出，加上詮釋方式別出心裁，在在令杜伯納大開眼界。雖然李維特在專業領域紀錄傲人（哈佛大學學士、麻省理工學院博士、獲獎無數），但他對經濟學的研究卻絕非謹守正統方式。他看待世界的角度與其說是學術性，毋寧更像聰明而好奇的探險家——或是紀錄片拍攝者、法醫，或是標的由運動到犯罪到流行文化無所不包的賭博組頭。大多數人一提到經濟學就會聯想到的貨幣等等課題，他感到興趣缺缺。他不諱言自己在這些專業上的不足，例如他有次告訴杜伯納：「我對經濟學領域眞的所知不多。我的數學不好，對計量經濟學懂得有限，也不知道該如何從事理論研究。如果你問我股市會漲會跌、經濟會成長還是衰退、通貨緊縮是好是壞，還有租稅問題——反正，如果我說自己對這些事有任何了解，那就是徹頭徹尾的謊話。」

李維特感興趣的是日常生活中的謎團。如果你想知道世界如何運作，那麼李維特的研究成果會提供豐碩的資訊。杜伯納在採訪報導中描述了李維特獨樹一格的態度：

在李維特眼中，經濟學擁有獲得答案的絕佳工具，但嚴重缺乏有趣的問題。而他的特殊天賦就在於有能力提出這樣的問題，比如說：如果毒販賺的錢那麼多，爲什麼還要跟老媽住一起？槍枝與游泳池，何者比較危險？過去十年來，犯罪率下跌的眞正原因何在？房地產仲介人員是否會爲客户的利益著想？爲何黑人父母給子女取的名字不利他們未來的前途？學校老師是否爲求達到測驗標準而作弊？相撲比賽是否有舞弊情事？

許多人——包括不少他的同行——根本不認爲李維特研究的是經濟學。但其實他只不過讓這門所謂「憂鬱的科學」能達成它原本最主要的目標：解釋人類如何得到他們的所需。他與大多數學者不同，勇於運用個人的觀察力與好奇心，也不避諱談軼聞或說故事（雖然他怕微積分）。他的直覺靈敏，能從一堆資料中發掘別人未察覺的原委。其他資深經濟學者宣稱無法測量的作用，他可以想出一套測量方式。他持續關注的課題是詐欺、舞弊與犯罪——不過他說自己從未涉入其間。

李維特強烈的好奇心打動了成千上萬的《紐約時報雜誌》的讀者，各方的詢問、謎團、請求紛至沓來——包括通用汽車、紐約洋基隊、美國參議員，還有囚犯、家長，以及一位保存自己二十年來貝果銷售數據的人士。有個環法自行車賽（Tour de France）冠軍選手請求李維特協助，證明目前的賽事中服用禁藥的狀況充斥。美國中央情報局則希望知道李維特是否可利用相關資料找出洗錢者與恐怖分子。

各方的反響其實全都是由於李維特的根柢信念具有相當說服力：現代世界儘管充斥著混亂、複雜與徹頭徹尾的欺騙，但並非**無法**看穿或**難**以明瞭，而且——如果問題問得對——比我們所想像的更迷人。重要的是以一種新的方式來看事情。

紐約的出版社告訴李維特，他該寫本書。

他的回答是：「寫書？我不想寫書。」眼前有千萬個待解之謎，時間根本不夠用，而且他也不認爲自己有多大的寫作才能。他拒絕了這項邀約，說自己不感興趣——不過他又建議：「除非，或許杜伯納可以和我一起合作。」

並非人人都能合作愉快。不過這兩個人——下文均稱爲「**我們**」——決定討論一番，看看這樣一本書是否行得通。結果我們認爲可以，希望你也有同感。

緒論：事物隱藏的一面

如果一九九〇年代初你住在美國，就算只是偶爾瞄一下電視新聞或翻翻報紙，都可能給嚇個半死。

癥結在於犯罪問題。犯罪案件急遽增加——各城市近幾十年來犯罪率趨勢圖，形狀有如陡峭的滑雪坡道——而且似乎無所不在。槍擊與謀殺案件是家常便飯，劫車、毒品交易、搶劫、強暴等也不算新鮮。暴力犯罪成為人人身邊揮之不去的陰影。然而專家們眾口一辭，認為狀況還會惡化到嚴重得多的地步。

令人畏懼的是所謂超級掠奪者（superpredator）。有一陣子，他似乎無所不在，從各種新聞週刊的封面對你怒目而視，由厚厚的政府報告中大搖大擺走來。他被描述成一個瘦削的都市青少年，手握廉價手槍，滿腦子暴力思想。據說全美國有成千上萬這樣的人，一個殺手世代即將把整個國家帶入萬劫不復之境。

專家如何曲解事實

一九九五年，犯罪學者福克斯（James Alan Fox）在一份呈送司法部長的報告中，嚴肅地詳述即將到來的青少年殺人潮。福克斯提出樂觀與悲觀的版本。在樂觀版本中，他預估青少年殺人案件在未來十年會增加百分之十五；而在悲觀版本中，更是會增加一倍。他指出：「下一波的犯罪潮十分嚴重，相較之下，一九九五年還算是美好的年代呢。」

其他犯罪學者、政治學者與專業的預測者也描繪類似的恐怖前景，連當時的總統柯林頓也不例外。他指出：「我們還有大約六年的時間扭轉青少年犯罪的問題，否則將來就得生活在混亂之中，屆時我的繼任者發表演說時，談的不會是全球經濟的大好機會，因爲忙著保障城市街頭的人身安全都來不及了。」押注在犯罪繼續增加這方顯然錯不了。

然而，接下來幾年犯罪率並未節節升高，反而開始下降，並且愈降愈低。犯罪減少還有幾點令人驚訝的特質：首先是全面性，全國各地的各類犯罪全都下跌；而且下跌具有持續性，年復一年地減少。這種現象完全出乎意料之外，尤其是原先作出相反預測的專家更是跌破眼鏡。

犯罪率反轉的幅度相當驚人。青少年殺人的比率非但未如福克斯所預估，成長一倍或至少百分之十五，反而在五年內下跌超過百分之五十。到二〇〇〇年，美國整體謀殺率降到三十五年來最低水準，其他各類犯罪也幾乎呈現同樣趨勢，從暴力攻擊到竊車全無例外。

雖然專家對犯罪下跌的預測不靈光——其實就在他們發出嚇人的預測時，下跌趨勢已見端倪

——不過現在卻急忙找出解答，而且大多數的理論聽來頗爲合理。他們指出，一九九〇年代的經濟繁榮有助於扭轉犯罪率，還有就是槍枝管制法規擴大施行，其他諸如紐約市推動創新的治安策略，使謀殺案由一九九〇年的二二六二件下降爲二〇〇五年的五四〇件。

這些理論不但合乎邏輯，而且**振奮人心**，因爲犯罪的下跌乃是歸功於近期所採取的具體措施。如果說遏制犯罪率靠的是槍枝管制、良好的治安策略與所得提高，那麼我們自己手中其實一直握有打擊犯罪的力量。以後再出現犯罪增加的情況，我們就不必擔心了。

這些理論由專家之口傳到記者之耳，再進入大眾腦海中，順理成章地在很短時間內就成爲社會普遍接受的看法。

只不過有個問題存在：這些理論根本不正確。

有一項因素倒是對一九九〇年代犯罪大幅下跌**產生**深遠的影響。事情的緣起可以從當時往前推二十多年，由德州達拉斯一名叫做諾瑪．麥柯維（Norma McCorvey）的年輕女子說起。

就像遠方一隻蝴蝶拍動翅翼，最終會導致地球另一端的風暴，麥柯維也在無意之間扭轉了趨勢。其實當時她所希望的只不過是墮胎。這位二十一歲的貧窮女性未受教育，無一技之長，又有酗酒與濫用藥物的惡習，先前生過兩個小孩送人收養。一九七〇年，她發現自己再度懷孕。不過當時德州和全美大多數州一樣，墮胎並未合法化。麥柯維的狀況被一些有力人士援引，讓她成爲爭取墮胎合法化的共同訴訟中領銜的原告，被告則是達拉斯郡地區檢察官韋德（Henry Wade）。這場官司一直上訴到美國最高法院，當時麥柯維已改用珍．洛伊（Jane Roe）的化名。一九七三年一月二十二日，法院判決洛伊勝訴，准許美國墮胎合法化。當然，此時墮胎對麥柯維而言已爲時太晚，她早就生下小孩，並交由他人收養。（多年後，她放棄贊成墮胎合法化的立場，而倡導尊重生命。）

那麼，洛伊對韋德案（Roe v. Wade）在過了一個世代後，又是如何發揮作用，導致犯罪率出現有紀錄以來最大的跌幅？

以犯罪而言，人人並非生而平等，而且差別還相當大。數十年的研究資料顯示，出生於劣勢家庭環境的小孩，日後變成罪犯的機率高得多。數百萬最可能因洛伊v．韋德案而得以墮胎的女性——貧窮、未婚、年輕，沒有錢進行不合法的墮胎——正好就是處於典型的劣勢環境，她們的小孩未來成爲罪犯的可能性遠高於平均水準。由於墮胎合法化，這些小孩並**沒有**生下來。這項強大的因素影響至深且遠：多年之後，當這些未出生小孩達到犯罪年齡之際，犯罪率開始加速下降。

遏止美國犯罪浪潮的功臣並非槍枝管制、經濟繁榮或治安策略，關鍵的因素乃是潛在犯罪者大幅縮減。

現在那些專家（也就是早先提出恐怖預言的同一批人）向媒體解釋犯罪率的下降時，他們推銷的理論中有幾次提到墮胎合法化的影響？

一次也沒有。

這是攙雜商業與夥伴性質的典型例子：你雇用一名房地產仲介人員替你賣房子。

這名仲介人員打量一下房子，拍了幾張照片，設定價格，撰寫動人的廣告詞句，積極展示房子，與買方討價還價，直到成交爲止。當然這不是輕鬆的工作，不過他的報酬也不錯。如果賣出三十萬美元的房子，按六%的仲介費計，他能賺進一萬八千元。這可不是筆小數目。不過你告訴自己，如果自己賣房子，絕對賣不到三十萬。仲介知道如何——他是怎麼說來的？——「讓房子的價值極大化」。他幫你賣了最高價，不是嗎？

果眞如此嗎？

房地產仲介人員是和犯罪學者不同的專家，不過也是不折不扣的專家，因爲他對於房地產的知識遠超過門外漢的委託人。有關房子的價值、房市的狀況，乃至買方的心態，他知道的都比你多。你要借重他的就是這些資訊，畢竟委託專家的原因正在於此。

隨著分工日益普遍，這類專家多得數不清，而且有辦法讓自己變成不可或缺。不論是醫生、律師、承包商、股票經紀人、汽車技師、貸款掮客或理財專員，全都享有龐大的資訊優勢。一旦你聘請他們，他們就會運用這種優勢協助你，讓你獲得最大利益。

果眞如此嗎？

眞的這樣倒還不錯。不過專家也是人，而人會受到誘因（incentive）的影響。專家待你如何，取決於誘因的設計。有時設計對你有利，例如加州汽車技師常會在廢氣排放檢查時放水，讓不合格的車主省下一小筆費用——目的是希望爭取日後修車的生意。不過在某些情況下，專家的誘因設計或許對你不利。例如一項醫學研究發現，生育率下降的地區，婦產科醫師進行剖腹生產的比率較高——這表示醫生在生意不好時，往往會採行比較昂貴的醫療方式。

懷疑專家濫用專業地位是一回事，但能證明這種情況確實存在又是另一回事。最好的方式莫過於了解他如何對待你，然後對照相同狀況下他會如何對待自己。不過問題是醫生沒法替自己開刀，而且醫療檔案也不能對外公開；汽車技師修理自己的汽車也不會留下紀錄。

不過房地產銷售的記錄屬於公開資料，而且仲介人員的確會賣自己的房子。近期約十萬筆芝加哥郊區售屋資料中，有三千筆屬於仲介人員自己的房子。

在探索這批資料前，我們不妨先思考一下：房地產仲介人員銷售自己的住屋時，他的誘因何在？很簡單：售價愈高愈好。當你出售房屋時，你的誘因應該也是如此。因此，你的誘因與仲介業者應該是協調一致的，畢竟他的佣金收入也取決於售價高低。

不過著眼於誘因時，佣金有其值得玩味之處。首先，六％的仲介佣金通常由買賣雙方的仲介均分，而且其中約略有半數金額還上繳公司。也就是說，只有售價的一．五％會直接進到你的仲介人員的荷包。

因此以三十萬元的房子而言，一萬八千的佣金他只能拿到四千五百元。你或許認為這還算不錯。不過如果房子的價值其實不止三十萬呢？如果只需多努力一下，或者耐心多等一段時間，或是多登一點廣告，就可以賣到三十一萬呢？這時扣掉佣金後，你可以多進帳九千四百元。然而對仲介人員而言，他多賺到的錢——一萬元的一．五％——只有一百五十元。如果你可以多賺九千四，而他只能多賺一百五，或許你們的誘因就根本不算協調一致。（更何況如果他還得花錢付廣告費以及從事種種促銷工作。）仲介人員願意付出額外的時間、金錢與精力來爭取區區一百五十元嗎？

有個辦法可以找出眞相：衡量仲介人員自售房屋與代客戶售屋的差價。根據前述芝加哥地區的售屋資料，並控制其他可能的變數——地點、屋齡與屋況、裝潢，或是投資利潤等，結果發現仲介人員賣自己的房子時，平均銷售期間長十天，賣價高三%，也就是三十萬的房子可以多賣一萬元左右。他們賣自己的房子時會耐心等待最好的價錢，但替你賣房子時就會鼓勵你儘快接受還過得去的出價。他們就像想多賺佣金的股票經紀商一樣，希望能快速結案。爲什麼不這麼做？更高的出價對他們不算多大的誘因——每一萬元多賺一百五十元——因此不值得花費更大的心力。

和政治有關的見解中，有一項最受大家公認的事實：金錢有助勝選。史瓦辛格（Arnold Schwarzenegger）、彭博（Michael Bloomberg）、柯賽因（Jon Corzine）就是近期幾個最明顯的實例。（且不管有些反面的例子，如富比士〔Steve Forbes〕、霍芬頓〔Michael Huffington〕，當然還有高里沙諾〔Thomas Golisano〕在三次紐約競選中花費九千三百萬美元，而得票率分別只有四%、八%與十四%。）大多數人都認定金錢足以影響選舉，而且也認爲競選活動花費太過。

事實上，選舉相關資料顯示，花費較大的候選人的確較常獲勝。不過，金錢眞的是勝利的**原因**嗎？

這麼想很合乎邏輯，就像你會認爲一九九〇年代的經濟繁榮有助於犯罪下降也很合乎邏輯。不過就算兩件事情相關，也並不一定意味彼此間存在因果關係。相關只是代表兩項因素間存在某種關係，但卻無法告訴你關係的方向。假設兩項因素分別爲X與Y，那麼可能是X導致Y，也可能是Y導致X，也可能另有一個因素Z同時影響X與Y。

設想以下的相關關係：謀殺案多的城市，往往警察也較多。就以丹佛與華府兩個城市的警察／謀殺案件數爲例，兩地人口數差不多，但華府警察約爲丹佛的三倍，謀殺案件則爲八倍。除非你有進一步的資訊，否則很難作進一步的推論。腦筋不清楚的人或許在看了這些數據後會推論：由於華府警察較多，導致了較多的謀殺案。這種異想天開的思考方式由來已久，往往又會形成異想天開的對策。有個民間故事說，一位暴君得知國內疾病最流行的省份醫生也最多。他的解決之道？立即下令槍斃所有醫生。

再回到選舉經費的問題。爲找出金錢與選舉的關係，我們可以思考一下競選捐款的問題。假設你是那種會捐一千元給候選人的人，那麼你會在以下兩種狀況捐款：一是選情激烈時，你認爲自己的捐款可能影響到選舉結果；一是某位候選人篤定當選，你希望沾些勝利光彩，或日後得到實質回饋。至於鐵定落敗的候選人，你是**不會**捐錢的。因此選情看好的候選人募款金額自然遠超過落後者。至於捐款的花用呢？現任者以及領先的候選人顯然經費較爲充裕，不過只有敗選機率達到一定程度時，他們才願意大筆花費；否則爲何不把錢保留下來，留待以後應付可能更強硬的對手？

現在假設有兩位候選人，一位具有天生的魅力，另一位則否。有魅力的候選人募得的款項多，而且輕鬆獲勝。那麼我們該說是金錢讓他贏得選舉，還是他本身的魅力引來選票**以及**捐款？

這個問題至關重要，但很難回答。畢竟，候選人對選民的吸引力不容易量化。我們該如何測量呢？

似乎沒有辦法——除非在一種特定狀況下。關鍵就在於拿候選人和……他自己作比較。今日的候選人A與兩年或四年後的候選人A應該是類似的，B候選人亦復如此。因此如果A在連續兩次選舉中都與B是對手，但兩次花費的金錢不同，那麼在候選人的吸引力相對穩定下，我們就可以測量出金錢的作用。

我們發現，兩位同樣候選人連續參與選舉的情況並不罕見——從一九七二年以來的國會選舉中約有一千件。那麼我們從中可以得到什麼結論呢？

令人驚訝的是：候選人花費的金額多寡**幾乎沒有任何作用**。獲勝的候選人就算把經費削減一半，得票率也只會減少一％。另一方面，失敗者儘管經費加倍，也不過能多爭取到一％。對候選人而言，重要的不是你花多少錢，而是你是誰。（同樣的論點也適用於父母身上，詳見第五章。）有些人天生就對選民有吸引力，有些人就是沒有，花再多的錢也改變不了多少。（前面提過的富比士、霍芬頓與高沙里諾想必已學到這個教訓。）

另外一些有關選舉的見解呢？好比說競選經費高到浮濫的地步。在一個典型的競選年度，也就是當年要舉行總統以及參、眾議員的選舉，競選總花費約爲十億美元——聽起來金額相當龐大，不過如果拿來和一些不像民主選舉那麼神聖的事物作對比，就會發現其實不然。

好比說，這個金額等於美國人每年花在口香糖上的支出。

知道該測量什麼、該如何測量

這本書要談的不是口香糖與競選支出的對比，也不是不盡責的房地產仲介人員，或是墮胎合法化對犯罪的影響。我們當然會提及現實生活中的種種場景，如子女的教養、作弊的方式、販毒幫派的內部運作與益智競賽中的種族歧視等。本書希望剝去現代生活的一兩層表皮，觀察內部的狀況如何。我們將提出許多問題，有些微不足道，有些則攸關生死。我們的答案往往看似突兀，不過在了解事實後，又相當順理成章。我們會由資料中尋找答案——不論這些資料是學童的考試成績、紐約市的犯罪統計或毒販的財務紀錄。我們經常會運用資料中無意間透露的模式，就像飛機掠過高空時留下的凝結尾。對某個主題抱持自己的意見或理論當然沒錯，這也是人之常情，不過如果能去除道德立場，誠實地檢驗資料，結果往往會得到嶄新而出人意料的見解。

我們可以說，道德代表人們理想世界的運作方式——而經濟學則代表**真實**世界的運作方式。經濟學本質上是一種測量的科學，包含一組功能與彈性均相當完善的工具，可以可靠地測量錯綜複雜的資訊，計算出任何一個因素乃至整體的作用大小。所謂「經濟」，不外是：關於工作、房地產、銀行與投資等錯綜複雜的資訊。但經濟學的工具也可以很輕易地應用到——怎麼說呢？——「**更有趣**」的主題上。

本書的撰寫立基於一些基本的理念：

誘因是現代生活的基石。理解——或抽絲剝繭找出——各項誘因，算得上是解開幾乎所有謎團的關鍵，不論是暴力犯罪、運動舞弊或線上約會。

傳統看法往往是錯誤的。犯罪案件在一九九〇年代並未直線上升，單靠金錢無法贏得選舉，還有——可能令你吃驚的是——每天喝八大杯水有助健康，其實一直沒有經過實證資料支持。傳統看法的形成往往相當粗糙，但很難被看穿——不過並非完全不可能。

重大的影響往往源自久遠甚或微不足道的原因。謎團的答案未必全都擺在你的面前。麥柯維對犯罪率下跌的影響，遠超過槍枝管制、經濟繁榮以及創新的治安策略加總起來的效果。我們接下來還會舉出這樣的例子。

專家——從犯罪學者到房地產仲介人員——利用資訊優勢謀取自己利益。不過面對網際網路的崛起，專家們傳統上的資訊優勢日漸縮水。

知道該測量什麼、該如何測量，可以讓複雜的世界大爲簡化。如果你了解以正確的方式解讀資料，就能解開看似無解的謎團。因爲數字的威力無窮，可以剝除層層的混亂與矛盾。

因此本書的目標在於探討每件事情背後隱藏的一面。有時候這麼做吃力不討好，甚至會讓你覺得自己以管窺天或是由哈哈鏡中看世界。不過我們的理念是去觀察許多不同的場景，並運用創新的方式加以檢驗。以這樣的理念來寫一本書似乎有些奇特，大多數書籍都是標明單一的主題，先以一、兩句話簡單勾勒大綱，再完整地講述來龍去脈：鹽的歷史、民主的脆弱、標點符號的運用等等。本書並沒有這種一貫的主題。我們的確短暫地想過圍繞一個中心主題——好比說應用個體經濟學的理論與實務？——來寫作，但隨即決定還是採用尋寶的方式。沒錯，這個方式會用到經濟學中最佳的分析工具，但同時也容許我們追索自己想到的各種稀奇古怪的念頭。因此我們發明了一個新的研究領域：蘋果橘子經濟學（Freakonomics）。本書所舉例子通常不會出現在正規的經濟學教科書中，不過這種情況往後可能會改變。經濟學這門科學主要是一組工具，而不是有特定主題，因此任何主題，無論多麼稀奇古怪，未必不能納入它的範疇中。

別忘了，古典經濟學之父亞當・斯密（Adam Smith）原本是位哲學家，而在致力成爲道德家的過程中變成了經濟學家。他於一七五九年出版《道德情操論》（*The Theory of Morale Sentiments*）時，現代資本主義才剛萌芽。斯密深感於這股新興力量席捲而來的變革，不過他關注的不僅是客觀數字，還有人類受到的影響，因爲個人在特定環境中的所思所行，都會受經濟力量所左右。爲什麼有人欺騙、偷竊，有些人就不會？爲何某人看似無害的選擇，卻影響到一連串的人？在斯密的年代，因果作用開始急遽加速，各項誘因也擴大好幾倍。這些改變給當時民眾帶來的衝擊與震撼，不遜於現代生活可能加諸我們的衝擊與震撼。

斯密眞正探討的主題乃是個人欲望與社會規範間的摩擦。海爾布洛納（Robert Heilbroner）在《俗世哲學家》（*The Worldly Philosophers*）中驚嘆，斯密能夠把人類這種自利的動物的所作所爲，與人類更廣大的道德領域區隔開來。他指出：「斯密認爲答案在於我們有能力站在第三者的立場，變成公正的旁觀者，如此即可形成對某一案例客觀特性的看法。」

想像你自己在一位——或兩位——第三者陪同下，積極探索一些有趣案例的客觀特性。這樣的探索一開始通常是提出一個過去沒人問過的問題，比如說：學校老師與相撲選手有什麼共通點？

1 小學老師與相撲選手有何共通點？

假如你是一家托兒所的老闆。按規定家長應在下午四點前接走小孩，但經常有人遲到，以致每天到最後都會剩下一批焦急的孩童，還有至少一位留守的老師。你該怎麼做？

有些經濟學者聽到這個問題——類似狀況在日常生活中相當普遍——提出了解決之道：對遲到的家長罰款。畢竟托兒所沒有義務免費替他們看小孩。

以色列托兒所的罰款制度

經濟學者們爲測試這種方法是否奏效，挑選了以色列海法（Haifa）十家托兒所爲研究對象。研究期間爲二十週，不過罰款並非一開始就實施。在前四週，研究者只是記錄遲到家長的人數，發現每家每週平均有八次。第五週開始實施罰款，遲到十分鐘以上者每次罰三美元。罰款會加到每月三百八十元的學雜費中。

實施罰款制後，遲到的家長迅速……增加。沒多久，每週平均遲到數就增爲二十次，比原先增加一倍有餘。這項誘因顯然造成了反效果。

歸根究柢，經濟學就是研究各類的誘因（incentive）：怎樣得到自己想要的東西，尤其是其他人也想要同樣的東西？經濟學者熱愛誘因，他們喜歡構思並推動各項誘因，加以研究後再進行修改。典型的經濟學者認爲，只要能自由地設計適當的誘因方案，天下就沒有解決不了的問題。即或解決方式未能盡如人意——可能涉及強制脅迫、處罰過重甚至侵害人身自由——但至少原先的問題是解決了。誘因是一顆子彈、一個把手、一副鑰匙：往往東西不大，改變情境的力量卻驚人。

我們全都由日常生活中學到如何對一連串的正面或負面誘因作出反應。蹣跚學步時碰到灼熱的爐火，你會燒傷指頭；學業成績優良，你會得到一輛新腳踏車作獎品；在教室裡挖鼻孔給人看到，會受到同學嘲笑；加入籃球隊可以讓你的社會地位上升；違反宵禁會受到禁足；SAT拿高分可以申請好大學；法學院念不下去，你只能去老爸的保險公司上班；但如果你表現優異，會有對手公司挖角，請你過去擔任副總，讓你不必再在老爸手下做事；如果你爲新職興奮過度，開車回家時超速，會給警察開一百元的罰單；不過如果你因爲達到業績目標而領到年終紅利，你不但不介意區區一百元的罰款，還可以買一臺嚮往已久的電爐——然後讓你蹣跚學步的女兒燙到手指。

所謂誘因，就是促使人多做好事、少做壞事的一種手段。多數誘因並非自然發生，而是由某些人——經濟學者、政治人物或父母——所發明設計。你三歲的小女兒是否整整一週都乖乖吃蔬菜？這樣你會帶她去玩具店。某家大鋼廠排放黑煙過量？超過法定標準的汙染物每立方呎都得罰款。很多美國人不按規定繳所得稅？經濟學者傅利曼（Milton Friedman）幫忙想出一個解決之道：

由受雇員工薪資中自動扣繳。

誘因大致有三類基本性質：經濟、社會與道德，不過單一誘因經常三者兼具。如近年來的反菸運動，每包菸三美元的「菸害捐」是遏制購菸的強力經濟誘因；餐廳與酒吧禁菸是有效的社會誘因；而當美國政府指出恐怖分子藉黑市賣菸籌措經費，又增加了相當強大的道德誘因。

迄今爲止最令人無法抗拒的誘因，當初有些是設計來防制犯罪。由此我們或許該好好考慮一個熟悉的問題——爲何現代社會有這麼多的犯罪？——或是反過來問：爲什麼**沒有**更多的犯罪？

畢竟，我們每個人都常有傷人、偷竊、詐欺的機會，但卻沒有這麼做。當然一項強大的誘因就是我們可能鋃鐺入獄，因而丟掉工作、房子、自由，這些大致屬於經濟性的懲罰。但談到犯罪，我們還會在意道德性誘因（我們不希望做自認爲不對的事）以及社會性誘因。對特定的不當行爲，社會性誘因的威力驚人。目前許多美國城市爲打擊娼妓，採取「羞辱」攻勢，將嫖客與妓女的照片張貼在網站或社區電視臺。你認爲哪種處罰比較有嚇阻作用：召妓罰款五百美元，還是想到親朋好友會在嫖客一覽的網站上發現你的尊容？

現代社會中由經濟、社會與道德誘因構成的複雜網絡，雖未經預先規畫，但在持續調整之下，相當有效地發揮消弭犯罪的作用。或許有人認爲成效還不夠好，但就長期觀點而言，事實並非如此。殺人案件（不包括戰爭）的歷史趨勢算是最可靠的犯罪數據，也是社會整體犯罪率最佳的風向球。以下附表是犯罪學者艾斯納（Manuel Eisner）整理的五個歐洲區域殺人案件的歷史資料。

殺人案件（每十萬人）

	英格蘭	荷蘭、比利時	北歐	德國、瑞士	義大利
十三、十四世紀	二三·〇	四七·〇	無	三七·〇	五六·〇
十五世紀	無	四五·〇	四六·〇	十六·〇	七三·〇
十六世紀	七·〇	二五·〇	二一·〇	十一·〇	四七·〇
十七世紀	五·〇	七·五	十八·〇	七·〇	三二·〇
十八世紀	一·五	五·五	一·九	七·五	十·五
十九世紀	一·七	一·六	一·一	二·八	十二·六
一九〇〇—一九四九	〇·八	一·五	〇·七	一·七	三·二
一九五〇—一九九四	〇·九	〇·九	〇·九	一·〇	一·五

數百年間，殺人案的數字直線下跌，顯然社會共同構思出來的誘因，對解決人類一項心頭大患——遭人殺害——效果愈來愈好。

那麼，上述以色列托兒所的方案出了什麼差錯？

你可能也猜到了，三美元的罰款實在太輕。在這樣的代價下，家長樂得天天遲到，反正每個月只要花六十美元——也就是不到每月學費的六分之一。當作褓姆費也非常划算。如果罰款是一百美元而不是三美元，情況又如何？很可能會讓遲到的問題就此消失，不過也可能引發很大的不滿。（任何誘因本質上都是一種取捨，要點是在各個極端之間取得平衡。）

不過托兒所的罰款還有另一個問題，也就是以經濟誘因（三元的罰款）取代道德誘因（遲到家長的愧疚感）。每天只要區區幾塊錢，家長就可買回自己的愧疚感。再者，低額的罰款似乎也在告訴家長，遲到並不是多嚴重的問題。如果托兒所因爲家長遲到所承受的痛苦只值三塊錢，我幹嘛要縮短打網球的時間？事實上，經濟學者在研究的第十七週取消三元罰款後，晚到的家長人數並未改變。現在他們遲到既不用罰款，**也**不再覺得於心不安。

這就是誘因奇特而強大的特性。微不足道的枝節就可能產生意料之外的顯著後果。美國開國元勳傑弗遜（Thomas Jefferson）對此深有所感，因爲導致波士頓茶葉黨（Boston Tea Party）乃至後續美國革命的正是一個微小誘因：「世界上的因果安排如此不可思議，某個偏遠角落不當徵收兩分錢的茶葉捐，居然改變了所有居民的命運。」

一九七〇年代，有些研究者也曾進行過與以色列托兒所類似的研究，把道德誘因與經濟誘因作對比，以了解捐血行爲的動機。他們發現：如果給予捐血者小額獎金，而非單純稱讚他們熱心公益，捐血的情形會**變少**。獎金使得高貴的慈善行爲變成爲了幾塊錢而受罪，完全划不來。

但如果捐血可以得到五十元、五百元或五千元？捐血者的人數必定會大不相同。

但還有些事情也會變得大不相同，因爲每項誘因都有黑暗的一面。如果五百西西的血忽然值五千元，必定會引起很多人的注意。他們可能偷採別人的血，或者以豬血混充，也可能僞造身份證以規避個人捐血的上限。不論誘因如何、狀況如何，總會有不誠實的人想盡各種辦法來謀取利益。

就像費爾滋（W. C. Fields）所說的：值得擁有的事物就值得去騙來。

誰會欺騙？

大概人人都會，端看回報如何。你或許會說，不管如何威脅利誘，我都不會騙人，但你隨即想到上星期在棋賽中就作過弊，或是打高爾夫球時偷偷挪過小白球的位置。要不然就是在公司茶水間裡，你很想吃貝果，但身上恰好沒該丟到錢筒裡的零錢，結果你還是拿了貝果，想著下次再丟錢進來，可是到今天還沒丟。

相對於任何動腦筋在某項誘因方案中作弊的聰明人，也有更多聰明人花更多時間來逮住他們。不論欺騙是否人類的天性，但的確在任何人類行爲中幾乎都可以明顯看到它的蹤影。欺騙是一種本能的經濟行爲：以更少的代價獲得更多。並非只有報上那些新聞人物——涉嫌內線交易的執行長、服用禁藥的運動員、濫用權勢的政客——才會欺騙。餐廳女侍可能私藏小費，不繳出來與他人均分；大賣場經理可能在電腦上動手腳，削減員工工作時數，好突出自己的績效；三年級小學生可能擔心留級，考試時偷看鄰座小朋友的答案。

有些欺騙事後無跡可尋，但有時卻罪證確鑿。就以一九八七年某個春天的半夜，七百萬的美國小孩忽然消失不見。史上最龐大的綁架事件嗎？不是。原來美國國稅局在四月十五日變更了一項規定，要求納稅人申報時除了列出受扶養子女姓名，還得同時註明社會安全編號。於是七百萬名小孩——只存在於以前年度所得稅申報書上的幽靈免稅人口——就此消失，大概占全美受扶養子女人數的十分之一。

這些納稅人作假的誘因相當淸楚，前面提到的女侍、經理或小學生亦復如此。不過那位小學生的**老師**呢？他是否也有欺騙的誘因？如果有，他會怎麼進行？

芝加哥教師作弊事件

假設你不是在以色列開托兒所，而是負責管理有四十萬名學生的芝加哥公立學校（Chicago Public School）系統。

目前美國學校管理人員、老師、家長與學生最關切的話題就是所謂「關鍵」測驗（high-stakes testing）。之所以關鍵，是因爲除了評量學生的進步外，學校也必須爲測驗的表現負更多的責任。

聯邦政府將關鍵測驗納入布希總統二○○二年簽署的「兒童教育平等」（No Child Left Behind）法律中。但在該法通過前，大多數州已對中、小學學生進行年度標準化測驗，其中二十州會對分數優良或進步顯著的學校給予獎勵，三十二州會對表現不佳的學校懲處。

芝加哥公立學校系統在一九九六年採行關鍵測驗。在此新政策下，表現不佳的學校會被列入觀察名單，有可能關門大吉，教職員則遣散或另行分派職務。芝加哥公立學校也改變留級的規定，以往只有特別愚笨或有問題的學生會留級，但現在三、六、八年級的學生必須通過標準化的多重選擇測驗——愛荷華基本技能測驗（Iowa Test of Basic Skills）——才能升級。

倡導關鍵測驗者認爲這項制度可以提升學習標準，讓學生有更高的學習誘因，同時也可以避免讓程度不夠的學生妨礙好學生的學習。反對者卻擔心，某些學生只因剛好考試成績不理想就遭受不公平的懲罰，而且老師也可能只注重會考到的內容，忽略更重要的教材。

當然，只要有考試，學生就有作弊的誘因。不過關鍵測驗大幅改變了教師的誘因，使他們作弊的動機隨之增加。這是因爲學生如果考試成績不佳，老師可能受到責難，或是喪失升遷或加薪的機會。如果整個學校表現不佳，政府可能中斷補助；如果學校列入觀察名單，老師有可能飯碗不保。另一方面，關鍵測驗也提供老師正面的誘因。如果學生表現優異，老師會得到讚美與升遷，有時還有金錢的報酬：加州一度對成績大幅進步的老師發給二萬五千美元的獎金。

如果某位老師評量過這套新的誘因設計，打算把學生的分數灌點水，他還會受到另一項誘因的鼓舞：很少有人注意、更少有人偵察過老師的舞弊，受罰的案例幾乎不曾發生。

老師會如何著手舞弊？可能性很多，由毫不掩飾到經過繁複算計。歐克蘭有位五年級學童回家後高興地告訴母親，班上那位超棒的老師把州測驗的答案都寫在黑板上。這種行徑應該相當罕見，因爲把自己的命運託付在三十名懵懂孩童之手，未免風險太高。（這位歐克蘭的老師遭到開除。）要把學生的成績灌水，還有不少更巧妙的方法可用。老師可以延長考試的時間；如果先拿到試題——當然是非法的——可以針對特定題目先給學生惡補一番；或是「以考試領導教學」，根據歷年考古題安排教學內容，雖然不算作弊，但可能不符合這項測驗原本的精神。由於試題屬於多重選擇，而且答錯不倒扣，所以老師可能會指示學生在時間快到前隨便塡滿答案，例如全部塡B，或輪流選B與C，甚至可能在學生繳卷後替他們塡上答案。

不過如果老師**眞的**打算作弊——而且希望有良好的效果——他或許會利用把答案紙送交電腦

掃瞄前的短短一個鐘頭左右，擦掉錯誤的答案，改成正確的答案。（可別認爲2B鉛筆只是方便「**學生**」修改答案。）如果眞有這種的舞弊行徑，該如何才能偵測到？

要想抓到舞弊者，就必須以他的立場來思考。如果你打算擦掉學生錯誤的答案，塡上正確的答案，應該不會改動太多，否則很容易露出馬腳。你可能也不會更改每個學生的答案，因爲這也容易出現破綻。更何況時間也不充裕，因爲考完之後很快就得繳回答案紙。因此你可能會挑選八到十個連續的題目，替一半到三分之二的學生塡上正確的答案。短短的正確答案很容易背下來，也比一張一張從頭檢查到尾要快得多。你或許還會想到把修改的範圍限於最後一部分題目，因爲那裡的問題通常比前面難，所以學生答錯的機率較高，因此改塡正確答案的效果會更顯著。

如果說經濟是一門關心誘因的科學，那麼——幸運的是——經濟學同樣擁有統計工具，可以測量人們對這些誘因的反應。你所需要的只是一些資料。

在這一案例中，幸虧芝加哥公立學校系統資料庫齊全，保留一九九三至二〇〇〇年所有三到七年級學生的測驗答案。平均每年每個年級約三萬名學生，總共有超過七十萬份的測驗答案，約一億筆的答案。這些資料按班級歸檔，包括每位學生閱讀與數學測驗各題的答案。（眞正的答案紙在測驗後不久即銷毀。）這些資料中還包括老師的資料，還有每位學生個人背景以及以往與日後的測驗分數——這正是偵測老師舞弊的一項關鍵。

現在我們該建立一個公式，可以由這一堆資料找出頭緒。作弊老師的班級會有什麼特點呢？

首先要找的是班級中有不尋常的答案模式：許多人的答案一致，尤其是較困難的問題。如果十名好學生（由他們先前與往後的測驗成績可知）全都答對前五題（通常是較容易的題目），這種一致性沒有什麼可疑之處。不過如果十名成績差的學生全都答對**最後**五題（較難的題目），那就值得仔細研究了。還有一個訊號就是任何學生的答案中出現異常的模式——如困難的問題答對，簡單的卻答錯——尤其與其他班級數千名成績相若的學生對比來看。再者，還要找出某個班級的學生此次測驗成績遠超過以往水準，但次年的表現又一落千丈。一年成績突飛猛進，或許該歸功於老師教導有方；但如果下次表現隨即大幅滑落，那麼這次的突飛猛進就極有可能是人爲操控下的產物。

隨附的表一、表二是兩班芝加哥六年級學生在同樣數學測驗中的答案，每一行代表一位學生的答案。a、b、c、d代表回答正確，而數字則代表錯誤，其中1代表學生回答a，2代表b，3代表c，4代表d，0代表未作答。我們可以推斷有一班老師明顯有舞弊情事，另一班則無。請你試作判斷——當然純以肉眼來看相當困難。

如果你猜作弊的是A班，恭禧你。現在我們把該班成績套用作弊偵測公式，由電腦重新排列如表三，其中粗體字代表可疑的答案模式。

我們會發現，二十二名學生中，有十五名居然都完全答對連續六道題目（答案爲d—a—d—b—c—b），這可能嗎？

其中至少有四個疑點。首先，這些題目接近試題後半，比前面的題目要難；第二，這些學生程度屬平均水準之下，而且在這次測驗中的其他部分也未見連續六題答對的情形；第三，在這六題之前，這十五名學生的作答並未出現一致的現象；第四，有三名學生（編號1、9、12）在這六題**之前**有超過一題未作答，而且最後也有連續好幾題未作答，強烈暗示原本應有一長串未作答的題目，而被老師在其中一部分添加上答案。

這一串可疑答案還有個奇怪之處，那就是在這十五人中的九人，在六個正確答案之前都有另一相同的答案：3－a－1－2，四題中三題**答錯**。而且在十五人的六個正確答案之後，全都緊接著同樣錯誤的答案：4。爲什麼作弊的老師要不怕麻煩地擦掉學生的答案，再塡上「**錯誤**」的答案？

或許這是他的策略，以便一旦遭人揪出到校長室時，他可以指著這些錯誤的答案，辯稱自己不曾作弊。也或許——這種說法比較刻薄，但也不無可能——他也不知道正確的答案。（在標準化測驗時，老師通常不會拿到答案。）如果眞是如此，也就不難想像爲何他的學生成績需要灌水：因爲老師程度太差。

A班老師舞弊的另一項證據是班級整體的表現。由於考試是在六年級的第八個月舉行，班上平均成績必須達到六．八分才符合國家標準。（五年級生的標準是五．八分，七年級生則是七．八分）。A班學生在六年級測驗的平均分數是五．八分，整整比國家標準低了一分，顯示他們成績較差。但一年前這些學生的表現更糟，五年級測驗的分數只有四．一分。如果按照正常學習進度，他們六年級的成績應該只比五年級增加一分，結果現在居然增加了一．七分，幾乎等於兩年的學習成效。不過這種奇蹟似的進步只是曇花一現，等這班學生升到七年級，平均分數只有五．五分——足足比平均標準低了兩個年級，甚至還**不如**他們六年級時的表現。由A班三名學生五至七年級的分數來看，就顯得相當突兀：

	五年級	六年級	七年級
學生3	三・〇	六・五	五・一
學生5	三・六	六・三	四・九
學生14	三・八	七・一	五・六

至於B班學生，這三年的成績也不理想，但至少看到的是合理的進步軌跡：四・二分、五・一分與六・〇分。A班學生似乎突然聰明起來，但第二年又變笨了；否則更可能的就是該班老師用他的鉛筆施行了魔法。

除了作弊之外，對A班學生還有兩點值得一提。首先是他們學業成績顯然不佳，也正是關鍵測驗原本希望要給予最多協助的學生。其次是這些學生一旦升上七年級，必定會跟不上進度。他們看到自己順利通過考試，可能寄望七年級時會有很好的表現——結果卻失敗得很慘。關鍵測驗在此遭到最無情的扭曲。作弊的老師或許自欺欺人，告訴自己這麼做是幫助學生，但其實他更在乎的是自己的利益。

分析芝加哥的所有資料，顯示每年老師作弊的班級超過兩百個，約占五%左右。這只是保守的估計，因爲偵測公式只能查到最明顯的作弊形式——即老師有系統地更改答案——對更高明的作弊手法無能爲力。近期一項對北卡羅萊納州老師所作的研究顯示，三十五%受訪者承認看過同

表一：A班

112a4a342cb214d0001acd24a3a12dadbcb4a0000000

d4a2341cacbddad3142a2344a2ac23421c00adb4b3cd

1b2a34d4ac42d23b141acd24a3a12dadbcb4a2134141

dbaab3dcacb1dadbc42ac2cc31012dadbcb4adb40000

d12443d43232d32323c213c22d2c23234c332db4b300

db2abad1acbdda212b1acd24a3a12dadbcb400000000

d4aab2124cbddadbcb1a42cca3412dadbcb423134bc1

1b33b4d4a2b1dadbc3ca22c000000000000000000000

d43a3a24acb1d32b412acd24a3a12dadbcb422143bc0

313a3ad1ac3d2a23431223c00012dadbcb400000000

db2a33dcacbd32d313c21142323cc300000000000000

d43ab4d1ac3dd4342124 0d24a3a12dadbcb400000000

db223a24acb11a3b24cacd12a241cdadbcb4adb4b300

db4abadcacb1dad3141ac212a3a1c3a144ba2db41b43

114234 0c2cbddadb4b1acd24a3a12dadbcb43d133bc4

214ab4dc4cbdd31b1b2213c4ad412dadbcb4adb00000

1423b4d4a23d241314132341 23a243a2413a21441343

3b3ab4d14c3d2ad4cbcac1c003a12dadbcb4adb40000

dba2ba21ac3d2ad3c4c4cd40a3a12dadbcb400000000

d122ba2cacbd1a13211a2d02a2412d0dbcb4adb4b3c0

144a3adc4cbddadbcbc2c2cc43a12dadbcb4211ab343

d43aba3cacbddadbcbca42c2a3212dadbcb42344b3cb

表二：B班

db3a431422bd131b4413cd422a1acda332342d3ab4c4

d1aa1a11acb2d3dbc1ca22c23242c3a142b3adb243c1

d42a12d2a4b1d32b21ca2312a3411d00000000000000

3b2a34344c32d21b1123cdc000000000000000000000

34aabad12cbdd3d4c1ca112cad2ccd00000000000000

d33a3431a2b2d2d44b2acd2cad2c2223b40000000000

23aa32d2a1bd2431141342c13d212d233c34a3b3b000

d32234d4a1bdd23b242a22c2a1a1cda2b1baa33a0000

d3aab23c4cbddadb23c322c2a222223232b443b24bc3

d13a14313c31d42b14c421c42332cd2242b3433a3343

d13a3ad122b1da2b11242dc1a3a12100000000000000

d12a3ad1a13d23d3cd2a21ccada24d2131b440000000

314a133c4cbd142141ca424cad34c1224132233ba4b40

d42a3adcacbddadbc42ac2c2ada2cda341baa3b24321

db1134dc2cb2dadb24c412c1ada2c3a341ba20000000

d1341431acbddad3c4c213412da22d3d1132a1344b1b

1ba41a21a1b2dadb24ca22c1ada2cd32413200000000

dbaa33d2a2bddadbcbca11c2a2accda1b2ba20000000

表三：A班

(粗體字代表可疑的答案模式)

1.112a4a342cb214d0001**acd24a3a12dadbcb4**a0000000

2.1b2a34d4ac42d23b141**acd24a3a12dadbcb4**a2134141

3.db2abad1acbdda212b1**acd24a3a12dadbcb4**00000000

4.d43a3a24acb1d32b412**acd24a3a12dadbcb4**22143bc0

5.1142340c2cbddadb4b1**acd24a3a12dadbcb4**3d133bc4

6.d43ab4d1ac3dd43421240d24**a3a12dadbcb4**00000000

7.dba2ba21ac3d2ad3c4c4cd40**a3a12dadbcb4**00000000

8.144a3adc4cbddadbcbc2c2cc4**3a12dadbcb4**211ab343

9.3b3ab4d14c3d2ad4cbcac1c00**3a12dadbcb4**adb40000

10.d43aba3cacbddadbcbca42c2a32**12dadbcb4**2344b3cb

11.214ab4dc4cbdd31b1b2213c4ad4**12dadbcb4**adb00000

12.313a3ad1ac3d2a23431223c0000**12dadbcb4**00000000

13.d4aab2124cbddadbcb1a42cca34**12dadbcb4**23134bc1

14.dbaab3dcacb1dadbc42ac2cc310**12dadbcb4**adb40000

15.db223a24acb11a3b24cacd12a241c**dadbcb4**adb4b300

16.d122ba2cacbd1a13211a2d02a2412d0dbcb4adb4b3c0

17.1423b4d4a23d24131413234123a243a2413a21441343

18.db4abadcacb1dad3141ac212a3a1c3a144ba2db41b43

19.db2a33dcacbd32d313c21142323cc30000000000000

20.1b33b4d4a2b1dadbc3ca22c00000000000000000000

21.d12443d43232d32323c213c22d2c23234c332db4b300

22.d4a2341cacbddad3142a2344a2ac23421c00adb4b3cb

事採用某種形式的舞弊，如延長作答時間、透露答案、竄改學生答案等。

作弊的老師有何特點？芝加哥的資料顯示，男性與女性教師比率大致相當，通常年紀較輕，資格低於平均水準。由於芝加哥的資料的期間是由一九九三年至二〇〇〇年，涵蓋引進關鍵測驗的一九九六年。千眞萬確，該年作弊情形顯著提升。作弊情形並非隨機性，成績最差的班級最有可能。另外值得一提的是，加州最終取消了發給老師的二萬五千元獎金，部分原因就是懷疑有太多獎金落入作弊者之手。

有關芝加哥公立學校作弊的研究結果，也並非全都令人喪氣。除了偵測作弊者，同一套公式也能找出最優秀的老師。好老師的影響力幾乎和作弊的老師一樣顯著，班上學生在簡單問題的作答上會有進步，而並非隨機猜中答案，這代表眞正的學習。此外，進步的成果也能一直保持到下一年度。

通常這類的學術性分析最後都是束諸高閣，無人聞問。不過二〇〇二年初，芝加哥公立學校新任執行長鄧肯（Arne Duncan）卻親自與該研究的執筆者聯絡。他並非對研究結果提出抗議，或要求他們三緘其口，而是希望確認根據公式找出的老師眞的有舞弊行徑——然後採取一些對策。

鄧肯接任時年僅三十六，他能接掌這個位高權重的職務頗令人意外。他曾就讀哈佛大學，並在澳洲打過職業籃球。鄧肯任執行長前只在芝加哥公立學校待過三年——但職位不高，連祕書也沒有。不過鄧肯在芝加哥長大，父親是芝加哥大學心理學教授，母親則在一個貧困社區主持義務性的安親班達四十年。鄧肯兒時課餘的玩伴就是母親所照顧的那些弱勢族群小孩。因此他接掌芝加哥公立學校後，比較看重的是學童與他們家庭這一方，而非教師與教師公會。

鄧肯認爲，淘汰作弊老師的最佳方法莫過於重新進行考試。由於經費有限，只能選出一百二十個班級，因此他請發明偵測公式的研究者協助選出。

怎樣才能最有效地利用這一百二十班呢？鎖定老師最有作弊可能的班級似乎很合理，不過這樣就算重新測驗的分數變差，老師也可辯稱這是因爲學生知道這次考試的成績不列入正式紀錄。爲了使重新測驗的結果更有說服力，必須選一些未作弊班級做控制組以便對照。哪些班級可作爲控制組？就是公式顯示由最好的老師所帶領的班級，也就是成績眞正進步最多的班級。如果這些班級維持優良的表現，但有作弊之嫌的班級卻明顯退步，那麼作弊的老師就不再有藉口了。

重新測驗的班級就此敲定，其中半數以上有作弊之嫌，剩下無作弊之嫌的班級又分爲優秀教師組以及中等組。

重新測驗在原先測驗的幾星期後舉行，原因並未告知學童與老師。不過由於監考人員不是老師，而是芝加哥公立學校的人員，因此或許老師心中有數。老師待在教室裡和班上學生一起，不過不許接觸答案紙。

結果正如偵測公式所預料。在沒有作弊嫌疑的控制組，分數大致維持不變甚或提高。而對比之下，被認定作弊教師的班級成績卻大幅退步，幾乎整整少了一分。

芝加哥公立學校體系據此開始開革舞弊的老師。雖然在既有證據下，只能開除十幾位，但許多有作弊之嫌者也受到相當的警告。這項研究的最終結果再度證實了誘因的威力：下一年度作弊的老師減少了三成以上。

喬治亞大學的籃球測驗

你或許認爲，隨著學校層級的提高，老師舞弊的手法也會更高明。不過看了二〇〇一年秋季喬治亞大學的一次考試，你或許就不會這麼想了。這門課程叫「籃球教練原則與策略」，期末成績完全取決於一次測驗，共有二十個題目。以下是其中一些題目：

一場大學籃球賽有幾個半場？

a 1　b 2　c 3　d 4

籃球賽中在三分線區域投籃命中可得幾分？

a 1　b 2　c 3　d 4

喬治亞州高中生畢業前要參加的測驗是：

a 視力測驗

b 賞味測驗

c 害蟲控制測驗

d 喬治亞畢業測驗

你認爲全國最優秀的助理教練是哪位？

a 傑沙

b 佩爾菲瑞
c 小哈瑞克
d 沃西周斯基

如果你對最後一題的答案沒把握，在此可以透露一下，教這門課的老師正是小哈瑞克（Jim Harrick Jr.），他也是該校籃球隊的助理教練。還有，小哈瑞克的父親老哈瑞克就是籃球隊的總教練。說來不令人意外，哈瑞克球隊裡的球員最喜歡選修的課程就包括「籃球教練原則與策略」。每位修這門課的學生成績都是A。不久之後，哈瑞克父子檔都給免除了教練職務。

相撲放水？

如果芝加哥的老師與喬治亞大學的教授居然會舞弊讓你感到不齒——畢竟老師除了傳道授業，還應灌輸正確的價值觀——那麼聽到相撲選手也會作弊，必定同樣令你不舒服。相撲在日本不僅是全國性的運動，也蘊含宗教、軍事，乃至歷史感情的意義。相撲的淨化儀式以及與皇室的淵源，使它的神聖性非任何美國的運動所可比擬。事實上，相撲的競賽意義反不及其所象徵的榮譽。

運動與作弊總是同時並生，因爲有明確區隔（如勝負之間的區隔）的誘因，會比模糊的誘因更容易引發作弊。奧運短跑與舉重選手、環法自由車錦標賽選手、足球前鋒與棒球打擊強棒：他們全都為爭取優勝而服用禁藥。不僅選手會作弊，像棒球隊經理可能不法打聽對手的暗號。二〇〇二年冬季奧運會花式溜冰賽中，法國與俄羅斯裁判串通交換選票，確保本國選手能得獎牌。（遭指控操縱換票勾當的是位俄羅斯知名的黑社會大哥，他還涉嫌操縱莫斯科的選美比賽。）

運動員被抓到作弊時往往會受責難，不過大多數崇拜者至少還是會欣賞他們的動機：他們是求勝心切才違反規定。（正如有位棒球選手所說，「如果你不作弊，代表你不夠盡力。」）但是故意放水輸掉的運動員，卻會被打入十八層地獄而難以超生。芝加哥白襪隊（Chicago White Sox）一九一九年與賭徒串通，在世界大賽（World Series）中故意輸球（此後就一直頂著「黑襪」的污名），即使在非死忠球迷心中也留下惡劣印象。紐約城市學院（The City College of New York）籃球隊一度因靈活而散漫的風格受到球迷喜愛，但一九五一年幾位球員被發現收受黑道金錢而放水——故意投球不中以配合賭局，就立即受到強烈指責。還記得馬龍・白蘭度（Marlon Brando）在《岸上風雲》（*On the Waterfront?*）中所飾演那位受盡苦難的拳擊手馬洛伊（Terry Malloy）嗎？他認為自己的坎坷際遇全都由於一場比賽放水，否則他「原本該是個有地位的人，也是個競賽好手」。

如果放水輸掉比賽是運動員的嚴重罪過，再加上相撲是日本國家層級的重要運動項目，那麼相撲應該不可能出現放水的作弊行徑吧？

我們還是讓資料來說話。相關的資料和芝加哥公立學校的測驗成績一樣龐大：由一九八九年一月到二〇〇〇年一月，日本幕內（最高等級）相撲選手每場官方比賽結果幾乎都保留下來，總計有二百八十一名選手參加的三萬兩千回合賽事。

相撲選手面對的誘因方案相當複雜而且影響重大。相撲選手的等級關係到生活中一切層面：

收入金額、可配備的助理人數，乃至吃住的享受，以及成功帶來的種種好處。六十六位幕內相撲選手，包括橫綱與大關等，是相撲界的菁英。接近階梯頂端的相撲選手收入豐厚，還享受王室規格的待遇。前四十名選手每年所得最少有十七萬美元，但如果名列七十，就只有一萬五千美元。相撲選手除非名列前茅，否則日子並不好過。低階選手必須侍候排名居前的選手，替他們準備三餐（整理房間），甚至洗澡時還得幫他們清洗不容易洗到的地方。因此，排名決定了一切。

相撲選手的排名，取決於每年六次「場所」的表現（編按：相撲界的錦標賽——一、五、九月分別在東京舉行的「初場所」、「夏場所」、「秋場所」；三月大阪的「春場所」；七月名古屋的「名古屋場所」；十一月福岡的「九州場所」）。每位選手在每個場所中有十五回合的比賽，連續十五天每天出賽一場。如果他在賽程中取得勝利紀錄（勝八場以上），排名就可上升；反之排名後退。如果戰績太差，就可能完全給剔除到幕內之外。因此在任何賽程中，第八勝都攸關重大，代表名次進或退的差別，這場勝利的價值約是其他勝利的四倍。

對只剩最後一天比賽而戰績爲七勝七負的選手而言，如果對手的戰績爲八勝六負，那麼他由勝利所獲得的價值，會遠高於對方因失敗造成的損失。

在這種情況下，八勝六負的選手是否願意讓七勝七負的選手打敗他？相撲講求力量、速度與平衡，往往幾秒鐘決勝負，因此讓自己給對方摔倒並非難事。如果暫且假設相撲中有作弊情事，那麼該如何由資料中證實呢？

第一步就是找出有問題的場次：最後一天賽程，一方爲七勝七負，一方已經勝了八場或更多。（由於半數以上的選手在最後一場時都是七勝、八勝或九勝，所以合乎這一標準的賽事相當多。）

至於雙方都是七勝七負時就很難說，因爲兩個人都志在必得。另外已獲十勝或更好戰績的選手可能也不願放水，因爲他求勝的誘因很強：整個賽程冠軍的獎金爲十萬美元，還有好幾個獎金兩萬美元的獎項頒發給「技能賞」、「敢鬥賞」等。

下面的統計是根據好幾百場的成績計算而得，這些比賽都是在最後一天，而且雙方分別爲七勝七負與八勝六負。上面的數字是根據雙方過去交手紀錄，算出七勝七負者獲勝的機率，下面則是實際獲勝的百分比。

七勝七負對八勝六負預估獲勝機率	七勝七負對八勝六負實際獲勝百分比
四十八・七	七十九・六

由此可知，根據過去表現推估，七勝七負者獲勝的機率略低於五成。這個數字相當合理，因爲戰績已獲八勝的選手實力應略勝一籌。但在實際狀況中，**十次中有八次**是由七勝七負者擊敗已八勝的選手。至於面對九勝五負的選手，七勝七負者的戰績同樣令人吃驚：

七勝七負對九勝五負預估獲勝機率	七勝七負對九勝五負實際獲勝百分比
四十七・二	七十三・四

雖然數字看來十分可疑，但單靠獲勝百分比過高並不足以論斷比賽有弊。畢竟第八場勝利攸

關重大，選手自然更會全力以赴。或許我們可以從資料中找到進一步的線索。

且讓我們思考一下，什麼誘因可能讓相撲選手在比賽時放水？是收受賄賂（這在資料裡查不出來），又或者比賽雙方有某種安排。別忘了，幕內相撲選手的聯結異常緊密，六十六名選手每兩個月就要與其他十五人比賽。再者，每位選手都隸屬於一個「部屋」，通常由過去的冠軍選手負責管理，因此連對立部屋間的關係也相當親近。（同一部屋的選手不對打。）

現在我們再來看看同一對七勝七負者與八勝六負者，當他們「**下一次**」交手時（而且雙方都不是處於爭八勝的關鍵狀態）勝負比率如何？這回兩個人都沒有太大壓力，因此你會預估原本七勝七負者的表現應該回復常態，也就是約有五成的勝算，當然不會像勝負攸關時那樣高達八成。

但實際資料卻顯示，這時七勝七負者獲勝的比率只有四成左右。上一場爲八成，下一場變四成？這麼懸殊的差距該如何解釋？

最合邏輯的答案就是雙方事前約定：這次我情況緊急，你先讓我贏，下次換我讓你贏。（當然並不排除同時還有金錢賄賂。）更有意思的是，等到兩人「**再下一次**」交手時，獲勝百分比又回復到正常的五成左右，顯示有問題的似乎只有兩場比賽。

這並非個別選手的問題，各個部屋選手的集體資料均呈現類似的異常現象。如果A部屋選手在關鍵賽事時勝過B部屋選手，等下次碰到B部屋選手的關鍵比賽時，A部屋選手的表現會特別**差**。這是否意味某些舞弊勾當是由更高層級人士所安排——很像前述冬季奧運花式溜冰中裁判的交換投票。

截至目前爲止，沒有任何一位相撲選手因比賽舞弊而遭正式處分。日本相撲協會官員對這類指控通常嗤之以鼻，認爲純屬退休選手心懷不滿的誣陷之辭。事實上，膽敢把「相撲」與「放水」相提並論，很可能在日本引發軒然大波。因爲面對這種代表國家的運動受到質疑，日本人很自然會產生護衛的態度。

不過，舞弊的指控還是偶爾出現在日本的大眾媒體上，而這種場合又提供另一個驗證的機會。媒體的注意當然形成有力的誘因：作弊的選手或相撲部屋發覺自己成爲電視攝影機與成群記者的包圍焦點時，對於是否作弊一定會更加謹愼。

這時情況會變得如何？資料顯示，緊接舞弊傳言後舉行的比賽，七勝七負者在面對八勝六負者的獲勝機率只有五成，而不是常見的八成。不論資料如何切割，都無從迴避以下這一事實：我們很難否認相撲比賽沒有舞弊情事。

幾年前，有兩名前相撲選手對比賽放水提出廣泛的指控。此外，他們還抖出相撲界充斥使用禁藥、性派對、賄賂、逃稅，還與黑道關係密切。這兩個人開始接到恐嚇電話，其中一人告訴朋友，他擔心會遭黑道狙殺，不過他們仍然決定在東京外國記者俱樂部舉行記者會。但就在記者會預定舉行時間前不久，這兩個人都死了——只間隔幾個鐘頭，都因類似的呼吸疾病而死在同一家醫院。警方宣稱沒有什麼疑點，也未進行調查。一家相撲雜誌的編輯指出：「這兩個人同一天死在同一家醫院實在很詭異。可是沒人看到他們遭人下毒，所以也無法證實這種猜測。」

無論他們是否死於謀殺，他們已經做了相撲內部人士以往不曾做過的事：指名道姓。在前述資料中包括的二百八十一名相撲選手中，他們指出二十九名作弊者，還有十一名不願同流合污者。

如果將這兩人提供的訊息納入分析，會有什麼結果？如果參賽雙方都在黑名單之列，七勝七負者獲勝的情形爲八成；但如果對方是清白者，那麼七勝七負者獲勝的百分比較與正常水準相符。另外值得注意的是，如果對手未被指認會作弊還是清白，七勝七負者獲勝的百分比卻和雙方都列於黑名單時相當接近——顯示未被指認的選手大概也有放水之嫌。

貝果的售貨紀錄

如果相撲選手、學校老師和托兒所的家長都會舞弊，我們是否該假設人類生來全都具有這種性向？果眞如此，嚴重的程度如何？

答案可能落在……貝果上。以下是則眞人眞事，主角名叫費爾曼（Paul Feldman）。費爾曼曾經胸懷大志，早期主修農業經濟的他希望能解決世界的飢餓問題。不過他後來在華盛頓上班，爲美國海軍分析武器支出。從一九六二年起的二十幾年，他在華盛頓從事更多的分析工作。雖然位階高，待遇好，但他自認並未做到盡善盡美。辦公室聖誕節晚會上，其他同事向家人介紹他時，不會提他的正式頭銜，而會說他是「那個帶貝果來的人」。

貝果原本只是個不經意的舉動：每次爭取到研究合約時，他都會請部屬吃貝果慶功。後來他把這件事當作慣例，每星期五都會帶一些貝果，還有鋸齒刀與乳酪醬。等到其他樓層的員工風聞此事，也想要加入，最後他每星期要供應一百八十個貝果。爲了補貼成本，他放了一個現金箱，上面標示建議價格，結果平均收款率達到九五％。至於其他五％，他認爲是無心疏忽，不是有意白吃。

一九八四年由於服務的研究機構更換管理團隊，費爾曼對前途不感樂觀，決定離職去賣貝果。他的經濟學家友人們都認爲他腦筋不清楚，不過老婆倒頗爲支持，因爲三個小孩中最小的都已大學畢業，而且房屋貸款也已付清。

他決定以華盛頓一帶的辦公室爲對象，而且訂定一項簡單的經營規則招徠顧客：每天一早他會送貝果以及錢箱到各公司茶水間，然後在午餐前去收錢並清理乾淨。這種榮譽制居然眞的行得通，短短幾年間，他每星期要到一百四十家公司送八千四百個貝果，賺的錢不比原先從事研究分析少。他擺脫朝九晚五的束縛，日子過得很開心。

費爾曼也在無心之間設計了一個漂亮的經濟學試驗。他從一開始就留下完整的貝果業務資料，因此只要對照收到的錢與拿走的貝果，就可以精確地評量顧客的誠實程度。他們是否會揩油？什麼樣的公司比較誠實？在什麼狀況下，顧客比較會揩油？或比較不會？

說也湊巧，費爾曼的無心之舉恰好提供一個窗口，讓學術界得以略窺一種長期以來不易研究的舞弊形態：白領犯罪。（沒錯，吃貝果揩油也算白領犯罪，雖然相當微不足道。）透過賣貝果的紀錄來探討白領犯罪這個複雜難解的大題目，看來好像癡人說夢。但是見微知著，一個簡單的小疑問往往有助於最龐大的問題迎刃而解。

雖然像安隆（Enron）這樣的企業弊案引起廣泛注意，但學術界對白領犯罪的實際狀況所知有限，原因就在於缺乏充份的資料。白領犯罪的關鍵特性就是曝光率低，我們所知道的只是極少數給**逮到**的人，其他手法更高明者都安享逍遙快樂的日子：掏空公司資產後絕少會被發現。

街頭犯罪的情況就不同。強盜、搶劫、殺人等案件就算抓不到凶手，仍然會列入紀錄。這些犯罪會有受害人，他們通常會向警方報案，提供相關資料，因此犯罪學者、社會學者與經濟學者可據以提出許多研究報告。但是白領犯罪沒有明顯的受害人，舉例來說，安隆的主管們究竟是從誰那裡偷了錢？是誰受害？次數多少？程度多嚴重？如果全都不清楚，那麼你該如何進行評量？

費爾曼的情形不同，因爲受害人很清楚，那就是費爾曼本人。

剛開始營業時，費爾曼根據過去在自己辦公室的經驗，預估付款率約爲九五％。不過就像有警車巡邏的街道犯罪率較低，九五％的比率其實過於高估：費爾曼本人就在辦公室裡上班，當然會讓揩油的情況較少。更何況，大家是同事，對他有感情。許多心理學與經濟學的研究都發現，我們願意對同樣的東西付不一樣的價錢，端看賣的人是誰。經濟學者賽勒（Richard Thaler）一九八五年的「海灘啤酒」研究顯示，在海灘日光浴的人，口渴時願意花二・六五美元向度假旅館買一罐啤酒，但如果是路邊不起眼的雜貨店，同樣的啤酒他只願花一・五〇美元。

在眞實世界中，費爾曼學到該降低九五％的標準。如果付款率在九〇％以上，就算是「誠實」，八〇％至九〇％是「不滿意但可接受」。如果某家公司付款率常低於八〇％，他就可能會張貼類似下面的警語：

今年年初以來，貝果成本大幅攀升，但令人痛心的是，吃貝果沒付錢的數目也在攀升。希望這種情況不要繼續下去。我認爲你不會教導自己的子女去騙人，所以你爲何不能以身作則？

剛開始，費爾曼是用開口的罐子收錢，但經常失竊。後來他改用咖啡罐，在塑膠蓋挖一個投幣口，不過效果還是不好。最後，他用訂作的小木箱，上頭開個小孔，效果相當理想。每年他總共要放七千次箱子，平均只會被偷掉一個。這個數字相當有意思：同樣這一批人，總是在貝果上揩油十%，卻幾乎沒有人去偷竊錢箱。由費爾曼的觀點，辦公室的上班族白吃貝果，當然是一種犯罪；但白吃者可能不這麼想。兩者的歧異或許與金額不大無關(每個貝果一美元，乳酪醬奉送)，而在於對「犯罪」的定義不同。白吃貝果的人在自助式餐廳吃飯時或許會猛灌免費汽水，但卻不會在離開時不付帳。

貝果資料告訴我們什麼呢？近年的整體付款率有兩項值得注意的趨勢。首先付款率自一九九二年開始長期而緩慢下跌，到二〇〇一年夏季，跌到八七%。不過自九一一事件後，忽然上升了兩個百分點，而且一直維持在這一水準左右。(如果你認爲兩個百分點沒什麼，不妨這樣思考一下：未付款比率如果由十三%降到十一%，就相當於揩油情況減少了百分之十五。) 由於費爾曼的主顧中不少人的工作與國家安全相關，因此或許其中有愛國心的因素存在，又或者是代表同理心普遍升高。

資料也顯示，規模小的公司比大公司誠實。只有幾十名員工的辦公室，付款率通常比幾百人的大辦公室高出三到五個百分點。這點似乎與一般的直覺不符，因爲大辦公室裡人來人往，比較容易給人瞧見你沒付錢。不過如果對照街頭犯罪資料來看就不難理解。鄉村地區犯罪率遠低於都市，因爲村裡的罪犯比較會是大家認識的人（所以也比較容易給抓到），而且較小的社群往往也會強化反犯罪的誘因，最重要的就是羞恥心。

貝果的資料也可反映個人情緒對誠實的影響有多大。像天氣就是一個重要因素。舒適宜人的天氣使誠實付款的比率升高；而極端嚴寒、或是下大雨、刮大風的日子，都會讓不付款的人普遍增加。影響更大的是假期，像聖誕節那一週的付款率下跌二%——也就是揩油者增加百分之十五。感恩節也好不到哪裡，還有情人節也是。不過有些節日會帶來正面影響，像是七月四日國慶、勞動節、哥倫布日等。兩類節日之間爲何有差別？後者純粹只是放假不用上班，而前者則還涉及到諸多雜事安排以及親朋好友間的聚會互動。

除了客觀資料外，費爾曼對誠實也有他主觀經驗的心得。他認爲士氣高低影響很大——如果某間辦公室的員工喜歡老闆以及自己的工作，誠實度會比較高。他也認爲職位高者不誠實的比率高過基層員工，這一推論是得自他多年爲同一家公司不同樓層送貝果的經驗——主管在最高的樓層，下面兩層是業務、服務與行政人員辦公室。（費爾曼猜測或許是因主管的權威感過度膨脹。不過他沒想到，或許欺騙正是這些人能夠**升任**主管的原因。）

如果道德代表我們理想中的世界，而經濟學代表實際的世界，那麼費爾曼的貝果事業就是兩者的交會處。當然，吃東西不付錢的人不少，但絕大多數人都在沒有旁人監督下誠實付錢。這個結果令不少人驚訝——包括費爾曼的經濟學者友人，他們二十年前聽到費爾曼打算採取榮譽付款制時，紛紛告訴他這絕對行不通。不過經濟學之父亞當・斯密對此應該並不會意外，因爲他第一本著作《道德情操論》的主題就是人類的誠實天性。斯密寫道：「不論我們認爲人類有多自私，但他的天性中卻有一些本質使他樂見別人的幸運，也希望別人快樂，雖然他並不能從中得到任何好處，只能在旁邊看了高興而已。」

費爾曼有時會講「蓋吉斯戒指」（The Ring of Gyges）的故事給他的經濟學者朋友聽。這個故事出自柏拉圖《共和國》一書，有個名叫格勞空（Glaucon）的學生在聽了老師蘇格拉底的講課後，說了這個故事作爲回應。蘇格拉底和斯密一樣，認爲人類即使未受約束，大體上仍是善良的。格勞空卻和費爾曼的經濟學者友人一樣，不同意老師的看法。他說了一個故事，主角是名叫蓋吉斯的牧羊人，他無意間撞見一個祕密洞窟，裡面有具屍體，手上戴著戒指。蓋吉斯取下這枚戒指戴上時，發現自己變成了隱形人。於是他在別人看不到的情況下幹盡各種壞事，諸如引誘王后、殺死國王等等。格勞空的故事提出一個道德問題：如果知道自己的行爲別人看不見，我們是否能抗拒做壞事的誘惑？格勞空似乎認爲答案是否定的，但費爾曼卻和蘇格拉底與斯密站在一邊——因爲他知道答案是肯定的，至少八七%的機率是如此。

2　三K黨與房地產仲介有何相似處？

就組織面來看，三K黨（Ku Klux Klan）有一個盛衰起伏相當明顯的歷史。它是美國南北戰爭甫結束之際，由六名前南軍士兵於田納西州的普拉斯基（Pulaski）所創立。這六位年輕人，其中有四位是初出茅廬的律師，把他們自己看成僅只是理念相似的朋友所組成的小圈子。因此，他們所選的名字kuklux，發音近似希臘文的kuklos，即「圓圈」之意。起初，他們的活動據說只是無傷大雅的午夜惡作劇──例如：在鄉間騎馬奔馳，身披白床單，頭戴枕頭套。但不久之後，三K黨就演變為橫跨多州的恐怖組織，專門恐嚇或殺戮被解放的黑奴。三K黨的地區領導人有五位是前南軍將領；而最死忠的支持者則是大莊園主人，對他們來說，重新加入聯邦造成了經濟與政治的大災難。一八七二年，格蘭特（Ulysses S. Grant）總統在眾議院道出三K黨的眞正目標：「透過武力與恐怖來壓制與其成員觀點不同的所有政治活動，剝奪有色公民持有武器與自由投票的權利，壓制有色兒童的學校，並將有色人種的待遇貶低到類似奴隸的情況。」

早期三K黨的作為主要是分發宣傳資料、動用私刑、槍擊、縱火、閹割、以手槍柄打人等各類威嚇手法。他們對付的目標是以前的黑奴，還有任何贊成黑人投票權或教育權的白人。然而不到十年時間，三K黨就銷聲匿跡了，主要是由於來自華府的法律與軍事干預。

然而，三K黨本身雖然被打垮了，它的宗旨卻因爲各項吉姆・克勞法（Jim Crow laws）的通過而大抵實現。美國國會在重建聯邦時期（Reconstruction, 1866-1877）迅速採行各項措施，賦予黑人法律、社會，與經濟上的自由，但緊接著又開始限縮。聯邦政府同意自南方撤離占領軍，允許恢復白人統治。在「普萊西對佛格森」（*Plessy vs. Ferguson*）判例中，最高法院等於對全面種族隔離政策發放了通行證。

在一九一五年之前，三K黨大致處於休眠狀態，直到格里菲斯（D. W. Griffith）的電影《國家的誕生》（*The Birth of a Nation*）推出——該片原名《同族人》（*The Clansman*）——才又死灰復燃。格里菲斯把三K黨人描述爲白人文化的十字軍，也是美國歷史上最崇高的軍隊。電影引述一位知名歷史學者所著《美國人民的歷史》（*A History of American People*）書中一段話：「最後偉大的三K黨終於誕生，一個眞正的南方帝國，來保衛南方的土地。」這本書的作者就是美國總統威爾遜（Woodrow Wilson），曾任普林斯頓大學教授與校長。

到了一九二〇年代，再度興起的三K黨號稱擁有八百萬黨員。此時三K黨的勢力不限於南方，而是涵蓋全美各地，對準的目標除了黑人，還擴及天主教徒、猶太人、共產黨、工會、移民、煽動者，還有其他破壞現狀的人。一九三三年希特勒崛起於德國之際，羅傑斯（Will Rogers）率先指出新興的三K黨和這股歐洲新興威脅的關聯：「報上都說希特勒是模仿墨索里尼，但我看他模仿的是三K黨。」

二次大戰爆發以及內部一些醜聞讓三K黨再度消聲匿跡。三K黨高舉的分化思想，與戰時舉國團結一致的要求相抵觸，引發民眾負面觀感。

不過短短幾年之後，三K黨又出現死灰復燃的跡象。當戰時焦慮被戰後的茫然所取代時，三K黨取得蓬勃發展的契機。就在二戰勝利後兩個月，亞特蘭大的三K黨人面對石山（Stone Mountain）——此處刻有南軍英雄李將軍（Robert E. Lee）的事跡——焚燒一具三百英呎的大十字架。根據某位黨員事後的說法，這個誇張的舉動意在「讓黑鬼知道大戰已經結束，三K黨又回來了」。

這時，喬治亞州的亞特蘭大已經成爲三K黨的總部。一般認爲，三K黨控制了喬治亞州關鍵的政治人物，而且據說在該州的分部，有許多成員就是警界人士和地方上的警察。沒錯，三K黨是個祕密幫派，有自己的祕密語言以及種種見不得人的勾當，但他們營造、形塑出三K黨和執法機關是兄弟部隊這樣的公開祕密，讓大眾心生恐懼，這才是他們眞正的力量基礎。

按照三K黨的用語，亞特蘭大是三K黨「隱形帝國的首都」，而這裡也正是甘乃迪（Stetson Kennedy）的家鄉。甘乃迪，三十歲人，雖出身三K黨人家族，但天性上卻與其格格不入。他來自一個南方顯赫世家，號稱祖先中有兩位《獨立宣言》簽署人、一位南軍將領，還有設立著名帽子公司的史特森（John B. Stetson）——史特森大學（Stetson University）就是以他來命名。

甘乃迪在佛羅里達州傑克森維爾（Jacksonville）的大宅邸中成長，是五名子女中的么兒。他的伯父是三K黨人。但甘乃迪寧可成爲他自己所形容的「不折不扣的異議分子」，寫無數的文章和出幾本書，譴責不容異己的褊狹行爲。他先當個民俗研究者，在佛羅里達州四處旅遊，採集當地古老的神話和歌謠。幾年之後，他成爲全國最大黑人報紙《匹茲堡信使報》（*Pittsburgh Courier*）裡少數的白人特派員，所用的筆名「勉醒老爹」（Daddy Mention）是黑人民間故事裡的一個英雄，據說跑起來比警長的子彈還要快。

甘乃迪的驅動力來自他憎恨褊狹、無知、蠻橫，與威嚇——而他認爲，三K黨把這些特質發揮得最爲淋漓盡致。在他心目中，三K黨就是白人政權的恐怖部隊。這個問題對他來說是糾結難解，原因有好幾個。三K黨與政治、企業，及執法單位的領導者沆瀣一氣。大家很害怕，覺得無力對抗三K黨。當時僅有的幾個反仇恨團體卻沒什麼力量，且三K黨的相關資訊也付諸闕如。「幾乎所有的相關文章都是社論性質，而非內幕報導。」甘乃迪事後解釋道：「沒錯，那些作者的確是**反**三K黨，但卻苦於缺乏和內部**有關的**實況。」

於是甘乃迪開始收集這些資料。他花了許多年的時間找三K黨的領導人和支持者訪談，有時會利用他自己的出身和血緣關係，假裝他是站在他們這邊。他後來寫道，他還參加三K黨的公開活動，甚至還滲透到亞特蘭大的三K黨。

他探索三K黨「內部」的回憶錄《撕下面具的三K黨》(*The Klan Unmasked*) 事實上是小說化了，而不是單純的寫實報導。甘乃迪的本質是個民俗研究者，顯然希望讓這個故事盡量地精采，因而內容不只包括他自己的反三K黨活動，還把另一個人的故事也納進來，這個人我們姑且稱他爲約翰·布朗 (John Brown)。布朗是個加入工會的工人，曾經是三K黨的幹部，但已經洗手不幹，願意自告奮勇，滲透到三K黨。《撕下面具的三K黨》裡頭最戲劇化、最危險的情節——實際參加三K黨會議和其他運作——顯然大部分是布朗所做的，但因爲甘乃迪是動筆寫書的人，他便把布朗的活動當成自己的作爲。

儘管如此，從布朗／甘乃迪的合作當中，還是有許多值得收集的資訊。布朗把他參加三K黨週會所得知的事物洩漏出來：三K黨地方和區域領導人的身分，他們即將執行的計畫；三K黨現行的儀式、暗號和用語。例如，三K黨人習慣在許多字前加上Kl。（於是conversation〔對話〕就寫成Klonversation，cavern〔地方支部〕寫成Klavern）。三K黨的祕密握手是用左手扭捏地擺動一下。當三K黨人到外地時，如果想確定對方是否爲同路人，就會問起「Ayak先生」在哪裡——而Ayak就是代表Are You a Klansman?（你是否是三K黨？）對方如果是，就會回答：「沒錯，我還知道一位Akai先生。」——Akai代表A Klansman Am I（我是三K黨）。

不久後，布朗受邀加入三K騎士，也就是三K黨的祕密警察與打手。這對一個臥底的人來說造成非常大的困擾：如果他被叫去從事暴力行動，該怎麼辦？

但很湊巧，三K黨的所作所爲，有一個中心原則——其實恐怖主義大都如此——大多數暴力威脅緊止於威脅而已。

就以動用私刑這項三K黨的招牌暴力行爲而言，根據塔斯克基研究所（Tuskegee Institute）整理的資料，美國黑人遭到私刑的件數如下：

年份	黑人遭私刑件數	年份	黑人遭私刑件數
一八九〇—一八九九	一一一一	一九三〇—一九三九	一一九
一九〇〇—一九〇九	七九一	一九四〇—一九四九	三一
一九一〇—一九一九	五六九	一九五〇—一九五九	六
一九二〇—一九二九	二八一	一九六〇—一九六九	三

請注意，這項資料除了可以歸到三K黨頭上的案件，也包括所有曾報案的私刑。這些統計數字顯示至少三點值得注意的事實。首先是私刑數有明顯的下降趨勢。其次是私刑數與三K黨人數並無相關：一九○○年至一九○九年三K黨沉寂的期間，私刑數卻**遠多於**一九二○年代三K黨膨脹到數百萬人時——這顯示三K黨動用私刑的狀況遠低於一般的認知。

第三，相對於黑人的總人口而言，其私刑算是相當罕見。當然，只要一件就令人無法忍受。不過自二十世紀以來，私刑已經不像許多人記憶中那樣是家常便飯的事件。就以一九二○年代總計二百八十一名私刑受害者而言，如果對照黑人嬰兒因營養不良、肺炎、下痢等而死亡的人數，就會發現當時每一百名黑人小孩就有十三名在嬰兒期夭折，即每年約兩萬人——和平均每年私刑受害的二八一人不成比例。直到一九四○年代，每年夭折的黑人嬰兒還有約一萬人。

這些統計數字背後更深層的意義是什麼？私刑其實相當罕見，而且即使三K黨人數增加，這類案件卻急速減少，這其中究竟意味著什麼？

最令人信服的解釋是那些早年的私刑**確實發揮了效果**。白人種族主義者——不論是否屬於三K黨——透過他們的行動和言辭恫嚇，建立起一套有力的誘因機制，相當清晰而嚇人。如果黑人違反他們設定的行爲標準，不論是與電車司機爭執或選舉時去投票，就得有受到制裁的準備，甚至招來殺身之禍。

所以在一九四○年代中期甘乃迪試著要打垮三K黨之時，三K黨其實已不**需要**動用太多的暴力。許多黑人長期給灌輸自己是二等公民這類的觀念，所以言行舉止也就不敢逾越。只要一兩件私刑就能發揮很大效果，讓一大群人乖乖聽話，因爲大家對強烈的誘因會有強烈的反應。很少有其他誘因的力量比得過隨機發生的暴力侵害那麼強大——恐怖主義之所以有效的原因主要也在此。

不過如果一九四〇年代的三K黨並非一味使用暴力，那又是怎樣的組織？甘乃迪筆下的三K黨，其實只是一群痞子的組合，大多數是教育水準低又沒什麼前途的人，他們需要有個發洩的地方——以及偶爾在外過夜的藉口。他們聚在一起從事近乎宗教性的吟唱、發誓，和誦唸，而且當作最高機密進行，這也讓這些活動更具吸引力。

甘乃迪還發現三K黨精於賺錢，至少高層者是如此。這些領導人有多元生財管道：成千上萬名會員繳納的黨費、受企業老闆雇用去恐嚇工會的酬勞、商家繳納保護費、黨員大會上募集的龐大捐款、偶爾兼差軍火走私與私酒釀造的收入。其他不法勾當還有三K黨的死亡給付協會（Death Benefit Association），這個組織把保單賣給三K黨黨員，只收現金或是開給大哥本人的支票。

然而，縱然三K黨可能不像大家所想像的那樣要命恐怖，但它還是充滿了暴力，更糟的是，其政治影響力已達前所未見的程度。因此，甘乃迪急著用盡一切辦法來摧毀三K黨。當他聽到三K黨計劃辦一場破壞工會的集會時，就把消息傳給一位工會的友人。他還把三K黨相關資料交給喬治亞州素以打擊三K黨著稱的助理檢察總長。在研究過三K黨的組織章程後，甘乃迪寫信給喬治亞州州長，指出此一章程應予撤銷：原本三K黨是以非營利、非政治組織形態設立，但實際上該黨在營利與政治上涉入極深。

問題是甘乃迪這些行動大都沒有產生預期效果。由於三K黨勢力根深柢固而且無遠弗屆，甘乃迪覺得自己就像朝大巨人扔小石頭。即使他能多多少少打擊亞特蘭大的支部，但全美各地的其他支部當時處於蓬勃發展階段，完全不受任何影響。

在嚴重受挫之餘，甘乃迪急中生智。有天他看到有群男孩玩間諜遊戲，彼此交換幼稚的通關祕語。這讓他聯想到三K黨。於是他靈機一動，何不把三K黨的祕密用語以及種種機密公諸於世，讓全國的小朋友——以及他們的父母——都知道？要拔除一個祕密組織，最佳的方式不就是讓它奉爲至高無上的機密變成人盡皆知？不用再從外部對三K黨做無效的攻擊。如果他有辦法把布朗從三K黨週會所收集到的內部機密全部公開，那會是什麼效果呢？甘乃迪由於手上有布朗的內幕情報，再加上自己調查所得到的資訊，他所瞭解的三K黨機密，可能比一般的三K黨人還多。

甘乃迪去找他那個時代最有力的大眾媒體：廣播。他開始把三K黨的報導餵給新聞記者皮爾森（Drew Pearson），皮爾森的「華盛頓旋轉木馬」節目，每天有數百萬名的成人收聽，也把資訊交給廣播劇《超人歷險記》的製作人，這個節目每晚有數百萬個孩童收聽。他告訴他們有關「Ayak先生」和「Akai先生」的事，還有三K黨聖經Kloran中誇大的章節。（甘乃迪始終搞不懂，爲何一個白人基督徒至上的團體，會把自己的聖經取個與伊斯蘭可蘭經近似的名字。）他解釋地方黨部的各級領導者的職稱，像Klaliff（副總裁）、Klokard（講師）、Kludd（牧師）、Kligrapp（祕書）、Klabee（出納）、Kladd（指揮）、Klarogo（內部守衛）、Klexter（外部守衛）、Klokann（五人調查小組）、Klavaliers（甘乃迪所屬的武裝部隊，其領導人被稱爲「打屁股主任」）等等。他說出了整個三K黨的階層，從地方性到全國性：獨眼巨人（Exalted Cyclops）與十二名恐怖武士（Terrors）、泰坦巨人（Great Titan）與十二名怒火武士（Furies）、神龍（Grand Dragon）與九名九頭蛇武士（Hydras），還有巫師王（Imperial Wizard）與十五名精靈武士（Genii）。甘乃迪還把布朗滲透到三K黨總部所收集到的所有資訊和八卦全抖出來，總部的全名是喬治亞國亞特蘭大市納坦貝福森林第一分部。

在大戰期間，《超人歷險記》這個節目以打擊希特勒、墨索里尼，和裕仁天皇而塑造出英雄形象。但現在他急需新的壞蛋來打擊。三K黨正是理想的目標，於是超人便轉而對付他們。皮爾森是個公開表示痛恨三K黨的人，現在開始在他的廣播節目上定期播放三K黨的最新動態，接著又以布朗的內幕報告爲基礎，做進一步的報導，以顯示先前的報導把三K黨的幹部激怒到什麼樣的程度。皮爾森的作品引起共鳴，似乎把「神龍」格林（Samuel Green）搞到抓狂。這裡有一段來自一九四八年十一月十七日的皮爾森廣播報導：

> 大選後那一個禮拜，「神龍」在喬治亞州亞特蘭大第一分部發表談話，他使勁地扭著雙手，再度告誡三K黨人要小心，別走漏消息。
>
> 「在這樣的會議上我必須打開天窗說亮話，」他說道：「但在開會之前打電話給皮爾森，把這個訊息透露給他的，也有可能是我，因爲第二天他就把消息公布給全美國知道。第二天早上我在吃早餐的時候，A·P·和U·P·兩人都打電話找我。」……
>
> 「神龍」談到十二月十日要在喬治亞州的馬貢市（Macon）舉行一具大十字架的燃燒活動。這將是三K黨史上最大的一具，他說，他預期會有一萬名三K黨人到場——身著長袍……
>
> 他還補充說，騎士隊（Klavalier Klub）——三K黨裡負責鞭打的部門——已經出動，而且他們在亞特蘭大警界有很多的朋友。

隨著皮爾森的節目和《超人》廣播劇的播出，以及甘乃迪繼續把靠布朗所取得的三K黨祕密交給其他的廣播和平面媒體，有趣的事發生了：三K黨集會的參加人數開始減少，而新會員的申請人數也一樣變少了。所有甘乃迪想出來對抗褊狹的點子當中，這個宣傳手法顯然是最高明的一個。靠著把隱私資訊公開，他把三K黨的祕密轉化為對三K黨不利的東西；他把原本非常珍貴的知識轉化爲供人調侃的素材。

思想上站在反三K黨一方的美國人，如今有足夠具體的資訊來更積極的反三K黨，而大眾的好惡也開始改變。原本思想上站在**支持**三K黨一方的美國人，現在得到各種警告，別去支持三K黨。雖然三K黨不可能完全銷聲匿跡，尤其在美國南方——談吐優雅、來自路易斯安那的三K黨首腦杜克（David Duke）致力向美國參議院與其他政府機構爭取合法化——但顯然已經被甘乃迪羞辱式的公開爆料打得大不如前了。雖說要把甘乃迪對三K黨所造成的衝擊精確地挑出來是不可能的——有時候，甘乃迪誇大自己功勞的程度，就和他攻擊三K黨一樣的火力強大——但許多人還是給予他非常大的肯定，因爲他把一個大家都很想摧毀的組織給摧毀了。

這項成果並非因爲甘乃迪勇敢堅毅、沉著機智——雖然他的確具備這些優點——而是因爲他瞭解資訊的威力。三K黨這類團體的勢力——很像政治人物、房地產仲介，與股票營業員——有一大部分是源自他們祕而不宣的資訊。一旦這種資訊落到不該得到的人（或是從你的觀點來看，是**應該得到的人**）手中，這類團體的許多優勢也從而消失。

壽險費率之謎

一九九〇年代晚期，定期壽險的價格大幅下跌，由於找不到明確的原因，讓人覺得有點神祕。其他種類的保險，包括醫療險、汽車險、住宅險等，都未見價格下跌，而且保險公司、保險經紀人或是投保者也沒有出現任何明顯的變動。那麼究竟是發生了什麼事？

答案在於網際網路。一九九六年春，Quotesmith.com 等好幾個網站出現，讓客戶可以在幾秒鐘之內取得幾十家不同公司定期壽險的價格加以比較。對這類網站而言，定期壽險是絕佳的產品，因爲不同於其他種類保險——尤其是財務上複雜得多的終身壽險——各家保險公司的定期壽險幾乎完全相同：同樣是三十年期一百萬的壽險，一家與另一家基本上一模一樣。因此投保人眞正該在乎的是價格。過去找尋最便宜的保單相當麻煩費時，但現在忽然之間變得輕而易舉。由於客戶能夠立即找出便宜的保單，迫使原本高價的公司只有降價一途。因此保戶每年支付定期壽險的總支出也隨之節省十億美元。

請注意，這些網站只是列出價格，並不銷售保單。所以他們賣的並非保險，他們和甘乃迪一樣，操控的是資訊。（如果甘乃迪打擊三K黨的年代有網路可用，他可能會把一切張貼到網上。）當然，揭發三K黨與揭露保險公司的高保費有所不同，因爲三K黨靠祕密資訊造成大眾的恐懼，而保險公司的保費其實並不算機密，只是因資訊分散而不易比較。不過在這兩個例子中，資訊的廣泛散佈都使得原有的權力消退。誠如美國最高法院法官布蘭迪斯（Louis D. Brandeis）所言：「陽光是最好的殺菌劑。」

資訊帶來的是光明或黑暗、和平或紛亂，端看擁有者是誰以及如何運用。資訊的威力無窮，就算資訊並不眞正存在，但只要別人認定你擁有資訊，這種**假定**也擁有不可低估的影響力。全新二手車就是一個例子。

資訊不對稱

新車開出經銷商停車場的那天，也正是它最悲慘的一天，因爲它的價値馬上下跌四分之一。二萬美元買的新車，二手的價錢絕對不會超過一萬五。爲什麼？因爲會把全新車子轉賣出去的人，一定是發現重大的瑕疵。就算那輛車沒問題，買方還是會有這樣的假設。他會假定賣方知道一些他所不知道的資訊——賣方會因這種假設性資訊而吃虧。

如果車子的確有問題？賣方最好等一年再賣。因爲那時買方對新車有問題的疑慮會消失。畢竟的確有些人會在一年後賣出車況極佳的車，也因此給了問題車魚目混珠的機會，賣到一個高於實際價値的好價錢。

在交易中，一方擁有的資訊優於另一方是常見的事，在經濟學術語稱這種狀況爲「資訊不對稱性」(information asymmetry)。我們認爲資本主義中，某些人（通常是專家）知道的多過其他人（通常是消費者）是天經地義，但網際網路的出現事實上已對資訊不對稱給予重擊。

資訊是網際網路的通貨。網際網路這個高效率的中介可以把資訊由擁有者手中轉送給沒有資訊的人。就如同前面提過的定期壽險的例子，原本並非沒有資訊，只不過相當分散。（此時網際網路的作用有如一塊強力磁鐵，可以由一堆又一堆乾草中吸出埋藏其間的細針。）網際網路辦到了甚至是最狂熱的倡導消費者權益人士通常也做不到的事：大幅縮小專家與公眾之間的差距。

在不少狀況中，與專家面對面接觸可能使資訊不對稱更爲**嚴重**——專家更可利用資訊優勢讓你覺得自己愚蠢無知。假設有人因至親過世要辦理喪事，葬儀社知道當事人沒有這方面的資訊，而且心情悲痛，就可能趁機建議採用八千美元的昂貴棺木。又假如購車者到汽車經銷商那裡選車時，業務員說明一大堆附加配備與優惠方案來混淆視聽，讓你弄不清車子的基本定價究竟是多少。不過，等你回到家頭腦比較清醒之後，可以上網找出經銷商究竟付了多少錢給汽車製造商。當然，葬儀社要價八千元的桃花心木棺材，從 www.TributeDirect.com 網站上也可以訂購，而且只需三千五百九十五元，隔天就可送貨。此外還有各種較便宜的棺木可供選擇，這些葬儀社根本不會提。

雖然網際網路力量強大，但尚不足以殺死資訊不對稱這頭猛獸。就二〇〇〇年初爆發的企業醜聞而言，安隆的罪行包括隱匿合夥關係、僞造債務、操控能源市場等等。任職美林（Merrill Lynch）的布洛吉特（Henry Blodget）與所羅門美邦（Salomon Smith Barney）的格魯伯曼（Jack Grubman）明知那些公司是一堆垃圾，卻仍然寫出冠冕堂皇的研究報告。瓦克沙爾（Sam Waksal）聽到風聲，食品藥物管理局將要公布不利的報告，立即出脫手中「我是複製」（ImClone）公司的股票；他的好友瑪莎・史都華（Martha Stewart）也是如此，還謊報賣出的理由。世界通訊（WorldCom）與環球電訊（Global Crossing）僞造數十億美元的收益以抬高股價。一些共同基金公司給特殊顧客優惠的價格，而對另一群客戶則收取隱藏的管理費。

雖然這些犯罪五花八門，但都有一個共通特質：都屬於資訊犯罪。大多數涉及一位或一群專家，提供假資訊或隱藏眞實資訊；這些專家全都努力讓資訊不對稱的情況更嚴重。

對於這類行徑，尤其在涉及巨額金錢的金融領域中，最常聽到的託詞就是：「每個人都這樣做。」其實這倒大體不錯。資訊犯罪的特點之一，就是犯行曝光者寥寥可數。和街頭犯罪不同，你在現場看不到屍體或打破的門窗。資訊犯罪通常和前一章白吃貝果的案例也不一樣，沒有像費爾曼這類人物詳細記下帳款資料。資訊犯罪會浮上檯面，必然是因發生重大事件。一旦如此，案情往往就變得十分明朗化，這是因爲那些觸法者並未預期自己私下的行動會有公諸於世的一天。安隆瓦解後出現了員工談話祕密錄音帶，其中二〇〇〇年八月五日有兩位交易員聊到加州的野火延燒如何讓安隆有機會抬高電價。幾個月後，還有兩名安隆的交易員凱文與鮑伯談及加州政府計畫讓安隆吐出以往哄抬價格賺來的錢。

凱文：他們他媽的說要把所有的錢從你們那裡拿走？你們從加州貧窮老阿媽手裡偷走的那些錢？

鮑伯：對啊，米莉阿媽，老天。

凱文：沒錯，現在她想把他媽的錢要回來，誰叫你們當初用他媽的每百萬瓦小時二百五十塊把她榨得乾乾的。

如果你認爲許多專家運用資訊對你造成傷害，這種看法不算錯。專家靠的就是他有的資訊你沒有，或是縱然你有，但資訊太過複雜，讓你不知從何著手。比如說醫生建議你進行血管擴張術——雖然目前已有一些研究指出，血管擴張術對預防心臟病沒什麼助益——你大概不會想到他是在利用資訊優勢替自己或同僚多賺進幾千美元。不過德州大學西南醫療中心（Southwestern Medical Center）干預性心臟病學專家希里斯（David Hillis）在《紐約時報》上指出，其實醫生和汽車業務員、葬儀社或基金經理人沒兩樣，也會受經濟誘因所左右：「如果你是心臟外科醫生，有位本地內科醫師史密斯轉介一些患者給你，但你都告訴他們沒必要進行血管擴張術，沒多久史密斯醫生就不會再轉介任何患者過來。」

專家們具備相當資訊，因此能發揮巨大但未必會明說的操控力：害怕。害怕如果不作心臟擴張術，子女哪天會發現你心臟病發死在浴室地板上；害怕廉價的棺材會讓你的奶奶在地下不得安穩；害怕發生車禍時二萬五千美元的車子容易扭曲變形，而五萬美元的車子則可以像銅牆鐵壁般保障心愛的家人。雖說商業專家所造成的恐懼感無法與三K黨那類恐怖分子相提並論，但兩者的基本原則卻一樣。

我們來看看與製造恐懼似乎扯不上關係的交易：賣房子。這有什麼好害怕的？別忘了，賣房子可能是你一生中最大筆的財務交易，而且你對不動產大概所知有限，同時對自己住過的房子有強烈的情感依戀，除此之外，至少還有兩點讓人擔心的事：賣的價錢太低，或者根本賣不掉。

在頭一種情況，你怕開價太低；但在後一種情況，你又怕價格定得過高。當然仲介人員的職責就是替你找到一個理想的中間值。他手上擁有完整的資訊：相似房子待售件數、近期交易趨勢、房貸市場的變動，甚至有興趣的買主。在這樁麻煩的交易中，你很慶幸有這麼一位得力的專家作爲合作夥伴。

只可惜對方的看法並非如此。在房地產仲介人員的心目中，與其說視你爲夥伴，還不如說是容易操控的對象。回想一下本書一開始就提到的一項研究，調查房地產仲介人員銷售自己房子與客戶房子之間的差異。結果發現仲介人員賣自己房子的平均時間要長十天，以等待更好的價錢，而且售價高百分之三——也就是三十萬美元的房子多出一萬美元左右。這一萬美元會進到他的荷包而不是你的，靠的就是濫用資訊與淸楚了解誘因的作用。問題的癥結在於你的房子多賣一萬元，仲介只能多賺一百五十元，不値得他多花力氣。因此他會努力說服你：三十萬已經是很不錯的價錢，甚至還有點高出行情，只有傻瓜才會拒絕。

當然其中有些技巧，因爲仲介不會直接說你是傻瓜，而是透過暗示的手法——他可能告訴你附近就有一間更大、更好、更新的房子，整整六個月都賣不出去。仲介的主要武器：化資訊爲恐懼。以下這則眞實案例發生在法律學者唐諾休（John Donohue）身上，二〇〇一年任教於史丹福大學。他回憶說：「我打算在校區買棟房子，仲介人員一直告訴我現在時機大好，因爲市場即將大漲。等我簽下購買契約後，他問我需不需要找仲介賣掉我原先在校區內的房子，我告訴他我打算自己處理，結果他說：『你這麼做在正常狀況下還行得通，但現在市場正在暴跌，你眞的需要仲介的協助。』」

五分鐘之內，即將大漲的市場變成暴跌，這就是仲介人員爲爭取下一筆交易編造出來的奇蹟。

以下是另一則房地產仲介濫用資訊的實例。本書作者好友K君希望購買一棟標價四十六萬九千元的房子，他打算出價四十五萬，不過當他打電話聯絡賣方的仲介人員，請她透露屋主可能會接受的最低價格時，那位仲介居然立即出言呵斥：「你會不會覺得不好意思？這麼做可是違背房地產交易的道德。」

K君道歉後，雙方把話題扯到其他的事情上。等到過了十分鐘，通話要告一段落時，那位仲介告訴K君：「我最後要說一件事，我的客戶願意接受的價格可能遠低於你所想的。」

根據這次談話，K君把他的出價由原先的四十五萬降到四十二萬五千，最後以四十三萬元成交。由於**自己所雇用的仲介**洩底，賣主至少損失兩萬元。但對那位仲介人員而言，損失的只有兩萬元的一‧五％，也就是三百元，和成交後馬上可以賺到手的六四五〇元佣金相比算不了什麼。

爲什麼「屋況良好」的房子可以殺價

因此房地產仲介似乎有一大部分的工作就是說服屋主以低於心目中理想價格出售，同時也讓可能的買主知道，他大有機會以遠低於標價的價格買到手。當然除了直截了當告知買方可以大幅殺價外，仲介還有不少更微妙的招式。上述對房地產仲介的研究也提出資料，說明業者如何透過售屋廣告的字眼傳達資訊。例如「屋況良好」這句話對仲介業者而言充滿意義——就像一說「Ayak先生」，三K黨人就心知肚明——意味房子老舊但不至於太破爛。精明的買方當然知道這點（要不然實地看屋後也會了解），但對要賣這間房子的六十五歲退休老人而言，「屋況良好」看來可能像是正面的形容詞。這正是仲介希望玩弄的兩面效果。

分析房地產廣告的用語，可以發現特定字眼與最終售價高度相關。當然這並不表示「屋況良好」的字眼會讓售價偏低，只不過當仲介用到「屋況良好」時，有可能是在含蓄地鼓勵買方殺價。

以下列出十個房地產廣告中常用的字眼，其中五個與最終售價有高度正相關，五個爲高度負相關。你不妨猜一猜。

十個常用的房地產廣告字眼

絕佳（Fantastic）
花崗岩（Granite）
寬敞（Spacious）
最先進（State-of-the-Art）
！
可麗耐（Corian，杜邦生產的一種建材）
迷人（Charming）
楓木（Maple）
環境優美（Great Neighborhood）
饗宴（Gourmet）

「絕佳」的房子當然值高價，不是嗎？還有「迷人」、「寬敞」或「環境優美」又如何呢？不對，不對，全不對。且看謎底揭曉：

五個與較高房價相關的字眼

花崗岩
最先進
可麗耐
楓木
饗宴

五個與較低房價相關的字眼

絶佳
寬敞
！
迷人
環境優美

在五個與較高房價相關的字眼中，三個是關於屋子本身的具體描述：花崗岩、可麗耐與楓木。
就資訊觀點著眼，這類用語具體而明確——因此很管用。如果你喜歡花崗岩，你可能就會喜歡這房子；就算你不喜歡，「花崗岩」也不致傳達什麼虛飾的意味。「饗宴」與「最先進」亦復如此，兩者似乎都在告訴買方，這房子多多少少眞的是不錯。

「絕佳」和「迷人」一樣，都是極其模糊的形容詞，而在房地產仲介業來說，似乎就是房子本身乏善可陳的代號。至於「寬敞」的房子，往往年久失修或大而無當，而「環境優美」則好像告訴買方：沒錯，**這**房子本身不怎麼樣，可是附近的房子還不錯。另外驚嘆號在房地產中更不代表什麼正面訊息，只不過意圖藉虛張聲勢來遮掩實質的缺陷。

如果你分析一下仲介人員出售**自己**住宅時的廣告，可以發現他們的確偏重描述性字眼（尤其是「嶄新」、「花崗岩」、「楓木」與「可立即進住」等），而避免空洞的形容詞（「理想」、「完美」、還有警示性的！）。然後他們會耐心等候最佳買主出現。他們可能告知有意購買者，附近一間房子剛剛以**高於**標價二萬五千元賣出，又或者另一間房子目前有多方競相出價。他們會細心運用自己所享有的資訊不對稱的優勢。

然而與葬儀社、汽車業務員與壽險公司一樣，房地產仲介業也面臨優勢遭受網際網路威脅的處境。畢竟現在打算賣房子的人只要上網連線，就可蒐集到房地產銷售趨勢、待售案件與貸款利率等資訊。這些資訊全都已經開放，而由近期房地產銷售資料上也可以看到相關的影響。雖然仲介人員銷售自己住宅的價格仍高於代售客戶同等級房子，但自不動產網站普及後，兩者間的差距已縮小了三分之一。

如果你認爲只有專家或商業活動代理人才會濫用資訊，那未免太過天眞。畢竟，代理人與專家也是人——這意味我們自己在日常生活中也很可能濫用資訊，不論是隱瞞眞實資訊或過濾要提供給別人的資訊。房地產仲介人員以「屋況良好」來形容待售的房子，或許是違心之言，但我們每個人何嘗沒有同樣的掩飾？

無意流露的歧視心態

試想一下，接受面試時你會如何描述自己？第一次約會時又會如何描述自己？（你還可以比較一下自己初次約會時的談話，以及和對方結婚十年後的談話，相信會更有意思。）又設想一下，假如你首度在全國性電視節目亮相，又會如何展現自己？你希望呈現怎樣的形象？也許是智慧、慈祥或漂亮；大概**不會**希望自己看來殘酷或頑固。在三K黨全盛時期，對於任何非保守的白人基督徒，黨員都會毫不避諱地公開詆毀。不過這種公然展現偏執態度的風氣後來大受壓制。現在即使偏執的姿態含蓄，一旦公諸社會，仍可能要付出昂貴的代價，前美國參議院多數黨領袖洛特（Trent Lott）對此必然體會深刻。二〇〇二年，洛特出席參院同僚且同樣出身南方的賽蒙德（Strom Thurmond）參議員百歲壽筵，舉杯祝壽時提及賽蒙德一九四八年參加總統大選——賽蒙德以種族隔離爲競選主軸，結果只在四州獲勝，其中包括他的家鄉密西西比。洛特說：「我們以此爲榮，而且如果其他州當年都能追隨我們，這些年來就不會有這麼多問題了。」這段言論暗示洛特本身對種族隔離的認同，不但引起群情激憤，也迫使他辭去參院領袖之職。

就算你只是個無名小卒，你也不會希望自己在公共場合看起來冥頑不靈。那麼是否有辦法在公開場合中測試出一般人的歧視心態？

電視節目「智者生存」（*The Weakest Link*）提供了一個獨特的機會，讓我們可以研究一般人的歧視心態。這個節目源自英國，短期內迅速在美國走紅。節目中有八位來賓（稍後白天播出版本改爲六位），每人必須參加機智問答，爭取一筆巨額獎金。不過答對最多問題者未必可以晉級。在每一回合之後，所有參賽者要投票請走一位參賽者。理論上這時參賽者本身的答題能力該是唯一的考量因素，至於種族、性別、年齡應該都不相干。但眞的如此嗎？如果比較參賽者實際的選擇以及理論上最有利的選擇，就可以判定其中是否有歧視因素作祟。

投票策略會隨著比賽的進行而改變。在最初幾回合，合理的策略是先送走答題較差者，因爲獎金的累積要靠答題正確。但到後面的回合，策略誘因會發生改變。增加獎金累積已變成次要，更重要的是自己能贏得獎金。如果去掉其他實力強的參賽者，就可提高自己的機會。因此大致說來，一般參賽者在前面回合會除掉較差者，而在後面回合則是要除掉較佳者。

要評量「智者生存」選擇資料，關鍵就是將某位參賽者的答題能力由其種族、性別與年齡區隔出來。如果一位年輕黑人男性答對很多題，可是很早出局，其中就很可能涉及歧視；另一方面，一位年老白人女性連一題都沒答對，卻仍然一直留下來，或許就是因爲某種特質受到另眼看待。

別忘了，這些場景全都發生在攝影機鏡頭下，參賽者知道他的親朋好友和同事及幾百萬陌生人全都會看到。所以說如果「智者生存」的確有歧視存在，對象會是誰呢？

根據資料，並不是黑人。根據一百六十段以上的節目分析，黑人參賽者不論較早或較晚回合出局的比率，都大致與其答題能力相稱。女性參賽者亦是如此。當然，這兩項結果似乎也並不那麼讓人意外，因爲美國過去半個世紀最強大的社會運動就是民權與女性主義運動，打擊的對象就是對黑人與婦女的歧視。

所以你或許會滿懷希望，認爲歧視一如小兒痲痺症，在二十世紀業已絕跡。

但或許更可能的情況是，歧視特定群體已經變得過時，所以除了冥頑不靈者，絕大多數人都會儘量顯得心態平等，至少公開場合要如此。這並不是表示歧視已然終結——只不過是大家不好意思表現出來而已。那麼我們如何判定黑人與女性未受歧視究竟是眞實還是假象？藉由觀察其他未受社會如此大力保障的群體，或許可以找到解答。事實上，「智者生存」的資料顯示，兩種參賽者一貫受到歧視：老年人與拉丁裔。

經濟學者對歧視提出兩項主要理論。有意思的是，老年參賽者受到的是其中一類歧視，而拉丁裔受到的是另一類。前者爲偏好性（taste-based）歧視，也就是純粹因不想與某些特定類別者互動而產生的歧視；後者是資訊性（information-based）歧視，認定某一類別者能力較差，因而在行動上表現出來。

在「智者生存」中，拉丁裔遭受到資訊性歧視。其他參賽者似乎認定他們表現不會好，雖然有時事實並非如此。在這種心態作祟下，拉丁裔參賽者在較早回合中即使表現不錯仍遭到淘汰，而到了較後回合，大家又會希望他們留在場上，好提高自己獲勝的機會。

至於老年參賽者則受到偏好性歧視：無論較早或較晚回合，他們被刷掉的比率都與答題比率不相稱。看來其他參賽者——平均年齡三十四歲——就是不希望看到年紀較大的參賽者待在旁邊。

「智者生存」參賽者可能根本不曾察覺到自己對拉丁裔與年長者有歧視（至於在黑人與女性部分，他可能也未意識到自己「**沒有**」歧視）。畢竟在電視攝影棚強光下參與如此快節奏的競賽，心情一定既緊張又興奮。我們很自然會聯想到另一個問題：同樣的人私下在家裡又會如何表達自己的偏好——同時如何向別人展現自己？

虛幻的網上情人

每年約有四千萬美國人會與完全陌生的人交換私密心事，地點就在網路上的約會網站。Match.com、eHarmony.com、Yahoo! Personals 等網站都吸引大批網友。有些約會網鎖定特定的族群：ChristianSingles.com、JDate.com、LatinMatcher.com、BlackSinglesConnection.com、CountryWesternSingles.com、USMilitarySingles.com、OverweightDate.com 與 Gay.com 等等。約會網站是網際網路上最成功的會員制業務。

以上各網站的運作雖然各有特色，但有一個基本的作法：你得提供一則個人資料的廣告，通常包括相片一張、基本資料、所得收入、教育程度、嗜好等等。如果某人看了廣告之後覺得不錯，可以 e-mail 給你或是安排見面。在許多網站上，也會要你說明自己約會的目的：「長期關係」、「一夜情」、還是「隨便看看」。

因此我們有兩大類資料可分析：個人廣告中包含的資訊以及各則廣告收到的回應。兩類資料中各有問題可以研究：在個人廣告部分，一般人在提供個人資訊時的坦誠（與眞實）程度如何？至於在回響部分，怎樣的資訊最能（或最不能）吸引人？

最近有兩位經濟學者與一位心理學者共同針對這些問題進行研究。希區（Günter J. Hitsch）、霍塔蘇（Ali Hortaçsu）與艾瑞利（Dan Ariely）分析了一家大型約會網站超過兩萬名活躍的用戶的資料，其中半數在波士頓，半數在聖地牙哥。男性占五六％，居中的年齡層爲二十一至三十五歲。至於種族組成雖然有些代表性，不過以白人占絕大多數。

這些人比一般人有錢、身材較高較瘦，也比較好看——至少他們自己提供的資料是這樣說。線上徵友者有四％以上年收入超過二十萬美元，但全體網路使用者這樣的高收入者不到一％，由此顯示這些人每四個就有三個有灌水之嫌。不分男女，平均身高都比全國標準高出一英吋。在體重方面，男性大致與全國平均數相當，但女性卻平均比全國平均數少了二十磅。

更令人注意的是，七成二女性說自己的容貌「超過平均水準」，其中說自己「非常好看」的有二四％。男性網友也不遑多讓，有六八％身高「超過平均水準」，其中包括十九％說自己「非常好看」。這些網友只有三成左右說自己長相屬於「平均水準」，而自承長相「低於平均水準」者只有一％——這說明典型的網路約會族群要不是誇大、自戀，否則就是對「平均水準」的解讀不同。（又或者其實他們都是實用主義者：任何房地產仲介人員都知道，一般的房子既不「迷人」，也不「絕佳」，不過如果你不用這樣的形容詞，根本不會有人願意來看一眼。）二八％的女性說自己是金髮，這也遠超過全國平均比率，顯示很多人染髮或說謊。

有些網友的誠實值得欽佩。七％的男性承認自己已婚，而且其中少數意味深長地說自己「婚姻幸福」。不過這些人雖然誠實，但並不輕率，這二百四十三位「婚姻幸福」者，只有十二個人張貼自己的相片。交到女友的報償顯然不足以抵消被老婆察覺的風險。（被抓包的老公或許可以反唇相譏：「**妳**沒事上那種網站幹嘛？」不過大概不會有什麼效果。）

在約會網站上吃不開的原因很多，沒有張貼個人照片應該算最確定的一個。（當然照片可能並非你本人，而是拿其他帥哥美女充數，只不過這種行徑日後顯然有反效果。）沒附上照片的男性收到回信的比率只有附上照片者的六○%，而女性則是少於七六%。男士只要貼上照片，即使是所得低、教育程度不佳、工作不理想、長相不怎麼樣、略微超重、光頭，也會比自稱年收入二十萬、長相英俊者收到更多的回音。未貼相片的理由很多，可能是電腦配備不足，怕被親朋好友發現，也可能就是單純長相不佳——可是就和全新二手車一樣，潛在的買主認定箇中必然有很不對勁之處。

得到約會的機會可不容易。五六%的男性連一封回信也收不到，女性則為二一%。至於吸引大批回函者的特質如何，只要對兩性吸引力稍具常識者都不難推論。事實上，線上約會者的偏好完全吻合一般人對男女性最普遍的刻板印象。

舉例而言，聲稱希望維持長期關係的男性遠比只希望一夜情者受歡迎，但希望一夜情的女性卻非常搶手。男性最重視的條件是女人的長相，而女性則很在意男方的所得。愈有錢的男性收到的回信愈多，但女性所得的吸引力則呈現鐘形分配：男人不喜歡和**低**所得女性約會，但如果女人太會賺錢，似乎也會嚇跑男人。女性喜歡的約會對象包括軍警與消防人員（或許和費爾曼貝果業務一樣，也受到九一一事件影響），還有律師與醫生；一般避免從事製造業的男人。男性的大忌是個子矮（所以很多人在這點上造假），至於體重倒不那麼重要。對女性而言，肥胖是票房毒藥（所以**她們**會在這點上撒謊）。男人的紅髮或捲髮會扣分，光頭鬍鬚男也不妙——但小平頭還可以。女性最糟的是灰色頭髮，而毫不令人驚訝的，金髮最為有利。

除了所得、教育水準與長相外，希望上網約會者還得說明自己的種族，並選擇希望約會對象「與自己同一種族」或「沒有關係」。和「智者生存」參賽者一樣，這些網路族必須公開表明自己的種族態度。不過他們眞正的偏好，要由稍後他們的**實際**行動才能看出，也就是他們私下會與哪些中意的對象聯絡。

希望上網約會者中，約有半數白人女性與八成的白人男性自稱不在意對方的種族。但他們眞正的行爲卻全然不是這麼回事。這些白人男性九〇%的約會函寄給白人女性；而說不在意種族的白人女性，更有九七%的郵件是寄給白人男性。

這意味著即便長得好看、有錢，人品又不錯的亞洲男人，也會比相同條件的白人男性少收到二五%的信。相同情況下，黑人及拉丁裔男人則比白種男人少收到一半的信。

可不可能是這些白人男女確實並不在意種族因素，只不過他們在檢視非白人應徵者的資料時，就是找不到中意的人選？又或者更可能的情況是，他們自稱不在意種族，是否只是有意表現——尤其在與自己同種族的可能約會對象前——自己心胸開放？

我們公開主張的資訊往往與自己了解的眞實資訊存有巨大的鴻溝。（或更淺顯的說法，就是說一套，做一套。）這種狀況在人際關係、商場交易上都看得到，在政治上就更不用說了。

政治人物在公開場合虛偽的表面文章，現在大家已司空見慣，不過選民其實也會說謊。假設某一選舉中有黑、白候選人各一名，那麼白人選民是否會在民調時說謊，假稱自己支持黑人候選人，以顯示自己沒有種族偏見？的確如此。一九八九年紐約市長選舉，兩名候選人是丁金斯（David Dinkins，黑人）與朱利安尼（Rudolph Giuliani，白人），結果丁金斯僅以幾個百分點獲勝。雖然丁金斯成爲紐約首任黑人市長，但他小幅險勝卻出乎意料之外，因爲先前民調顯示他領先近十五個百分點。此外，一九九〇年主張白人至上論的杜克競選參議員，結果實際得票數高於選前民調近二成，顯示數千名路易斯安那州的選民不願承認自己支持有種族偏見的候選人。

雖然經常參與這類高階職位選舉的杜克從未當選，但他倒是濫用資訊的高手。由於位居三K黨高層，他可以取得數千名黨員與支持者的通訊錄，用爲自己的政治資本。除了自己使用外，他還以十五萬美元的代價將名冊賣給路易斯安那州州長。幾年之後，他還再度利用這一名冊，通知支持者他處境艱困，亟待捐助。就這樣杜克募到好幾十萬供他繼續推廣白人至上論的經費。他在信函中向支持者哭窮，說自己已經破產，房子即將遭銀行拍賣。

事實上，杜克已經賣掉房子，而且獲利豐厚。（至於是否透過仲介則不清楚。）他收到的捐款其實大部分並非用於推動白人至上運動，而是被他花在賭博上。他用這種詐騙手法嘗到不少甜頭——直到最後難逃法網，給送進德州的聯邦監獄。

3 爲何毒販還和母親住一起？

前面兩章的主軸是環繞兩個眞的看起來像蘋果但卻很橘子的問題：**學校老師與相撲選手有何共通點？三K黨與房地產仲介的相似處何在？**但只要你問的問題夠多，就算原先似乎很古怪，最後還是可能讓你學到一些有價値的東西。

問問題的第一招就是確認你問的是個好問題。沒人問過的問題不見得好，畢竟幾百年來許多高明的問題都已經被聰明人問過了，所以許多**沒人**問過的問題想必也不會有什麼引人注意的答案。

不過如果你問的是大家眞的在意的事，又找出讓人意外的答案——也就是說能夠推翻傳統觀點——那麼情況可能就大不相同。

「傳統觀點」(conventional wisdom)一詞係由博學多聞的經濟學才子蓋博瑞斯(John Kenneth Galbraith)所創。這一字眼並無褒揚之義。他指出：「我們總是把方便的事權充眞理，要不然就是最符合個人利益或福祉的事，或是可以免掉我們辛苦努力或諸多不便的事。我們也非常歡迎最能提升自尊的事。」他也指出，經濟與社會行爲「都很複雜，要了解其中性質很傷腦筋，因此我們緊抓住足以代表自己理解程度的某些理念，好像那是救命的浮木」。

在蓋博瑞斯眼中，傳統觀點必定簡單方便，讓人舒服、放心——只不過未必眞實。當然說傳統觀點全都錯誤絕對言過其實，只不過觀察傳統觀點在哪些地方最容易出錯——比方注意某些思想所露出過於草率或自我中心的蛛絲馬跡——倒是提出問題的適當起點。

專家爲何老是捏造數字

以美國的遊民問題來說，一九八〇年代初，倡導保障遊民權益的人士史奈德（Mitch Snyder）指出，美國約有三百萬名無家可歸的遊民。這個說法立即引起公眾的注意與關切。百分之一以上的美國人無家可歸？這的確是滿高的——但……不過這可是專家說的。一個原本沒人注意的問題，瞬間引起全國的矚目。史奈德甚至受邀到國會作證，說明問題的嚴重性。據報導他曾在大學演講時指出，每秒鐘就有四十五名遊民死亡——換算起來一年要死十四億人。（當時美國總人口是兩億二千五百萬。）假設是因爲史奈德口誤或記者筆誤，實際上他要說的是**每四十五秒**有**一位**遊民死亡，每年死亡數還是高達七十萬一千人，約占美國死亡人數三分之一。最後在外界追問之下，史奈德承認三百萬遊民的數字是他編造出來的，因爲記者一直圍著他要一個明確的數目，他不想讓他們空手而歸。

像史奈德這樣的專家居然爲了一己之私而弄到欺騙的地步，說來相當悲哀，但也不令人意外。不過單靠專家還沒法造假。記者和專家相互仰仗的程度不相上下，由於每天都有報紙版面與電視新聞時段待塡滿，能言之成理的專家永遠受到歡迎。於是在記者與專家的聯手之下，不少的傳統看法就此形成。

廣告也是創造傳統觀點的利器。以李施德霖（Listerine）漱口水爲例，十九世紀剛推出時是當作外科殺菌劑，後來經過蒸餾程序的產品則是用來清潔地板及治療淋病。但李施德霖眞正大紅大紫，是到一九二〇年代定位口臭剋星之後。當時的新廣告的主角是一些落寞的年輕男女，雖然很想結婚，但因對方口臭難聞而感到徬徨。一位女性自問：「**這種情況下**，我和他會幸福嗎？」其實之前口臭在一般人心目中並非多麼嚴重的缺陷，但李施德霖將此完全改觀。廣告學者崔契爾（James B. Twitchell）寫道：「與其說李施德霖生產漱口水，還不如說生產口臭。」短短七年之間，公司營收由十一萬五千美元竄升至八百萬美元。

不論傳統觀點如何形成，要撼動它絕非易事。《紐約時報》專欄作家以及小布希總統忠實的批判者、經濟學家克魯曼（Paul Krugman）觀察二〇〇四年初小布希競選連任時的情況，對此就有深刻的感觸：「布希先生公認的形象是率眞、誠實、語言直樸的人，因此符合這類形象的新聞才會被報導。但如果在傳統觀點中視他爲虛僞的世家子弟，卻刻意表現得像個牛仔，那麼新聞記者就會有許多素材可發揮。」

二〇〇三年美國入侵伊拉克之前的幾個月，兩派對立的專家估計伊拉克擁有的大規模毀滅性武器，結果是天差地別。不過就像史奈德對遊民的「統計」，在傳統觀點的爭霸戰中常有一方勝出。例如女權運動者就曾誇大性侵害的發生率，聲稱每三位美國婦女就有一位會在一生中遭到強暴或意圖強暴的侵害。（實際數字應該是八分之一左右——但女權運動者知道，只有最麻木不仁者才會公開駁斥她們的說法。）呼籲重視某些嚴重疾病的人也常採用相同的手法。爲什麼不？帶點創意的謊言可以引來注意、憤怒——或許更重要的是——眞正解決問題所需要的金錢與政治力量。

當然，專家的誘因往往和我們一般人不同——無論他們是關懷婦女健康人士、政治顧問或廣告主管——而且也會視情況而有一百八十度的翻轉。

以警察爲例，近期一項考核發現，亞特蘭大警方自一九九〇年代初起匿報犯罪案件的狀況嚴重。由於亞特蘭大負責舉辦一九九六年奧運，籌備期間開始出現吃案，顯然是該市必須洗刷暴力橫行的形象，而且速度要快。因此每年好幾千宗案件不是由暴力犯罪變成較輕微的非暴力犯罪，就是給略去不計。（雖然這樣的作弊沒有中斷——單二〇〇二年吃案件數就超過兩萬兩千——但亞特蘭大仍名列全美治安最差城市。）

美國其他城市的警察在一九九〇年代編的是另一齣不同的戲碼。快克古柯鹼（crack cocaine）交易好像突然變得極端暴力，於是成爲各地警方爭取更多資源的理由。在警方的說詞中，正邪雙方進行的不是公平的戰鬥：毒販武器配備先進，資金供應源源不絕。警方強調不法的資金果眞是高招，因爲奉公守法的老百姓最氣不過的，就是那些闊綽的販毒大亨。在媒體極盡渲染之下，販毒似乎成爲美國最賺錢的行業之一。

不過只要花點時間觀察一下經常進行毒品交易的平價住宅區，可能就會發現一樁怪事：大多數毒販仍住在這些住宅區，而且還與母親同住。你可能會搔搔頭，不解地說：「這是怎麼回事？」

獲得答案的關鍵在於找到正確的資料，而找到正確資料的祕訣往往在於找到正確的人。說來容易做來難：毒販通常沒修過經濟學，而經濟學者也絕少與毒販打交道。因此解答這個問題的第一步，就是找出會在毒販中混過、了解其中交易機密，但又已經成功脫離這個圈子的人。

深入販毒幫派的研究生

凡卡德希（Sudhir Venkatesh）出生於印度，在紐約州北部與加州南部成長，畢業於加州大學聖地牙哥校區，主修數學，一九八九年起在芝加哥大學攻讀社會學博士。他的興趣在於了解年輕人如何形成自己的認同感，所以當時才會花三個月的時間追隨迷幻搖滾樂團 Grateful Dead 的全美巡迴演出。不過對堪稱社會學特色的田野工作，他並不感興趣。

但他的指導老師、知名的貧窮學者威爾森（William Julius Wilson）卻很快指派凡卡德希涉入這一領域，他交代的作業：訪問芝加哥最貧窮的社區，並進行七十題的問卷調查。問卷的第一題是：

你對身爲黑人而且貧窮的感覺如何？

a 非常糟糕
b 糟糕
c 無所謂
d 還不錯
e 很好

有天凡卡德希徒步到距學校二十個街區外一個平價住宅區進行調查。那個住宅區位於密西根湖邊，由三棟十六層的灰黃色建築物構成。不過凡卡德希很快發現手頭上的名單已經過時，名字和住址錯誤百出。整個住宅區破敗不堪，幾乎像是廢墟。因爲電梯已經壞了，只有少數人家住在較低樓層，用的是私接的水電。樓梯間沒有電燈，在此初冬時節的傍晚，天色已經近乎全黑。

凡卡德希長相斯文、英俊，體格強壯，膽子並非特別大。他爬上六樓，想找到願意回答問卷的人。忽然在樓梯間平臺上，他看到一群青少年在擲骰子。他們是最低階的毒販，就在這棟住宅出沒。他們顯然並不歡迎他。

「我是芝加哥大學的學生，」凡卡德希有些結巴，緊緊抓著手上的問卷，「我是來進行——」

「去你的，黑鬼，你到我們的樓梯間來幹嘛？」

當時芝加哥的幫派鬥爭時有所聞，而且愈來愈暴力，槍擊事件幾乎天天發生，這批人就屬於某大幫派的一個分支。他們顯然很緊張，但對凡卡德希覺得莫測高深。他**看起來**不像敵方人馬，但搞不好是什麼奸細。他絕對不是警察，不是黑人也不是白人，好像也沒什麼威脅性——唯一的配備只有問卷夾——但他也不見得那麼沒問題。幸好有三個月隨著 Grateful Dead 巡迴各地，他看起來，套句日後他自己的形容，「就像是個不折不扣的怪胎，頭髮長到屁股。」

這群幫派混混爭執該拿凡卡德希怎麼辦。放他走？如果他向對立幫派透露這個樓梯間，可能讓他們遭到突擊。一個神經兮兮的小子不停晃動手裡的某樣東西——在昏暗的光線下，凡卡德希好不容易看出那是把槍——嘟囔著：「把他交給我，交給我。」凡卡德希可真是嚇壞了。

人愈聚愈多，最後來了個年紀較大的幫派分子。他劈手奪過問卷板，看到上面的問卷，弄不清怎麼回事。

「我看不出這是什麼玩意，」他說。

「因爲你不**識字**嘛，」一個少年說，其他的人也都一齊嘲笑這個較年長的人。

他要凡卡德希問幾個問卷上的問題。於是凡卡德希就開始問「你對身爲黑人而且貧窮」的問題，只聽到周遭響起一陣狂笑。事後凡卡德希向學校的同僚反映，他發現問卷中a到e的選項不夠充分，根據實際狀況，應該再加上：

f 去你他媽的

就在事情彷彿陷入僵局時，又出現了另一個人。他是這幫人的老大J·T·。J·T·想弄清楚是怎麼回事，就要凡卡德希唸問卷的題目。聽了之後，他說他沒法回答，因爲他不是黑人。

於是凡卡德希說：「如果我改成『身爲**非裔美國人**而且貧窮』怎麼樣？」

「我也不是什麼非裔美國人，白癡。我是個**黑鬼**。」接著J·T·就以生動而且還算友好的方式上了一堂生物分類學的課，區分「黑鬼」(nigger)、「非裔美國人」(African American)與「黑人」(black)。等他發言完畢，現場陷入尷尬的沉默。還是沒有人知道該如何處理凡卡德希。J·T·年約二十八、九，他把手下的情緒安撫下來，可是好像也不想干預他們如何處理。黑夜降臨，J·T·也離開了。那個神經兮兮的持槍男孩告訴凡卡德希：「沒人能活著離開這裡。你知道的，對不對？」

隨著夜色加深，那些人也漸漸緩和下來。他們給凡卡德希一罐啤酒，接下來一罐接一罐。他要撒尿時，就到大家都去的地方——上層樓梯間的天井。J．T．中間回來過幾次，可是沒說什麼。天亮了，接著到了中午。凡卡德希偶爾想設法和他們談問卷的事，但這群年輕的毒販只是發出訕笑，說他的題目很蠢。最後在被扣押近二十四小時後，他們把他放了。

他回家後洗了澡，雖然如釋重負但也充滿好奇。他想到大多數人，包括他自己，從來不曾留意這些貧民窟罪犯的日常生活。現在他迫切想了解這個黑色門徒幫（Black Disciples）由上到下究竟如何運作。

幾個鐘頭後，他決定再回到那個破舊的住宅區，而且想好了更適當的問題問他們。

由於第一手的經驗，凡卡德希了解傳統的問卷調查方式在這種狀況下全然不管用，所以他決定把問卷擱在一旁，自己投身到這幫人中。他找到J．T．，說明他的構想。乍聽之下，J．T．覺得凡卡德希八成瘋了——堂堂的研究生居然要從販毒幫派這裡找資料？不過他對這種精神倒很欣賞。其實J．T．本人也是大學畢業生，主修企管。畢業後在芝加哥商業中心區上過班，在一家銷售辦公設備的公司行銷部門工作。但他自覺格格不入——就好像白人待在Afro Sheen（編按：專門生產非裔美國人美髮用品的Johnson Products Co. Inc. 最有名的美髮產品）總部，他喜歡這麼形容——於是辭職不幹。不過他對工作中學到的東西長記在心。他了解蒐集資料與找尋新市場的重要性，也一直留意發掘更好的管理策略。換言之，J．T．成爲這個販賣快克幫派的領導者並非僥倖，他天生就是個帶頭的。

一番反覆爭辯後，J．T．同意凡卡德希在不造成干擾下接觸幫派的活動，不過任何他想公開的資訊如果可能造成傷害，J・T・擁有否決權。

湖邊灰黃色的住宅群在凡卡德希初次拜訪過不久即遭拆除，幫派就把地盤遷到芝加哥更南邊的另一個平價住宅區。之後的六年間，凡卡德希幾乎就住在那裡。在J・T・的保護下，他貼身觀察幫派成員的工作或居家生活。他的問題沒完沒了，他的好奇心有時會惹惱那些兄弟們，不過他們也經常把他當作傾訴的對象。有個毒販告訴他：「外面就是戰場，我是說，大家每天都在掙扎求生存，你知道，我們也就是做自己能做的事。我們沒有選擇，如果命中註定給別人幹掉，那算活該倒楣，我們這裡的黑鬼就是這樣養家活口。」

凡卡德希由一家搬到另一家，替他們洗碗盤，睡在地板上，也給這些家庭的小孩買玩具。有次他目睹一個十多歲的毒販在眼前被射殺，有個女人就用嬰兒的圍兜把他的血吸掉。凡卡德希定期向在芝加哥大學的威爾森報告這些驚悚的經歷。

幾年的時間內，這個幫派歷經血腥的地盤爭奪戰，終於遭到聯邦起訴。一個名叫布提（Booty）的成員，位階僅在J・T・之下，這時來找凡卡德希。他說其他成員把遭起訴的事怪罪到他頭上，因此他懷疑自己活不久了。（這點他說對了。）他希望做點事來贖罪，因爲他自覺罪孽深重——雖然幫派成員老是說販毒沒什麼害處，甚至還大言不慚說這樣才能把黑人的錢留在黑人社區內。布提希望留下一點可能對下一代有益的事。他交給凡卡德希一疊破舊的筆記本，是該幫四年完整的財務交易紀錄。在J・T・指示下，帳冊整理得清清楚楚：銷貨、薪資、會費，甚至還有發給遭殺害成員家屬的撫卹金。

起初凡卡德希根本不想收下這些筆記本。如果給聯邦探員發現，或許他也會遭到起訴。而且，他拿了這些資料要幹嘛？雖然過去主修過數學，但這麼多年來他已經不再以數字來思考問題。

凡卡德希結束芝加哥大學研究所學業後，獲得進入哈佛大學研究員學會（Harvard's Society of Fellows）三年的機會。那裡提供宜於靈活思考的友善環境——胡桃木飾板的裝潢、一度屬於侯姆斯（Oliver Wendell Holmes）的雪利酒匣——讓凡卡德希如魚得水，他甚至還擔任學會的酒保。不過他還是不時離開哈佛，一次又一次返回芝加哥的販毒幫派內。這項街頭研究使得凡卡德希成為某種異類，因為學會的年輕成員絕大多數都是不折不扣的知識分子，談的都是深奧的典故。

學會的宗旨之一，是讓平常少有機會接觸的不同領域學者共聚一堂。凡卡德希很快就結識了另一個異類，他也與典型的哈佛學會成員大異其趣。這個人剛好是個經濟學者，但他不思考一些總體經濟的大問題，只喜歡弄清楚自己感興趣的個體性的題目，其中犯罪名列前茅。所以兩人交談不到十分鐘，凡卡德希就把自己在芝加哥拿到的筆記簿告訴李維特，並決定合寫一篇論文。這麼珍貴的財務資料落在經濟學者手裡還是第一遭，使得過去沒人碰過的犯罪企業可以成為學術分析的對象。

幫派如何運作？實際上和大多數美國企業大同小異，特別與麥當勞最類似。如果你拿麥當勞與黑色門徒幫的組織圖對照比較，幾乎找不出有何差異。

凡卡德希混跡的幫派隸屬於一個更大型的黑色門徒組織，是約一百個分支中的一員，實際上就是家加盟店。加盟店領導者J・T・向大約由二十人組成的領導中心——沒開玩笑，他們眞的就叫董事會——報告。（郊區白人努力模倣貧民窟文化的黑人饒舌歌，而黑人貧民窟罪犯卻努力模倣白人的公司觀念。）J・T・把收入的兩成左右上繳董事會，換取在十二個街區範圍內銷售毒品的權利。其他的收入他可以自行決定如何分配。

J・T・有三名直屬幹部：執法殺手（確保成員的安全）、出納（注意幫內的流動資產）與外務員（處理與各供貨者之間大批毒品與金錢的進出）。在這些幹部下面就是稱為「步兵」的街頭銷貨員，他們的期望是哪天能當上幹部。J・T・的薪資表上隨時都有二十五到二十七名步兵，視季節（秋天是快克銷售旺季，夏天與耶誕假期是淡季）與地盤大小（黑色門徒一度強制接管一個對頭幫派的地盤，而使勢力範圍倍增）而有不同。至於組織最底層則是兩百名小嘍囉，這些人算不上幫裡的正式成員，不過要繳會費——他們有些是為了不受敵對幫派欺負，有些則希望到頭來有機會升任步兵。

快克幫派的帳冊

布提筆記本登記的四年恰好是快克的興盛期，業務欣欣向榮。J・T・的加盟店在這段期間收入擴增近四倍，由第一年的每月一萬八千五百美元到第四年的六萬八千四百美元。我們來看看第三年的每月收入：

販毒	二萬四千八百美元

會費	五千一百美元
保護費	二千一百美元
每月總收入	三萬二千美元

「販毒」收入僅指銷售快克古柯鹼的收入。幫裡准許一些嘍囉在地盤內販賣海洛因，不過不是按利潤的某個百分比抽成，而是收取固定的特許費。(這是帳冊外收入，直接進到J・T・個人口袋內；他在其他項目上可能也有作弊。）五千一百美元的會費收入是來自嘍囉，正式的幫內弟兄不必繳納。保護費則是來自幫派地盤上做生意的人，包括雜貨店、吉普賽人車隊、妓院、銷贓者、汽車修理廠等。

以下我們來看看爲賺取每個月三萬二千美元的收入，J・T・除了薪資以外要負擔的總成本：

毒品批發成本	五千美元
董事會規費	五千美元
打手	一千三百美元
武器	三百美元
雜支	二千四百美元
薪資以外每月總成本	一萬四千美元

打手是短期簽約的非幫派成員，協助開疆闢土。武器成本不高，因為黑色門徒幫與地方軍火走私者有私下交易，以協助把風巡邏換取免費或折價很多的槍枝。雜支包括法律費用、聚會開支、賄賂、與「社區活動」贊助。（黑色門徒幫努力在平價住宅區內建立社區棟樑而非害群之馬的形象。）雜支也包括與被殺害成員有關的費用。除了喪葬費，眷屬還可以領到最多相當於三年薪資的撫卹金。凡卡德希有次問道，為何他們在這方面這麼大方。他得到的答案是：「眞是他媽的蠢問題。虧你跟我們在一起這麼久，怎麼還不了解他們的家人就是我們的家人。我們不能就這樣撒手不管。我們和這些人認識了一輩子，他們傷心我們也傷心。你必須尊重家庭觀念。」對死者的優厚撫卹還有另一項原因：幫派擔心社區的反撲（認為它是一個破壞性的組織），認為多花個幾百塊可以收買一些人心。

剩下的錢就進入成員的荷包，首先是J・T・，下面這項支出使得J・T・成為幫內最快樂的人：

每月淨利應付領導人部分　八千五百美元

以每月八千五百美元計，J・T・年薪約十萬美元——而且還免稅，也不包括各項納入私囊的收入，這可遠比他過去在短暫職場生涯要賺得多。別忘了，黑色門徒幫中與J・T・屬於同等級的領導人有一百個左右，因此的確有些毒販有能力過優渥的生活。如果你躋身幫派董事會，甚至可以享受奢華的生活。二十位老大每年大概有五十萬美元的進帳。（然而他們之中隨時總有三分之一在坐牢，這是在黑幫中當老大非常不利之處。）

這樣看來，位居黑色門徒幫金字塔頂端的一百二十人收入相當可觀，這是因爲底下有一大堆人撐著。如果以J・T・的加盟店爲準——三名幹部加五十名步兵——一百家加盟店總共大概就有五千三百個人替這一百二十個領導者賣命。另外還有二萬名沒領薪水的嘍囉，其中不少人一心盼望有機會當上步兵，所以願意繳納幫費。

這些人夢寐以求的工作待遇如何？下面是J・T・付給幫中成員的薪水總額：

三名幹部總薪資	二千一百美元
步兵總薪資	七千四百美元
幫派總薪資（不包括領導者）	九千五百美元

所以這些有正式職位者每個月**總共**領到的錢是九千五百美元，只比J・T・一人的薪水多一千美元。J・T・的薪資換算起來是每小時六十六美元，而他手下三名幹部一個月薪水七百美元，折合時薪約爲七美元。步兵的時薪只有三・三美元，還不及最低工資水準。因此我們一開始的問題——如果毒販賺的錢很多，爲何仍和母親同住？——得到了解答，那就是除了頂端的老大，毒販賺的錢**並**不多，所以只能跟母親同住。每名靠販毒發大財的人，底下都有幾百個只能勉強生活的人。黑色門徒幫那一百二十名領導者，只占幫內正式成員數的二・二%，但分到的錢卻超過一半。

換言之，快克幫派的運作其實與典型資本主義的企業大體相同：你必須爬到金字塔頂端才能賺大錢。雖然幫派領導者口口聲聲說幫派像個大家庭，但內部上下的薪資天差地別，和一般美國企業並無二致。步兵的地位類似於麥當勞店裡煎漢堡的助手或沃爾瑪（Wal-Mart）賣場內的補貨員。事實上，J．T．手下的步兵大都還兼一份合法的工作，能領到最低工資水準的收入，以補貼微薄的非法所得。另一個販毒幫派的老大曾經告訴凡卡德希，他可以輕而易舉地調高手下步兵的待遇，可是這麼做太過魯莽。他說：「你底下那些黑鬼全都想要你的位子，知道嗎？所以，你必須照顧他們，可是你知道，你也必須告訴他們你才是老大。你必須事事先照顧到自己的一份，否則就算不上是什麼頭頭。如果你開始讓自己吃虧，他們就會認爲你軟弱孬種。」

除了待遇很差，步兵還得面臨惡劣的工作環境。新手必須整天站在街角，與吸毒者打交道。（幫裡極力勸阻成員吸毒，必要時會以毆打懲戒。）步兵還冒被逮捕的風險，更可怕的是暴力。根據筆記本內的資料與凡卡德希的研究所得，可以建構出J．T．幫派成員四年內遭遇負面事件的指數。如果你是其中一員，那麼以下是四年內的典型遭遇：

遭逮捕次數	五．九
受到非致命傷害次數（不包括因違反幫規而遭修理）	二．四
被殺身亡的機率	四分之一

被殺身亡的機率是四分之一！相較之下，根據美國勞工統計局統計，從事全美最危險工作的

伐木工人，四年內死亡的機率是二百分之一。至於全美處決犯人數最多的德州，二〇〇三年共處死二十四人，只占近五百名死刑犯的五%。也就是說，如果你在芝加哥貧民窟販賣快克，遭到殺身之禍的機率還遠高於德州死囚大牢內的犯人。

那麼，如果販賣快克堪稱美國最危險的工作，而且時薪只有三·三美元，爲什麼還有人願意幹這樣的工作？

在淘汰賽中出人頭地

理由就和威斯康辛漂亮的鄉下女孩爲什麼要去好萊塢、高中足球隊的四分衛爲什麼每天清晨五點起來練舉重一樣，他們全都夢想在競爭異常激烈的領域出人頭地。只要能躋身頂尖，就可以賺大錢（當然還有隨之而來的榮耀與權力）。

對那些在芝加哥南區貧民窟成長的小孩來說，販賣快克似乎是個風光的行業。在他們大多數人的心目中，名利雙收的幫派老大是所能想像到的最棒的工作。如果成長於不同的環境下，他們的志願可能是當經濟學家或作家，但在J·T·那個幫派活動的社區內，你幾乎看不到通往高尙職業的道路在哪裡。這裡的兒童五十六%生活在貧窮線之下（全國平均百分比爲十八%），七十八%來自單親家庭。這裡的成年人有大學學歷者不到五%，而且男性每三人只有一個有工作。這裡的平均年所得約一萬五千美元，還不及美國平均水準的一半。在凡卡德希與J·T·幫派成員一起生活的日子裡，常有步兵拜託他幫忙爭取他們口中的「好差事」：芝加哥大學的門房。

販賣快克和其他看似風光的職業有個同樣的問題：僧多粥少。靠販毒發大財的可能性，不會高過威斯康辛鄉下女孩變成電影明星，或高中四分衛球員加入全國足球聯盟的機率。然而罪犯和其他人一樣，會對誘因作出反應。只要獎品夠大，即使機率再渺茫，還是能吸引如過江之鯽的人潮。在芝加哥南區，販賣快克的工作機會嚴重地供不應求。

懷抱毒品大亨夢想的人得面對一條勞動者鐵律：如果許多人都有意願、有能力從事某種工作，那個工作的待遇通常不會高。勞工供給是決定工資水準的四要素之一，其他三項是工作所需的專業技能、工作不愉快的程度、對這項工作所提供服務的需求。

這些要素之間微妙的平衡，有助於解釋爲什麼，好比說，一般的妓女往往賺得比一般的建築師多。這看起來似乎不合理，因爲建築師需要更多的專業與更高的教育水準，但問題是，很少有女性從小就夢想當妓女，所以供給相對較少。她們所需的技巧雖稱不上「專業」，但也屬於相當特別的範圍。而且這項工作還有令人不愉快或敬而遠之的兩種原因：很可能遭暴力相向、喪失安享正常家庭生活的機會。至於需求呢？只要想想建築師召妓的機會高？還是妓女聘請建築師的機會高？

那些光鮮亮麗的行業——電影、運動、音樂、時尚——另有一套運作機制。就連風光程度次一等的產業，如出版、廣告、媒體，還是吸引一大票優秀年輕人投身其中擔任吃重乏味的工作，只領取微薄薪水，卻必須無保留地投入。曼哈頓出版社的助理編輯年薪只有兩萬二、高中校隊的四分衛沒有任何報酬、十來歲的毒販每個鐘頭賺三塊三毛，他們都在參與同樣的競賽，或許最貼切的說法就是一種淘汰賽（tournament）。

淘汰賽的規則很簡單，你必須由最低階力爭上游。（大聯盟的游擊手先打小聯盟、三K黨的神龍最初可能只是低階的打手、大毒梟一開始是在街角販毒。）你必須接受低工資，長時間賣力工作，而且不能只求優於平均水準，而是要出類拔萃，才能在淘汰賽中勝出。（各行各業出人頭地的方式當然各不相同；J·T·一定會緊盯手下步兵的業績，不過眞正關鍵的是他們性格的韌性——至於像棒球游擊手在這方面的要求可能就沒那麼高。）到了最後，一旦你認淸自己絕對達不到頂尖，就會自動退出競爭。（有些人會撐得比較久——且看看在紐約餐廳擔任侍者的那些過氣「演員」——不過一般人通常很早就可以看出端倪。）

J·T·的步兵一旦知道升遷無望，大都不會戀棧太久，尤其是街頭槍戰又起之際。J·T·的幫派過了幾年太平日子後，和鄰近一個幫派掀起地盤爭奪戰。開車狙擊變成家常便飯，對於成天在街頭巷尾活動的步兵而言，這樣的情勢發展特別危險。販毒者必須讓顧客很容易找到他們，如果爲躲避其他幫派追殺而藏起來，生意就沒法做了。

在幫派開戰之前，J·T·的步兵倒還願意接受這項待遇低、風險高的工作，因爲他們寄望有天能往上爬。不過情勢轉變後，有個步兵告訴凡卡德希，他認爲待遇應該提高，以補償他們增加的風險：「發生這麼多事，你還願意站在這裡嗎？不會，對不對？如果要我冒生命危險堅守崗位，那就拿錢來啊。付我更多的錢，不然雙方交戰的時候我還冒險待在這裡就不値得。」

J·T·並不想讓這場爭奪戰發生。原因之一是風險增加，必須提高付給步兵的薪資。更嚴重的是，幫派火併不利生意。如果漢堡王與麥當勞爲爭奪市場而展開價格戰，多少還可以靠銷售量增加來抵消降價的損失。（也沒人會遭槍擊。）但一旦幫派開戰，顧客擔心安全，不願到街頭購買快克，生意會一落千丈。不論由哪個角度，幫派戰爭都是J・T・所不樂見的。

那麼，他爲何要挑起爭端？事實上，他並沒有，惹事的是他手下的步兵。毒品大哥對手下人未必能完全有效控制，因爲雙方各有不同的誘因。

對J・T・而言，暴力會干擾手頭的正業，所以他寧願手下不射一發子彈。但對步兵而言，暴力卻有它的作用。步兵要揚名立萬——在淘汰賽中晉級——可用的一招就是表現自己喜歡暴力。殺手是大家敬畏而津津樂道的人物，步兵希望藉此打響自己的名號。可是J・T・的立場卻是要阻止手下的步兵這麼做，他曾告訴凡卡德希：「我們一直告訴那些小鬼，他們隸屬的是一個正經的組織，並不是只有打打殺殺。他們看了太多那種電影，以爲到處破壞亂打就好，其實根本不是那麼一回事。你應該學習做組織的一分子；你總不可能老是打鬥。這對生意很不好。」

最後是J・T・占了上風。他主導了幫派的擴張，締造一段繁榮而且相對和平的時代。J・T・是個贏家，賺了大錢，因爲他做的事少有人能做到。他高大、英俊、聰明、堅毅，知道該如何激勵手下。他也很機靈，從不帶槍或身懷鉅款而引起警方注意。雖然幫中兄弟多半和老媽住在一起，過著苦哈哈的日子，J・T・卻有好幾棟房子、好幾個女人、好幾輛車子。當然他受過企管教育，也不斷努力運用這項優勢，這也是他爲什麼會決定採取最後落到凡卡德希手中的公司型會計帳冊，其他的頭頭沒人這麼做過。J・T・有次還把帳簿拿到董事會上，以顯示自己的企業長才，雖然並沒人要求他這麼做。

這一招的確有效。在地方上經營六年後，J・T・晉升爲董事會一員，年僅三十四歲。他贏得了淘汰賽的錦標。不過這項錦標卻隱含一個出版業、職業運動、甚至好萊塢也沒有的陷阱。畢竟販毒是違法的。當上董事沒多久，黑色門徒幫就因聯邦起訴——也就是讓布提把帳冊交給凡卡德希的那次起訴——而土崩瓦解，J．T．也進了監牢。

尼龍絲襪與古柯鹼

再問一個看起來很古怪的問題：古柯鹼與尼龍絲襪有何共通點？

一九三九年，杜邦（DuPont）公司推出尼龍絲襪，令無數美國婦女視之爲幸運的奇蹟。在此之前，長襪均爲絲質，昂貴又不耐用，而且永遠缺貨。到了一九四一年，尼龍絲襪共計已賣出六千四百萬雙，超過美國成年女性總人數。尼龍絲襪價錢合理、效果奇佳，幾乎會讓人上癮。杜邦創造了每位行銷者夢寐以求的成就：讓階級商品變成大眾商品。就這個角度來看，尼龍絲襪的發明與快克古柯鹼的發明有異曲同工之處。

一九七〇年代，如果你是嗑藥一族，就知道古柯鹼屬於其中最高檔。由於深受演藝人員、球員，或甚至一些政治人物喜愛，古柯鹼成爲權勢與炫耀的象徵。它的外觀純淨、潔白、優雅，而且不像海洛因會讓人委靡、不像大麻那樣煙霧瀰漫，給人愉悅的快感。

可惜古柯鹼價錢昂貴，而且快感也爲時短暫。古柯鹼吸食者因而致力於提升它的效力，主要方式是透過精鍊——添加氨水與乙醚到古柯鹼鹽酸鹽或粉狀古柯鹼中，透過燃燒釋放「劣質」古柯鹼。不過這一過程有相當的危險性，對化學外行者最好別碰。

在此同時，全美各地古柯鹼販賣者與愛用者，可能包括中南美洲一帶，也在努力研發提煉古柯鹼更安全的方法。他們把粉狀古柯鹼和小蘇打粉與水放到平底煎鍋內煮乾，就可以得到一小塊一小塊可以吸的古柯鹼。之所以稱它爲快克，乃是在平底煎鍋內煮乾時小蘇打粉發出的喀啦聲。以後還出現一大堆的暱稱：Rock、Kryptonite、Kibbles'n Bits、Scrabble、Love等。到了一九八〇年代，這種經典毒品已具備轉型爲量產商品的條件，只需要下面兩項因素配合：古柯鹼原料供應充分、新產品能販售到大眾化市場上。

取得古柯鹼原料並不困難，因爲就在快克古柯鹼發明時，恰好哥倫比亞古柯鹼供應暴增。一九七〇年代末，美國古柯鹼純度上升，但批發價大幅下跌。從哥倫比亞輸入最多古柯鹼到美國的嫌犯是個尼加拉瓜移民，叫做布蘭東（Oscar Danilo Blandon）。由於他和洛杉磯市南區新興的快克毒販有大筆生意往來，而被冠上快克拓荒者（Johnny Appleseed）的封號。布蘭東日後聲稱，他販毒賺錢爲的是替美國中情局所支持的尼加拉瓜反抗軍籌款。他常說美國這邊有中情局把風，讓他可以安全地販毒。因此迄今仍有人相信中情局本身就是美國快克交易的主腦，在大都市的黑人圈子裡尤其常見。

判定此說眞僞不在本書範圍內，不過可以確定的是，在布蘭東協助下，哥倫比亞的古柯鹼卡特爾（cartel）與美國各城市的快克毒販之間建立起連結，從而改變了美國的歷史。由於龐大的古柯鹼送交到街頭幫派手裡，布蘭東等人參與締造了驚人的快克繁榮期，於是像黑色門徒等幫派趁勢崛起。

只要有都市，就會有某種形態的幫派存在。美國的幫派傳統上一直扮演新移民中途之家的角色。一九二〇年代，單單芝加哥一地就有一千三百個以上的街頭幫派，讓所有種族、政治立場與犯罪傾向的人都可以受到照顧。不過根據既有經驗，幫派比較長於製造混亂，而非財富。雖然有些幫派自認為是企業組織，而的確有些──最著名的是黑手黨──也賺了錢（至少其中高階分子），但絕大多數幫派成員都可說是阮囊羞澀。

黑人街頭幫派在芝加哥特別風行，一九七〇年代成員人數動輒數以萬計。這些偷雞摸狗的罪犯逐漸榨乾都市社區的活力，主要的問題在於他們似乎永遠逍遙法外。對大多數美國大都市而言，一九六〇與七〇年代堪稱街頭犯罪的黃金年代。由於遭到處罰的機率偏低──那是自由派司法制度與罪犯人權運動的鼎盛期──犯罪的代價眞的不高。

到了一九八〇年代，法庭開始改弦易轍，罪犯的人權受到抑制，判刑準則也變得更嚴格。愈來愈多的芝加哥黑人幫派分子給送進聯邦監獄，巧合的是，他們的牢友有不少正是與哥倫比亞毒梟關係密切的墨西哥幫派成員。以往黑人幫派靠黑手黨作為購買毒品的中介，但恰好這時黑手黨因聯邦政府新的反恐嚇勒索法律而受到打擊。不過到了快克進到芝加哥之際，黑人幫派已經搭好關係，可以直接向哥倫比亞毒梟進貨。

在快克發明前，古柯鹼價格太貴，所以在貧民窟的銷路有限。但快克僅需用到微量的純古柯鹼，吸食一次只花幾塊錢，因此這項新產品對所得不高的街頭買主再理想不過。快克效力強，幾秒鐘就可抵達腦部──但也消失得快，讓人想要吸食更多。就這些特點而言，快克注定會大賣。

於是像黑色門徒這種擁有數千名年輕成員的街頭幫派就成為銷售快克的最佳人選。這些幫派已擁有各自的地盤，而且也有一定的威望，讓顧客不敢耍詐。於是忽然之間，都市街頭幫派就由不良少年的組織改頭換面，蛻變爲眞正的營利事業。

這也爲幫派提供長期雇用的機會。在快克之前，混街頭幫派根本無法過日子，所以成員到了開始要養家活口時就會脫離。三十歲的幫派分子根本不存在：他不是找到正當工作，就是死了，否則就是給關在牢裡。但有了快克後，資歷長的人會一直待下來，阻斷後輩的升遷之途。這段期間恰好也是老式終生雇用制——尤其是工廠的工作——走向式微之際。以往擁有基本技術的芝加哥黑人男性在工廠上班，可以領到像樣的工資。但隨著工廠就業機會變少，販毒的吸引力就顯得更大。畢竟這麼容易讓人上癮的產品，連傻瓜都會賣。

誰會在意販毒這行像淘汰賽，最後的贏家寥寥可數？誰會在意這個工作非常危險——站在街角等顧客上門，然後像麥當勞賣漢堡一樣迅速完成交易，你根本不認得顧客是誰，或許他們準備來逮捕你、搶劫你或甚至殺死你？誰會在意你賣的東西可能讓未成年人、老祖母或牧師染上毒癮，讓他們滿腦子只想著再吸一回？誰又會在意毒品泛濫扼殺了社區的發展？

對美國黑人而言，由二戰結束到快克風行前的四十年期間，生活有持續而明顯的改善。尤其一九六〇年代中期各項民權法案實施後，種種社會進步指標均顯示改善美國黑人處境的努力確已落實。黑白之間所得落差逐漸縮小，黑人學童與白人學童間成績差距也在縮小。最令人振奮的成就該是嬰兒死亡率明顯降低。直到一九六四年爲止，黑人嬰兒夭折的機率是白人嬰兒的兩倍，死因通常是下痢或肺炎這些普通疾病。由於醫院採行種族隔離，所以許多黑人病患受到的醫療照顧僅相當於第三世界的水準。但在聯邦政府下令醫院取消種族隔離後，這種狀況大爲改善：七年間黑人嬰兒死亡率下降到原先的一半。到一九八〇年代爲止，美國黑人生活的各個層面都在持續改善中，看來也會一直繼續下去。

接著快克古柯鹼出現了。

雖然吸食快克並不局限於黑人，但對黑人社區的打擊卻最嚴重。我們同樣可以用上面各項社會進步指標加以衡量。黑人嬰兒死亡率持續下跌幾十年後，一九八〇年代開始竄升，而新生兒體重過輕或遭遺棄的比率也在升高。黑人入獄人數是以往的三倍。快克的破壞性極強，姑且不論直接受害的吸毒者及其家人，就連整個黑人族群而言，二戰後持續不斷的改善趨勢驟然中止，有些地方甚至倒退了十年。自種族隔離法（Jim Crow）以來，快克應該是對美國黑人爲害最烈的單一因素。

還有犯罪問題。五年之內，都市年輕黑人犯下殺人罪的比率躍升爲原先的**四倍**。彷彿突然之間，住在芝加哥、聖路易或洛杉磯的某些區域，就和住在波哥大（哥倫比亞首都）差不多危險。

與毒品泛濫相關的暴力犯罪形形色色，令人怵目驚心，更何況在此之前的二十年間，美國一直在匯聚一股更泛濫的犯罪潮。雖然這波犯罪潮的出現遠比快克泛濫要早，但經快克的推波助瀾，讓犯罪學者鐵口直斷未來前景一片恐怖。堪稱大眾媒體寵兒的犯罪專家福克斯就提出警告，青少年暴力「大屠殺」即將降臨。

不過福克斯和其他喜歡靠經驗常識講話的人都已被證明錯了。這場大屠殺並未出現。犯罪率反而開始下降——如此出人意表卻又如此顯著，現在事隔數年回顧，眞的很難想像當時對犯罪狂潮即將鋪天蓋地而來的恐懼心情。

犯罪率爲何下降？

原因有好幾個，不過其中有一個最出人意表。前面提過，布蘭東以他一人的行動偶然地導致了龐大的負面影響，如同一顆石子激起的漣漪不斷往外擴張。不過同樣沒人察覺到，另一波強大的漣漪效果——不過方向相反——也開始出現了。

4 罪犯都跑到哪裡去了？

一九六六年，即西奧塞古（Nicolae Ceauçescu）當上羅馬尼亞共黨獨裁者的第二年，他宣佈墮胎不合法。他說：「胎兒是整個社會的財產，任何企圖阻止孩子生下來的人，都是罔顧國家存續法則的逃兵。」

這種冠冕堂皇的宣言在西奧塞古當權時期司空見慣，因爲他的大政方針——打造一個與社會主義新人相稱的國家——就是講究浮誇氣派。他替自己興建豪華宮殿，對老百姓卻暴虐無道，毫不關心。他採行重工抑農政策，強迫農村居民搬遷到沒有暖氣設備的公寓住宅。他把四十個政府職位交由家族成員擔任，其中包括他的妻子艾蓮娜（Elena）。西奧塞古夫人擁有四十處住所，珠寶與毛皮大衣不計其數。雖然她的官方稱號是「羅馬尼亞最偉大的母親」，但她的母性似乎不怎麼強烈。當羅馬尼亞人民抱怨政策不當導致食物短缺時，她的反應是：「那些螻蟻之輩永遠不會滿足，不管給他們多少食物都沒用。」她甚至監聽自己的子女，以確保他們忠貞不二。

西奧塞古的墮胎禁令是爲達成他的一項重大目標：迅速增加人口以強化國力。在一九六六年之前，羅馬尼亞的墮胎政策寬鬆，在世界上名列前茅，墮胎數與生產數的比率爲四比一，因此墮胎堪稱重要的生育控制方式。但幾乎一夜之間，墮胎受到禁止，極少數的例外是已生過四名子女的母親，或是在黨內有特定地位的婦女。與此同時，政府也禁絕一切避孕與性知識的教育。被戲稱為「月經警察」的政府人員定期到各工作場所替女性員工驗孕。婦女如果一直沒懷孕，就得繳納沈重的「獨身稅」。

西奧塞古制定的誘因產生了預期效果。墮胎禁令實施一年之後，出生率就增加一倍。當時社會中除非生在西奧塞古家族或共黨權貴之家，命運原本已夠悲慘，而這時出生的嬰兒尤其倒楣。他們和前一年出生小孩相比，各方面的表現都比較差：學校考試成績較低，職場表現較不理想，而淪為罪犯的比率則高很多。

作法自斃

墮胎禁令一直延續到西奧塞古垮臺為止。一九八九年十二月十六日，數千名群眾走上提米索亞拉（Timisoara）街頭，抗議腐敗的政權，其中不少是青少年與大學生，結果好幾十人遭警方射殺。一位反對派領袖是四十一歲的大學教授，他說自己十三歲的女兒堅持要他參與抗議：「最有意思的是，我們由子女身上學到無所畏懼。他們大都只有十三到二十歲。」提米索亞拉血腥屠殺發生後幾天，西奧塞古在首都布加勒斯特面對數十萬群眾發表演說，結果帶頭起事的又是年輕人。他們怒吼著：「提米索亞拉！」「劊子手下臺！」西奧塞古抱頭鼠竄，他的末日也終於來到。他和妻子帶著十億美元準備逃亡時被捕，受到嚴酷的審判，並在聖誕節當天同遭處決。

在前蘇聯土崩瓦解的年代裡，失勢下臺的共黨領導人只有西奧塞古遭到殘酷處決的待遇。我們不應忽略，他的垮臺大半是由於年輕人發揮了摧枯拉朽的力量——當初要不是他的墮胎禁令，這些人應該有絕大多數根本不會來到世間。

這裡要談美國一九九〇年代的犯罪問題，卻以羅馬尼亞的墮胎故事來開場，看來似乎文不對題。其實不然。就某種重要意義而言，羅馬尼亞的墮胎故事恰好是美國犯罪故事的反面。兩者重合的時點就是一九八九年的耶誕節。當天西奧塞古作法自斃——一顆子彈穿過腦袋——領教到自己的墮胎禁令多年後居然產生如此始料未及的後果。

而這天也堪稱美國犯罪的頂峰時刻。過去十五年以來，暴力犯罪竄升了八成，電視晚間新聞與民眾聊天的主要話題都離不開犯罪問題。

一九九〇年代初，犯罪率突然開始下跌，速度之快完全出乎大家的預期。有些專家原本篤信犯罪率會持續攀升，因此一直過了好幾年，他們才察覺到犯罪率居然不斷在下降。事實上，犯罪率由頂點往下走了很長時間，有些專家在對未來的前景發佈更黑暗的預測。然而證據不容辯駁：長期以來不斷成長的犯罪率開始朝相反方向移動，而且一路下跌到四十年前的水準。

專家們開始忙著爲錯誤的預測尋找種種理由。犯罪學者福克斯辯稱自己提出「血洗」（blood-bath）之說乃是刻意誇大：「我從來沒說過街頭會血流成河，但我以『血洗』這種強烈的字眼來引起大家的注意，結果也的確達到效果。我不會爲使用聳動的字眼而道歉。」（如果你分辨不出血流成河與血洗有何不同，別忘了，專家永遠能自圓其說。）

等到我們眞的免於犯罪的恐懼，可以不再生活在犯罪的陰影下，就不禁會問起：那些罪犯都跑到哪裡去了？

就某個層次而言，這個問題似乎相當難以回答。畢竟，如果所有犯罪學者、警方人員、經濟學者、政治人物或其他相關人士全都不曾料到犯罪率會下降，他們又如何能突然找出箇中原因何在？

不過這批專家們現在倒是已經提出不少假說來解釋犯罪率的下跌。許多報紙專文以此爲主題，而結論往往就是某某專家最近對某某記者所發表的見解。以下是十家發行量最大報紙一九九一至二〇〇一年專文中對犯罪率下降所提出的解釋，按照出現次數高低排列，取自LexisNexis資料庫：

犯罪率下降的解釋	**提及次數**
一、創新的治安策略	五十二
二、監獄囚禁人數增加	四十七
三、快克與其他毒品市場的變動	三十三
四、人口老化	三十二
五、更嚴格的槍械管制法	三十二
六、繁榮的經濟	二十八
七、警察人數增加	二十六

八、其他（死刑增加、隱藏性武器法規、槍枝買回等）　三十四

如果你是個喜歡玩猜謎遊戲的人，或許可以花點時間思考一下，上面哪幾個解釋比較有道理。提示：上面七個解釋中，只有三個對犯罪率降低眞的有幫助，其他的充其量只能說是出自個人臆測或自利動機，甚至根本是異想天開。進一步提示：有項最重要而且可測量的原因未列入其中，因爲根本沒有任何報紙提及。

我們首先來談談比較無爭議的因素：**繁榮的經濟**。犯罪率下降始於一九九〇年代初，與此同時，美國經濟表現亮麗，失業率明顯下降。如果說經濟是遏制犯罪的功臣，應該頗爲順理成章，但進一步分析相關資料，這種說法不攻自破。誠然就業市場改善會使得特定犯罪的吸引力下降，但這僅適用於與金錢動機直接相關的犯罪——偷竊、強盜、竊車，而非殺人、傷害與強暴等暴力犯罪。再者，多項研究證實，失業率每降低一個百分點，非暴力犯罪會降低百分之一。但一九九〇年代失業率下降兩個百分點，非暴力犯罪卻下跌了百分之**四十**！經濟繁榮說的最大破綻還在於暴力犯罪方面。殺人案在一九九〇年代下降的幅度超過任何其他犯罪，而且不少可靠的研究已經發現，經濟與暴力犯罪之間幾乎沒有關聯性可言。如果回顧一九六〇年代的資料，可以看到兩者間的關聯的確薄弱，因爲當時經濟成長強勁，但暴力犯罪也快速成長。因此，一九九〇年代的經濟好景表面看似可以解釋犯罪的下跌，但其實對犯罪行爲應該沒有什麼顯著的影響力。

除非把「經濟」作更廣義的解釋——有財力建造並維持數百座監獄。這裡我們可以來看看另

一項造成犯罪下降的可能因素：**監獄囚禁人數增加**。首先可以由不同角度來思考犯罪問題，暫不論是什麼因素讓犯罪率下跌，我們先思考一下爲何先前犯罪會激增到如此地步？

二十世紀前半葉，美國的暴力犯罪大致維持平穩狀態，但到了一九六〇年代初開始攀升。回顧這一趨勢，一個重要推手就是寬鬆的司法制度。判決有罪比率在一九六〇年代下降，而被判有罪者的刑罰也比較輕。這種趨勢的形成與犯罪嫌疑人的權益提升有關。（有人稱之爲遲來的正義，有人卻認爲矯枉過正。）在此同時，政治人物對犯罪的態度愈來愈寬容——正如經濟學者貝克（Gary Becker）所言：「他們擔心自己看來像是種族主義者，因爲黑人與拉丁裔犯下重罪的比率遠高於平均水準。」因此如果你打算作奸犯科，各項誘因都對你有利：定罪的機率較低；就算有罪，刑期也比較短。由於罪犯和一般人一樣，也會對誘因作出反應，結果就是犯罪激增。

經過一段時間以及一陣政治上的紛擾，這些有利罪犯的誘因總算給取消了。原本可以逍遙法外的人——尤其是毒品相關犯行與撤銷假釋者——給關了起來。一九八〇年至二〇〇〇年，因毒品罪而入監服刑者的人數增加了十五倍。其他許多判決，特別是暴力犯罪，刑期也都變長。總體的效果相當驚人：到二〇〇〇年爲止，超過二百萬人關在監獄內，大概是一九七二年的四倍，增加的人有一半發生在一九九〇年代。

刑罰提高與犯罪率下降的關聯相當明顯。嚴刑峻法不但有嚇阻作用（對街頭上有爲非作歹意圖者而言），也有預防作用（對那些已關在牢裡的人而言）。雖然這個道理如此淺顯，還是有些犯罪學者不以爲然。一九七七年，一項名爲〈暫緩興建監獄論〉（On Behalf of a Moratorium on Prison Construction）的學術研究指出，監獄服刑率高時，犯罪率也往往較高，研究的結論是如果降低服刑率，將可使犯罪率下降。（還好監獄管理人員沒有打開牢房，坐待犯罪率下跌。政治學者迪埃猶利歐〔John J. DiIulio〕就揶揄：「顯然，只有犯罪學博士才會懷疑把危險的犯人關起來可以減少犯罪。」）其實這種論點基本上是沒弄淸相關性與因果性的區別。舉一個類似的例子：某位市長看到市民大肆慶祝本市球隊贏得世界盃錦標賽，由於混淆兩者的因果關係，到了第二年，他下令市民**在第一場球賽開打前**就開始慶祝——在他漿糊的腦袋中，認爲這樣舉動可以保證球賽的勝利。

監獄囚禁人數激增，當然讓人有很多理由覺得不舒服。並非人人都樂見如此高比例的美國人，尤其是黑人，在鐵窗後度日。更何況面對千頭萬緒的犯罪問題，監獄也並非治本之道。還有，監獄所費不貲：囚禁一個犯人的成本是每年二萬五千美元。但如果要解釋一九九〇年代犯罪的下跌，坐牢人數增加的確是關鍵要素，約可解釋三分之一的犯罪率下跌。

死刑沒有嚇阻力

另一個常與坐監人數增加相提並論的是**死刑執行增加**。一九九〇年代處決的人數是一九八〇年代的四倍，讓不少人相信——這是延續數十年的辯論——死刑有助遏止犯罪。然而這項辯論卻忽略兩點重要的事實。

首先，死刑執行率極低，而且曠日費時，所以對一般罪犯沒有嚇阻效果。就算一九九〇年代死刑數爲過去十年的四倍，但在整個美國也只有四七八件。父母會對不聽訓誡的小孩說：「好，這次我數到十，如果你還不聽，我就**眞的**要處罰你了。」他們其實都淸楚嚇阻與口頭威脅的區別。

例如紐約州一九九五年恢復死刑以來，迄今尚未處決一名犯人。就算已判死刑的犯人，每年的執行率也只有二%——黑色門徒幫的兄弟每年死亡率爲七%。如果連死刑犯都比在街頭混要安全，那麼很難讓人相信死刑會在罪犯的盤算中有什麼份量。就像前面提過一所以色列托兒所對遲到父母所收的三塊錢罰金一樣，死刑的負面誘因太小，並不足以讓罪犯改變行爲。

死刑說的第二個漏洞就更爲明顯。假設死刑確有嚇阻作用，那麼究竟嚇阻了多少犯罪？經濟學者厄立克（Isaac Ehrlich）一九七五年發表過一篇日後常被引用的論文，其中有項相當樂觀的估計：處決一名犯人等於減少七件他可能犯下的殺人案。現在來演算一下簡單的數學。一九九一年，美國執行十四次死刑，二〇〇一年爲六十六次。根據厄立克的說法，二〇〇一年增加的這五十二次死刑應該可以讓殺人案減少三六四件——不算小的數目，但還不到該年實際降幅的四%。所以就算根據贊成死刑者最樂觀的估計，死刑也只能解釋一九九〇年代殺人案下降幅度的二十五分之一。再者，死刑都常是針對殺人犯，很難說對其他暴力犯罪也具有嚇阻作用。

因此，以目前美國的死刑執行情況而言，幾乎不可能對犯罪率發揮任何實質影響，連許多一度支持死刑者也都轉而支持這種論點。最高法院法官布萊克門（Harry A. Blackmun）曾投票贊成恢復死刑，但近二十年後的一九九四年卻表示：「我覺得道德上與知性上，我都有責任承認死刑實驗已經失敗。我不會再去對死刑機器修修補補。」

警察眞的減少犯罪率？

所以，讓犯罪下跌的既非死刑，也不是繁榮的經濟，不過囚禁犯人比率增加倒的確有不少效果。當然，這些犯人不是自己走進監牢，必須要有人偵查犯罪，抓住壞人，再蒐集證據將他們定罪。因此我們自然會聯想到以下兩項因素可能有助降低犯罪：

創新的治安策略
警察人數增加

先來看第二項。一九九〇年代，美國警察數／總人口數約提高十四％。然而，僅僅增加警察數目就能降低犯罪嗎？答案似乎很明顯是肯定的，只不過要證明起來並不容易。因爲當犯罪升高之際，民眾會強烈要求改善治安，因而警力方面的支出必然增加。所以如果只單純觀察警力與犯罪的相關性，就會發現警察人數增多時，往往也會有更多的犯罪案件。這當然不是說警察導致犯罪，就如某些犯罪學者認爲「監獄放走犯人可以讓犯罪減少」的論點不能成立。

爲了解因果關係，我們必須找到並非基於改善治安而召募更多警力的場合。比如說，如果某些城市並非因治安考量而增加了警力，而另一些城市則沒有這種現象，我們就可以觀察警力增加的城市是否犯罪減少。

這樣的狀況往往是由於政客急於爭取選票所導致。在選舉投票前的幾個月，現任地方首長照例會增加警察人數，好鞏固執法人員的票源——不管此時治安狀況如何。所以只要對照一組近期辦過選舉（因而雇用更多警力）的城市以及另一組未選舉的城市，應該就可過濾出警力增加對犯罪的影響。我們得到的答案是：沒錯，警力增加的確可以顯著降低犯罪率。

這裡還是再回顧一下原先犯罪率爲什麼會上升得這麼快。由一九六〇至一九八五年，警員人數相對於犯罪案件數**下跌**了五〇%以上。在那段期間，增加警力有時被視爲違反自由的氛圍；但有些時候則純粹是財力的考量。警力削減五〇%，也就意味著罪犯給抓到的機率相對降低。再加上前面提及的寬鬆的刑法與審判體系，更使得警力減少對作奸犯科者構成強大的正面誘因。

到了一九九〇年代，隨著思想潮流與現實需求都發生變化，治安措施的趨勢也反轉過來，全美各城市大幅增加警察人數。這些警力不但具有嚇阻作用，也讓部分原可逍遙法外的歹徒難逃法網。警力增加約可解釋一九九〇年代犯罪減少的十%。

然而一九九〇年代變動的不只警察人數，以下來檢視一下最爲人津津樂道的降低犯罪的因素：**創新的治安策略**。

所有關於治安的理論中，最令人神往的大概就是高明的治安策略能終結犯罪。因爲除了一群壞蛋之外，我們還看到一批代表正義的英雄人物。這一理論迅速深植人心，因爲它恰好訴諸蓋博瑞斯所謂「傳統看法」的形成要素：觀念易於理解、與一般人民福祉息息相關。

這一理論在紐約市表現得最爲淋漓盡致，新任市長朱利安尼以及他親自選拔的警察局長布拉頓（William Bratton）誓言解決嚴重的犯罪問題。布拉頓採取一套嶄新的治安策略，重視新理念，不再謹守行之有年的陳規，讓紐約警察局進入某位資深警官所謂的「我們的雅典時期」。布拉頓並不一味討好各轄區主管，而要求他們權責分明。他引進科技化解決方案，如CompStat，以電腦化方法處理犯罪的熱點，而不純粹倚賴老式的辦案技巧。

布拉頓所引進的新觀念中，最令人耳目一新者是源自犯罪學者威爾森（James Q. Wilson）與凱林（George Kelling）的破窗理論（broken window theory）。這一理論認爲，微小的惡行若不制止，就會變成重大的犯罪：如果某人打破一扇窗戶，結果看到並沒有人立即來修理，那麼他會得到一個訊息，就是把其他窗戶打破也沒什麼大不了的，接下來可能就是放火燒掉整棟建築。

所以當謀殺案猖獗之際，布拉頓轄下的警方開始在原本並未著力的事情上展現警力：如跳過地鐵收票口、騷擾性的乞討、隨地小便、把髒兮兮的刷子強行擱在汽車擋風玻璃上而強向車主索取「捐款」。

大多數紐約客都很欣賞警方的壓制手段，尤其是布拉頓與朱利安尼大力鼓吹的理念：壓制輕微的犯罪可以阻斷犯罪元素的氧氣供應。今天在地鐵逃票的人很可能昨天犯過謀殺案；在巷弄內隨地便溺的吸毒者可能正準備大幹一票。

隨著暴力犯罪開始直線下跌，紐約客不吝對於出生布魯克林、擅長表演的市長以及輪廓分明、一口濃重波士頓腔的警察局長給予讚美。不過這兩個性格強悍的人很難共享榮耀。治安好轉讓布拉頓——而不是朱利安尼——榮登《時代雜誌》封面，之後不久，他就被迫去職，擔任局長不過爲時二十七個月。

一九九〇年代犯罪下降時期，紐約市在治安策略上迭有創新，而治安改善的幅度亦居美國大都市之首。殺人案由一九九〇年的每十萬人三〇・七件降為二〇〇〇年的八・四件，降幅高達七十三・六%。不過進一步分析下，卻發現創新的治安策略其實對犯罪大幅下降並沒有什麼作用。首先，紐約的犯罪率下降始於一九九〇年，到一九九三年底，財產犯罪與暴力犯罪（包括殺人）的發生率已下跌近兩成。但是朱利安尼直到一九九四年初才上任——並指派布拉頓，因此早在兩人任職之前，犯罪其實已經開始減少。而且，在布拉頓去職後一段頗長的時間，犯罪還在繼續下降。

其次，創新的治安策略伴隨著一項更有意義的警力變革：警察人數大增。一九九一至二〇〇一年，紐約警察增加了四十五%，是全國平均水準的三倍以上。我們前面提過，警察人數增加**確實**可以降低犯罪——不論治安策略是否創新。根據保守估計，紐約警力如此大規模擴增，至少可使紐約相對於全國平均水準而言，犯罪率減少十八%。前面提過，紐約殺人案件降幅高達七十三・六%，但如扣除這十八%警力擴增的效果，那麼紐約市的表現就不再領先全國，只能算中等水準。其實許多新政策是由朱利安尼所擊敗的原任市長丁金斯所採行。丁金斯早就知道曾任聯邦檢察官的朱利安尼將成為他的競選對手（兩人在四年前的選戰中已交過手），因此傾全力穩住治安與執法人員的選票。這樣看來，將治安改善歸功於朱利安尼也不算錯，畢竟丁金斯是懾於他在執法上的聲望，才會增聘這麼多的警力。到頭來，警力增加讓人人受益——只不過朱利安尼受惠遠超過丁金斯。

紐約治安策略創新大幅降低犯罪的說法，最大的漏洞在於一個經常為人忽略的簡單事實：一九九〇年代，全美**各地**犯罪都在下降，並不限於紐約地區。不過其他城市幾乎都未採行類似紐約的策略，就算有，作法也沒有那麼積極。但如果扣除紐約警力增加的效果，即使是以警察形象惡名昭彰的洛杉磯，犯罪率減少的幅度也與紐約相當。

當然，由此逕自認定良好的治安策略沒用未免過於莽撞。布拉頓激發紐約警方士氣確實功不可沒，但如果像他自己或媒體所認定，他那套創新的治安策略乃是打擊犯罪的萬靈丹，其實也欠缺充分的證據。下一步該做的，是繼續測量治安創新的成效——地點可選擇像二〇〇二年底開始由布拉頓擔任警察局長的洛杉磯。布拉頓上任後採行了一些他在紐約的招牌創新策略，不過他公開表示，列爲最優先的是一項更根本的措施：找到經費增雇幾千名警察。

接下來再看看其他常被提及的有助於犯罪率下降的因素：

更嚴格的槍械管制法

快克與其他毒品市場的變動

首先來看槍的問題。針對這一主題的辯論往往很難平心靜氣，贊成者認爲槍械法律過於嚴苛，而反對者的看法恰好相反。爲什麼聰明人對事物的看法會如此歧異？因爲槍枝所涉及的複雜問題，會因單一因素而全然改觀，那就是：持槍者是什麼人。

或許我們可以再退一步，提出一個更根本的問題：槍是什麼？當然，槍是一種可以用來殺人的工具，但更重要的是，槍對自然規律造成重大干擾。

槍與犯罪

任何爭執都會因一槍在手而變色。假設一個狠角色和另一個不太狠的角色在酒吧內交談，最後起了爭執。後者知道自己只有挨揍的份，所以乾脆別打了。這符合弱肉強食的規則。不過要是那個不太狠的角色剛好有把槍，他就大有獲勝的機會。在這個場景下，槍枝的加入很可能引發更多的暴力。

再假設另一個場景：一位高中女生夜間出來散步，忽然遇到一名搶匪。如果有槍的是歹徒，情況會如何？如果有槍的是高中女生，情況會如何？如果**兩人**都有槍，情況又如何？反對槍枝者會辯稱，槍枝原本就不應落在歹徒手中。贊成擁槍者會辯稱，高中女生必須有槍，才有機會改變「壞人才有槍」的自然規律。（如果女孩因此嚇退歹徒，那麼槍枝就可能**減少**暴力。）不過美國黑槍泛濫，任何人都有辦法弄到槍，因此稍有歹念的搶匪必然擁槍在身。

美國槍枝多到每位成人可以分配一把而有餘。幾乎三分之二的殺人案都與槍枝有關，比例遠高於其他工業化國家。美國殺人案的發生率也比這些國家高出甚多。因此，美國殺人案比率偏高，部分要歸咎於槍枝取得太容易。研究結果的確也支持這種說法。

不過，槍枝並非唯一因素。以瑞士而言，政府發給每名成年男子一把步槍作爲民兵服役使用，而且可以存放家中。就每人平均水準而言，瑞士的武器持有率比其他各國都高，但它卻堪稱全世界最安全的地方。換言之，槍枝不必然導致犯罪。由此也可看出，美國對於如何避免槍枝落入可能犯罪者手中，作法顯然不夠周全。更何況槍枝不比一袋古柯鹼或一輛汽車，幾乎可以一直使用下去，因此就算斷絕新槍供應，可用槍枝還是多得是。

看過這些背景資料後，我們可以探討近年來的一些槍械措施，以了解它們對一九九〇年代犯罪下降可能的影響。

最著名的槍械管制法是一九九三年通過的布萊迪法案（Brady Act），規定購買手槍前必須經過犯罪檢查以及一段等待期。這項措施或許在政治人物眼中相當不錯，但經濟學者卻不以爲然。爲什麼？因爲任何商品只要有健全的黑市存在，對合法市場的管制就注定會失敗。由於廉價黑槍取得容易，一般罪犯根本不用到鄰近的槍店去塡寫申請表，再等上一個星期。因此布萊迪法案在降低犯罪上幾乎毫無作用。（根據一項對監獄囚犯所做的研究，即使在布萊迪法案通過前，也只有五分之一的囚犯向有執照的槍店買槍。）各項地區性的槍械管制法也未收到成效。例如華府與芝加哥早在一九九〇年代全美犯罪率下跌之前就已通過槍枝禁令，但說到減少犯罪的績效，這兩個城市在全國的排名殿後，而非領先。根據實證研究，有一項因素倒是稍有嚇阻作用，那就是大幅延長非法持槍者的刑期。當然這項因素還有很大的改善空間。雖說實施起來不可能，但假設非法持有槍枝均處以死刑，並且確實執行，那麼槍枝犯罪必定會直線下降。

一九九〇年代打擊犯罪的另一項主力措施——也是晚間新聞經常報導的焦點——就是槍枝買回。你該還記得下面的畫面：一大堆閃閃發亮、令人膽寒的槍枝，旁邊環繞著市長、警察局長和社區裡反槍枝運動者。照起相來效果不錯，不過整個槍枝買回的意義也僅止於此。回收的槍枝不是陳年舊貨，就是已經報廢，售槍者獲得的報酬——通常是五十或一百美元，不過加州某次買回槍枝的報酬是三小時的免費心理治療——對於眞正計畫用槍的人而言，根本算不上充分的誘因。而且相對於同時新上市的槍枝而言，回收的槍枝根本微不足道。如果比較美國的手槍數與每年殺人案件數，一把槍每年用來殺人的可能性是萬分之一。通常一次槍枝買回方案所回收的槍枝不到一千把——換算下來所減少的殺人案還不到零點一件，因此對降低犯罪的作用連杯水車薪都談不上。

還有一派相反的意見——街頭該有**更多**的槍，但必須握在適當的人手中（像前面提過的高中女生，而不是要搶她的壞蛋）。經濟學者小洛特（John R. Lott Jr.）是這種觀念的主要倡導者。他在代表作《槍枝愈多、犯罪愈少》（*More Guns, Less Crime*）中指出，允許守法民眾攜帶隱藏性武器的地區，暴力犯罪呈現減少情況。他的理論或許語出驚人，但卻頗有道理。如果罪犯知道潛在受害者可能身懷武器，或許犯案前會三思。反對手槍者稱洛特爲擁槍的意識型態者，他成爲槍枝爭論中的眾矢之的。洛特還在線上辯論中以假名瑪麗・羅許（Mary Rosh）爲自己的立場辯護。羅許自稱曾上過洛特的課，對老師的智慧、公正與魅力推崇備至。她寫道：「我認爲他是我所碰過最棒的教授。在課堂上你不會覺得他是『右翼』意識型態者……我們有一群學生會想辦法選修所有他開的課。洛特後來得勸告我們最好多選點其他教授的課，以便能多了解其他的教學方式。」這種行徑給他惹來更多麻煩。此外，還有人指控洛特捏造部分調查資料，好支持槍枝愈多、犯罪愈少的理論。姑不論洛特是否造假，他看似吸引人的假說似乎並不能成立。因爲當其他學者嘗試複製他的研究時，發現允許攜槍的法律根本與降低犯罪不相干。

快克泡沫

接下來看犯罪率降低的另一種解釋：**快克泡沫的破裂**。由於快克強大的成癮力量，幾乎一夕間就創造了一個獲利豐厚的市場。沒錯，眞正發大財的只是那些販毒幫派的頭頭，但這種狀況卻引誘街頭交易的幫派成員更急於爬升到權力高層。許多人爲此不惜殺害競爭對手，不論是否和自己隸屬相同幫派，爭奪有價值毒品銷售地盤的事件屢見不鮮。典型的毒品殺人案是一個販毒者槍殺另一個（或兩個、三個）販毒者，而不是一般人想像中因吸毒而神志不清的人爲幾塊錢而射殺商店店員。暴力犯罪由此大幅增加。一項研究發現，紐約市一九八八年的殺人案件中，二十五％以上與快克有關。

自一九九一年起，與快克相關的暴力犯罪開始消退，許多人因而猜想吸食快克之風應該也同時降低。事實並非如此，目前吸食快克的情況仍然遠比一般人所想像要嚴重得多。美國仍幾乎有五％被捕人犯與快克有關（快克巔峰時期爲六％），因吸毒而進急診室的人數也未見下降多少。

眞正消失的是販售快克的暴利。古柯鹼價格多年來一直下跌，而且隨著快克風行，價格愈來愈便宜。如果快克市場像速食業一樣有秩序，或許可以在幾個領導者協商下，維持市場高價，但事實並非如此，快克市場順著自己的軌跡變動。毒販開始削價競爭，利潤壓縮殆盡。快克泡沫和納斯達克泡沫一樣，終有破滅的一天。（可以把第一代快克販子想像成微軟的百萬富豪，而第二代卻像網路公司的泡沫。）前輩毒販不是死於非命就是坐監服刑，讓年輕一代覺得犯不著爲區區小利而冒險。販毒已經喪失吸引力，不值得為爭奪地盤而殺人，賠上自己性命就更划不來。

暴力犯罪之風因而逐漸消弭。由一九九一年至二〇〇一年，年輕黑人男性——占快克交易成員的大部分——殺人案件下跌了四十八%，而年長黑人與年長白人只下跌三十%。（有一項因素對殺人比率下降略有貢獻，那就是某些快克販子不再槍殺對手，而只射他們的屁股；這種方式的侮辱意味還強過謀殺——但判刑顯然會較輕。）整體而言，快克市場的崩盤大概可以解釋一九九〇年代犯罪率下降的十五%——這當然是個重要因素，不過分析以一九八〇年代犯罪的**增加**，快克的作用遠高於十五%。換言之，就算不考慮毒品泛濫目前仍為禍甚烈，快克增加暴力犯罪的淨效果迄今仍在持續中。

超級掠奪者 vs. 資深公民

有關犯罪率降低的最後兩項解釋是兩種人口趨勢，首先是媒體常會提及的**人口老化**。

在犯罪率大幅下降前，根本沒人提過這種理論。事實上，「血洗」派犯罪學者大談的是恰恰相反的理論——十來歲年輕人在總人口所占比重上升，將會出現一批為害社會的「超級掠奪者」。威爾森（James Q. Wilson）一九九五年寫道：「地平線的一端烏雲密佈，馬上就隨風吹到我們頭上。人口會開始再度年輕化……準備好了。」

不過整體而言，年輕人在總人口所占比率**並未**增加多少。福克斯與威爾森等犯罪學者對人口資料的解讀錯得離譜。一九九〇年代真正增加的是老年人口。雖然這對於醫療保險與社會保險是壞消息，但一般美國人至少不必爲老年族群的增加而提心吊膽。老年人爲非作歹意願不高，並不是什麼奇怪的事；六十五歲人口遭逮捕的比率只有青少年的五十分之一。因此人口老化有助犯罪率下跌的理論看來相當順理成章：年紀愈大，好勇鬥狠之心愈淡，因此老年人愈多，犯罪就愈少。不過仔細研究相關資料就會發現，人口高齡化並未對一九九〇年代犯罪下降有何貢獻。人口結構的變動是極其緩慢而微妙的過程——你不會幾年內就由血氣方剛的不良少年變爲和藹的長者——根本無法解釋犯罪率突然下跌。

另一項不爲人知而長期醞釀的人口變遷因素，倒是的確大幅降低了一九九〇年代的犯罪。

回想一九六六年的羅馬尼亞，西奧塞古無預警地突然宣佈墮胎不合法。那些在墮胎禁令剛開始施行時出生的孩子，要比先前出生的孩子更容易淪爲罪犯。爲何如此？一些針對一九三〇到一九六〇年代東歐其他地區與北歐的研究，也發現類似的趨勢。雖然在大多數狀況下，墮胎並非一夕遭禁，但懷孕婦女必須獲得法官許可才能墮胎。研究者發現，無法獲得墮胎許可的婦女往往對生下的小孩心懷怨恨，也不能提供良好的成長環境。就算控制所得、年齡、教育與母親健康狀況等因子，研究者還是發現這些小孩變成罪犯的比率比較高。

美國的墮胎歷史又和歐洲不同。在立國初期，允許孕婦在可察覺胎動之前墮胎——即懷孕十六至十八週之前。一八二八年，紐約州率先限制墮胎，到了一九〇〇年禁令擴及全國。二十世紀的墮胎不但危險而且常所費不貲，因此貧窮女性墮胎者較少。加上她們比較沒辦法採行避孕措施，其結果就是生下較多的小孩。

一九六〇年代末，有幾個州開始允許在特定情況下可以墮胎：強暴、亂倫、母親健康會受影響。到了一九七〇年，紐約、加州、華盛頓、阿拉斯加、夏威夷等五州墮胎完全合法，而且容易進行。一九七三年一月二十二日，拜美國最高法院對洛伊對韋德案的判決之賜，墮胎合法化瞬間擴及全美國。由法官布萊克門所執筆的多數意見，深刻描述了一些準媽媽的困境：

> 國家拒絕懷孕婦女此項選擇而對她們造成的苦痛相當明顯……為人母，或是生下更多子女，可能迫使婦女的生活與未來陷於困境。她們心理上可能立即受到傷害，而精神與肉體上的健康也可能因照料小孩而耗損。當然更令人擔心的還有不受歡迎而生下的孩子可能遭遇的苦難，此外有些家庭在心理上或其他層面上無力照顧小孩。

最高法院陳述的理由是羅馬尼亞與北歐乃至其他各地的母親早就知道的：任何一位女性不希望把孩子生下，往往都有很好的理由。她可能尚未結婚或婚姻不美滿；她可能沒有財力撫養小孩；她可能認為自己不夠穩定或生活不幸，或因為酗酒或吸毒而有害胎兒健康；她可能覺得自己太年輕或還未完成學業；她可能希望有小孩，不過是在幾年之後。反正只要有千百種理由中的一個，都可能讓懷孕婦女認定自己無法提供良好的家庭環境，撫養健康而有活力的孩子。

在洛伊對韋德法案通過的頭一年，全美約有七十五萬婦女墮胎（墮胎數為新生嬰兒數的四分之一），到一九八〇年，墮胎數達到一百六十萬（新生嬰兒數的二．二五分之一），並維持在這個水準上。以二億二千五百萬人口的美國而言，每年一百六十萬的墮胎數字——每一百四十人一次——看來並不算偏高。當西奧塞古死後羅馬尼亞恢復墮胎合法化時，平均每**二十二名**羅馬尼亞人就有一次墮胎。不過話說回來：美國每年就有一百六十萬原本可能生小孩的女性決定不把孩子生下來。

在洛伊對韋德案之前，有辦法尋求安全的非法墮胎管道者，多爲中上階級家庭出身的女性。但在墮胎合法化後，原先可能要花費五百元的手術，現在可以方便地以不到一百美元的價格就解決了。

怎樣的女性會受惠最多？往往是未婚、不滿二十歲、貧窮的女性。她們生下的小孩可能面對的命運如何？根據一項研究，墮胎合法化施行後的頭幾年墮胎掉的小孩，如果真的生下來，落入貧窮人口的機率比平均水準高五〇%，而成長於單親家庭的機率則高六〇%。這兩項因素——貧窮的童年與單親家庭——乃是預測兒童日後是否淪爲罪犯的最強力指標。成長於單親家庭的小孩，未來犯罪的比率幾乎高出一倍，而出生時母親二十歲以下者亦是如此。還有一項研究發現，母親的教育水準是子女未來是否犯罪最重要的單一因素。

換言之，驅使數百萬美國婦女墮胎的因素，似乎也正可預測她們的胎兒如果生下來，未來要過的是如何不幸與充滿犯罪的生活。

當然，美國墮胎合法化帶來多方面的影響。殺嬰事件大幅下降，因懷孕而被迫結婚的情形也明顯減少，還有就是送人收養的嬰兒數目變少（導致領養外國嬰兒大爲流行）。懷孕數雖然增加近三成，但嬰兒出生數卻下跌六%，顯示許多女性以墮胎作爲生育控制的手段。

墮胎合法化最突出、但多年後才顯現的作用，應該要算對於犯罪的影響。一九九〇年代初，也就是洛伊對韋德案後首批出生的嬰兒十七、八歲之際——這是年輕人開始爲非作歹的高峰期

——犯罪率開始下降。這是因爲這批年輕人當中，少了原本最有可能犯罪的一群。年復一年，因墮胎而未出生嬰兒的效果不斷累積，犯罪率也持續下滑。墮胎合法化減少了不受歡迎的嬰兒；不受歡迎的嬰兒未來會製造高犯罪率；因此墮胎合法化也就導致犯罪減少。

這種理論必然引發各種反彈聲浪，有的人是難以置信，有的人可能有強烈的反感，至於反對理由則從一般性到道德性無所不包。其中最可能被提出的理由，其實也最爲直截了當：這種理論能成立嗎？也許墮胎與犯罪之間僅是湊巧相關，但並無因果關係。

一般人寧願相信報紙的說法，認爲犯罪減少是得益於高明的治安政策、有效的槍械管制，還有經濟的復甦。我們慣於把因果關係聯結到周遭可以實際接觸或感受的事物上，而不是某些遙遠或不易理解的狀況。我們尤其相信短期的因果關係：你的朋友被蛇咬了一口，發出痛苦的叫聲，然後就死了。這時你會推論，被蛇咬是他的死因。這種推論大多數時候是正確的，但如果談到因果關係，這種簡單直截的思考往往存有陷阱。我們提及古代文化對因果關係的誤解——例如戰士相信強暴處女有助於贏得勝利——往往嗤之以鼻，但我們自己也往往受到專家的影響而犯下同樣的錯誤。專家們所主張的學說，其實往往基於自己既得利益的考量。

不過我們該如何證明墮胎與犯罪之間具有因果關係，而不只是單純的相關？

方法之一就是針對最高法院宣佈之前已率先實施墮胎合法化的五個州，測量相關的犯罪資料。紐約、加州、華盛頓、阿拉斯加與夏威夷等五州至少在洛伊對韋德案之前兩年就已讓墮胎合法化，而這些州也比美國其他州更早出現犯罪下降的趨勢。一九八八年至一九九四年，這五州暴力犯罪相對其他各州下降十三%；而由一九九四到一九九七年，謀殺案下跌幅度比其他州超過二十三%。

但或許這些純粹只是巧合而已，還有其他足以支持墮胎與犯罪之間因果關係的資料嗎？

我們可以觀察各州墮胎率與犯罪率之間的相關程度。資料明確顯示，一九七〇年代墮胎率最高的一些州，一九九〇年代犯罪率減少也最多，而墮胎率低的州，犯罪率減少幅度較小。(即使控制會影響犯罪的幾項變數，如各監獄的囚犯數、警察數、經濟狀況，這種相關仍然存在。）自一九八五年起，墮胎率高的各州相對於墮胎率低的各州，犯罪率約下降了三十%。(紐約市墮胎率高，**而且**屬於較早允許墮胎合法化地區，這雙重因素使得「紐約創新的治安策略導致犯罪下降」之說的可信度打了更大折扣。）再者，**直到**一九八〇年代晚期——即墮胎合法後誕生的第一批嬰兒達到犯罪高峰的年齡時——各州墮胎率與犯罪率之間並未呈現相關，這也同樣顯示洛伊對韋德案確實是導致犯罪減少的重大事件。

當然還有更多項正面與負面相關足以佐證墮胎與犯罪的關聯。在墮胎率高的各州，犯罪的下降主要出現在所謂「後洛伊族群」(post-Roe cohort)，而不是較長的年齡層。同時在澳洲與加拿大的研究也證實，墮胎合法化與犯罪之間有類似的關聯。拜墮胎之賜，後洛伊族群中不但少了成千上萬年輕的男性罪犯，也少了成千上萬年輕的單親媽媽——那些因墮胎而未生下的女嬰，最有可能重蹈母親的覆轍而未婚生子。

墮胎居然列名美國有史以來最有效的降低犯罪工具，這項發現讓人頗不是滋味。與其說這是達爾文主義的物競天擇，反倒更多幾分斯威夫特（Jonathan Swift，英國諷刺作家，《格列佛遊記》作者）的嘲諷意味；甚至讓人聯想到據稱是切斯特頓（G. K. Chesterton，英國推理小說家）說過的刻薄之詞：如果帽子數目不夠，不是靠砍掉些腦袋就可以解決問題。套用經濟學語言，犯罪率降低乃是墮胎合法化的「意料外利益」(unintended benefit)。就算你不是基於道德或宗教理由而反對墮胎，想到私人的痛苦居然可轉換為公共的福祉也會覺得深受震撼。

的確，在不少人眼中，墮胎本身就是暴力犯罪。有位法律學者宣稱，合法墮胎罪孽更甚於奴隸制度（因為墮胎不斷殺死生命）或種族大屠殺（因為墮胎合法化後，二〇〇四年美國墮胎數約三千七百萬，遠超過遭屠殺的六百萬歐洲猶太人）。不論你個人對墮胎是否有強烈感受，它一直都是具有獨特爭議性的話題。曾任警界主管的布薩（Anthony V. Bouza）於一九九四年競選明尼蘇達州長時，對此有深刻的體認。他在早先出版的一本書中，把墮胎視為「堪稱自一九六〇年代晚期起美國採行過唯一有效的犯罪防範措施」。當這一觀點在投票前夕遭人揭露後，布薩的民調支持度大幅跌落，最後終於敗選。

不管你個人對墮胎態度如何，都會很自然在腦海中浮起一個問題：我們該如何看待以更多的墮胎來換取更少的犯罪？這種複雜的交易可能用一個數字來表達嗎？

經濟學家有個奇怪的習慣，就是替複雜的交易標上數字。就以保育瀕臨滅絕的北美斑點梟(Northern Spotted Owl)而言，一項相關的經濟研究發現：為保護五千隻左右的斑點梟，付出的機會成本——即伐木業與其他方面的收入損失——達到四百六十億美元，平均每隻斑點梟九百萬美元。另外一九八九年埃克森·瓦爾德茲號(Exxon Valdez)在阿拉斯加海域發生嚴重漏油事件後，一項相關研究結果發現，為防止類似災害發生，美國每一家庭平均願意支付的金額是：三十一美元。經濟學者甚至可以替人體的特定器官訂出價格。試看以下康乃迪克州對職業傷害的賠償標準：

喪失或受損的身體部位	賠償週薪數
食指	三十六
中指	二十九
無名指	二十一
小指	十七
拇指（常用手）	六十三
拇指（另一隻手）	五十四
手掌（常用手）	一六八
手掌（另一隻手）	一五五
手臂（常用手）	二〇八
手臂（另一隻手）	一九四
腳趾（拇指）	二十八
腳趾（其他）	九
腳掌	一二五
鼻	三十五
眼	一五七

腎臟	一一七
肝臟	三四七
胰臟	四一六
心臟	五二〇
乳房	三十五
卵巢	三十五
睪丸	三十五
陰莖	三十五—一〇四
陰道	三十五—一〇四

現在爲討論起見，且讓我們提一個突兀的問題：胎兒與新生兒之間的相對價值如何？如果碰到像所羅門王面對的難題，要以一個新生兒的性命來交換特定數目的胎兒，你會選擇的數目是多少？這只是個思考習題——顯然沒有正確答案——不過或許有助釐清墮胎對犯罪的影響。

如果你堅定支持尊重生命，或是堅定支持女性的選擇權，那麼答案很簡單。前者相信生命始於受孕之時，因此新生兒與胎兒的價值是一比一；但堅信婦女墮胎權高於一切者則主張，無論多少胎兒也抵不過一個新生兒。

不過再假設有第三種立場。（如果你堅決支持上述兩種看法之一，下面的練習可能讓你不快，你可逕行略過以下一段文字。）這一立場既不認爲胎兒的價值能與新生兒等量齊觀，但也不認爲胎兒毫無相對價值可言。為了討論起見，權且假設一名新生兒可以抵一百個胎兒。

美國每年墮胎數約一百五十萬次，因此對於認定一名新生兒抵一百個胎兒的人而言，這一百五十萬次墮胎形同喪失一萬五千條人命。一萬五千條人命：這恰好與美國每年殺人案的死亡人數大致相當。但這個數字遠超過每年因墮胎合法化而未發生的殺人案。所以就算你認為胎兒的價值僅有活人的百分之一，以更多的墮胎來換取較少的犯罪，也是很不合效率的交易（也就是因墮胎換算起來殺死的人命，遠超過因殺人案減少而免於死亡者）。

關於墮胎與犯罪之間的關聯，有件可以確定的事：如果政府把墮胎的決定權交到婦女的手上，她通常會明智地評估自己是否有能力好好撫養小孩。如果她自認能力不足，往往會選擇墮胎。

不過一旦決定要生下小孩，立刻又會出現下一個問題：小孩生下來以後，父母該負怎樣的責任？

5 怎樣才算理想的父母？

爲人父母是藝術，但我們把這門藝術轉換爲科學，而且誠惶誠恐的程度是在其他藝術上看不到的。

最近數十年以來，各式各樣的親子專家冒出頭來。然而就算你只想稍稍遵照專家的建議，也可能覺得窒礙難行，因爲有關子女教養的正規觀點好像時刻都在改變中。有時每位專家之間意見互不相同；有時候一些最愛發表看法的專家忽然全都見解一致，認爲以往的觀點錯誤，而新的觀點，至少以現階段暫時來說，則是正確無誤。舉例來說，有人主張餵母乳是確保嬰兒身體與智力健全發展的唯一作法——但有人主張讓嬰兒喝牛奶。有人認爲嬰兒睡覺應該隨時保持仰臥——但有人認爲應該趴睡。至於吃肝臟，甲說有毒，乙卻說是腦部發育所必需。有人警告不打不成器，也有人說打罵下成長的孩子最後會進監牢。

赫爾柏特（Ann Hulbert）在《教養美國：專家、父母與一世紀的子女教養建議》（*Raising America: Experts, Parents, and a Century of Advice About Children*）一書中，描述子女教養專家如何意見分歧，甚至自相矛盾。他們的見解往往令人無所適從，還相當嚇人。艾索（Gary Ezzo）

在育嬰系列書籍中，贊同希望「在子女教養上追求卓越」的父母採取「嬰兒管理策略」，強調應及早訓練嬰兒夜間獨眠。他警告，睡眠方式不當可能「對嬰兒中樞神經系統發育產生負面影響」，導致學習障礙。然而倡導「同睡」的專家卻警告，寶寶獨睡會造成心理的傷害，所以應與父母同睡一床。至於對嬰兒的刺激呢？布拉索頓（T. Berry Brazelton）一九八三年指出，嬰兒來到這個世界時「已經充分準備好扮演了解自我與周遭世界的角色」。他主張早期而積極的刺激，造就「互動」的小孩。不過更早一百年，侯爾特（L. Emmett Holt）卻提醒嬰兒並非「玩物」，兩歲以前不宜有「強迫、壓力以及不當刺激」，因爲這段期間腦部發育迅速，過度刺激可能導致「很大的傷害」。侯爾特還主張，寶寶啼哭不必理會，除非他眞的不舒服。據他解釋，應該讓嬰兒每天哭上十五到三十分鐘：「這是寶寶的運動。」

子女教養專家和其他領域的專家一樣，往往都表現得極端自信。他們談論問題時，主要是鞏固自己的立場，而非廣泛考量問題的不同層面。因爲專家發言如果語帶保留或態度含蓄，通常就不會引起太多注意。如果希望自己的理論能躋身傳統觀念之林，膽子就得放大。最好的方式莫過於訴諸群眾的情緒，只要情緒一上來，就毋需再談什麼理性辯論。而各種情緒中，又以恐懼的力量最強。超級掠奪者、伊拉克的大規模毀滅性武器、狂牛症、嬰兒夭折：專家們就像講恐怖故事給小孩聽的壞叔叔一樣，唬得我們渾身發抖，又怎能不乖乖聽從他們的建議？

手槍與游泳池

專家所推銷的恐嚇言論，最言聽計從的莫過於爲人父母者。事實上，戒愼恐懼正是養育子女時常會感受的心情。父母畢竟身爲另一個生命的守護者，而人類的嬰兒又幾乎比其他任何物種的新生兒來得脆弱。因此難怪許多父母浪費不少照顧子女的精力在擔驚受怕上。

問題是，父母往往擔錯了心。這也不能全怪他們，因爲分辨事實與謠言並不容易，更何況是原本已經夠忙碌的父母。專家的意見——還有來自其他爲人父母者的壓力——如此權威，讓父母很少能自己動腦筋思考。他們所蒐集到的資料往往都經過修飾或誇大不實，要不然就是斷章取義，根本不適用於他們的狀況。

假設有個八歲女孩名叫茉莉，她的兩位好朋友艾咪與愛曼尼就住在附近。茉莉的父母知道艾咪家裡有把手槍，所以禁止女兒到她家。茉莉常去愛曼尼家，她家後院有游泳池。茉莉的父母自認他們的決定很明智，可以保護女兒的安全。

不過根據客觀資料，他們的選擇其實並不高明。美國每年平均每一萬一千個家庭游泳池會淹死一名兒童。（美國家庭游泳池約六百萬個，也就代表每年會淹死五百五十名十歲以下兒童。）至於死於槍枝的兒童，則是每百萬枝槍還不到一人。（以全國兩億把槍而言，每年約一百七十五名十歲以下兒童死於槍下。）至於游泳池的致死率（一萬一千分之一）與槍枝致死率（低於百萬分之一）更是不可同日而語：茉莉淹死在愛曼尼家游泳池的機率，比在艾咪家玩槍喪命高許多。

不過我們絕大多數人都和茉莉的父母一樣，對機率的評估相當外行。自稱「風險溝通顧問」的山德曼（Peter Sandman），二〇〇四年初針對美國僅因單一狂牛症病例引發的反牛肉風潮指出：「基本的事實是，讓民眾受到驚嚇的風險以及民眾眞正致死的風險是兩碼事。」

山德曼把狂牛症（極其恐怖但非常罕見的威脅）與一般家庭食物中常見的病原體（非常普遍但不怎麼恐怖）做一對照，並指出：「比起你能夠控制的風險，你無法控制的風險造成的恐慌要大得多。狂牛症讓人覺得無從控制，因爲你無法判定眼前的牛肉是否含普恩蛋白（prions）。你看不出來，也聞不出來。至於家裡廚房的清潔，大致可以自己控制，你可以清理洗碗的海綿，把地板打掃乾淨。」

山德曼的「控制」說或許也可解釋爲何大多數人比較怕坐飛機，而比較不怕自己開車。他的思考邏輯大致是：我是控制車子的人，所以我就是保障自身安全的人；但我無從控制飛機，只能聽由許多外部因素擺佈。

不過我們應該更擔心坐飛機還是開車？

或許我們可以先問一個較根本的問題：我們究竟怕的是什麼？或許是死亡。不過對死亡的畏懼應該界定得再精確一點。我們當然知道人皆有死，也偶爾擔心一下。不過如果有人告訴你，你一年內死亡的機率是十％，你擔心的程度可能大爲提高，甚或完全改變自己的生活。如果你得知自己下一分鐘會死亡的機率爲十％，你可能驚惶失措。所以死亡「**逼近**」的可能性是導致恐慌的原因——因此要計算對死亡的恐懼，合理的方式是以每小時爲基準。

假設你要到某地去，可以選擇坐飛機或開車，此時你或許希望估算兩種交通方式每小時的死亡率。美國每年死於車禍者（約四萬人）高於飛機失事者（不到一千人）。但多數人乘車的時間遠超過坐飛機。（每年死於船難的人也比飛機失事者多，誠如前面提過的槍枝與游泳池的比較，水其實遠比一般人想像中要危險得多。）駕車與搭飛機每**小時**死亡率大致相等，也就是說，這兩種交通工具可能（事實上是不可能）致死的機率相當。

不過恐懼的滋生往往就在當下。專家深知在這個不耐煩慢工出細活的世界裡，恐懼是追求短期表現的有力推手。假設你是一位政府官員，希望爭取經費來對付以下兩種惡跡昭彰的殺手：恐怖攻擊與心臟病。你認爲國會議員比較願意通過何者的預算？一般人在恐怖攻擊中喪生的機率，遠低於因高油脂食物導致血管堵塞而死於心臟病的機率。但恐怖攻擊就發生在**眼前**，而心臟病則是多年之後才會發生的無聲無息的事件。恐怖分子的行動非我們所能控制，少吃炸薯條卻可以辦到。和控制因素同樣重要的，是山德曼所謂的恐懼因素。死於恐怖攻擊（或狂牛症）想來就非常可怕，而死於心臟病好像就不會。

山德曼是一個能由相反兩端發揮作用的專家。前一天他可能協助一群環境專家公布一項危害公共衛生的事項，到了第二天，可能又有某家速食業的執行長上門，希望他協助處理大腸桿菌肆虐的問題。山德曼將自己的專長簡化爲一目瞭然的公式：風險＝實質危害＋心理恐慌。對漢堡肉出了問題的速食業執行長而言，山德曼的任務是「降低恐慌」；對環境專家而言，卻希望他「增加恐慌」。

請注意，山德曼處理的是心理恐慌，而非實質危害。他承認這兩項因子在他的風險方程式中賦與的權值不同。他指出：「如果實質危害高而心理恐慌低，人們的反應不足；如果實質危害低而心理恐慌高，就容易反應過度。」

因此游泳池爲什麼不像槍枝那麼恐怖？想像小孩被鄰居手槍射中、子彈穿胸而過的場面，的確令人驚心動魄，而游泳池就不會引發這種心理恐慌。這也與熟悉感有關。一般人坐在車裡的時間遠超過搭飛機時間，對於在游泳池裡游泳也比開槍要有經驗得多。然而小孩淹死往往只是三十秒鐘的事，而且常是無聲無息。僅僅幾英吋深的水就可能讓嬰兒溺斃。預防溺水的步驟其實相當簡單：大人多留神、泳池邊設圍欄、後門上鎖以免蹣跚學步的幼兒溜出去。

如果父母都謹遵這些預防之道，或許每年就可以少讓四百名幼童免於溺水死亡。這方面的努力所能拯救的幼兒，應該還超過近年來兩項被大肆倡導的新發明：安全嬰兒床與兒童汽車座椅。資料顯示，汽車座椅的功效微不足道。讓兒童坐在後座當然要比抱他坐在前座安全，他不致在事故發生時猛然飛出去。不過這樣做之所以可以提高安全性，主要是因爲不讓幼童坐在前座，而不是因爲把他綁在兩百美元的安全座椅上。然而不少父母過份相信安全座椅的好處，甚至親自跑到派出所或消防隊，求證自己安裝的方式是否正確無誤。當然這是愛護子女的表現，不過或許也可視之爲一種強迫行爲。

兒童安全領域的創新，通常——意外中的意外——與新產品行銷有關。（每年賣出的汽車安全座椅近五百萬個。）這些產品的出現往往是因應某種持續升高的恐懼，也就是山德曼所說心理恐慌高於實質危害的狀況。防範孩童溺水的幾項措施一年應可拯救四百條性命，對比之下，一些喊得震天價響的產品或措施在減少兒童死亡上乏善可陳：兒童不易打開的包裝（每年五十人）、不易燃睡衣（十人）、不讓兒童接近汽車安全氣囊（自從安全氣囊上市以來，每年因而致死的兒童不到五人）、幼兒服裝上的安全束帶（兩人）。

你或許會說，且慢，就算父母受到專家或行銷人員的擺佈又有何不可？任何有助改善兒童安全的努力，就算只能拯救一條生命，不也都值得喝采鼓勵嗎？父母親要操的心已經夠多了，不是嗎？畢竟父母肩負有一項最關鍵的重責大任：塑造孩子的人格。不是嗎？

近期有關子女教養價值觀最重大的轉變，是源自一個簡單的問題：父母究竟有多重要？顯然，教養**不當**貽害深遠。誠如先前有關墮胎與犯罪之間關聯的討論所顯示，不受歡迎的小孩受忽視或虐待的比率偏高，處境大不如父母期盼下誕生的小孩。不過這些愛子心切的父母又眞能爲子女做些什麼？

這個問題有待數十年之久的研究。目前一大串研究——包括針對出生時即分開養育的雙胞胎所作的研究——已證實，基因這項單一因素就可以解釋兒童人格與能力的一半左右。

天生？還是教養？

如果小孩的命運有一半靠先天，那麼另外一半呢？教養方式一定很重要——聽兒童版莫札特音樂、上教堂、參觀博物館、學法文，當然還有親子間的討價還價、擁抱、爭吵與處罰。但是另外有項著名的研究，科羅拉多收養方案（Colorado Adoption Project），追蹤二百四十五名被收養嬰兒的生活，結果發現小孩與領養父母的人格特質間並**無**相關，這又該如何解釋？還有另一些研究顯示，小孩的性格與白天是否送人托育沒有什麼關聯，與成長於單親或父母都在的家庭以及母親是否上班也沒有關聯，甚至是否有兩個爸爸或媽媽也不相干。

有關天生–教養的爭論首先出現在一本一九九八年的著作中，作者是位名不見經傳的教科書作者哈瑞絲（Judith Rich Harris）。這本名爲《教養的假設》（*The Nurture Assumption*）的著作，事實上是在抨擊強迫的教養行爲，這本書還用了兩個副標題來表達高度爭議性的內容：「爲何小孩變成現在這樣」、「父母重要性要比想像中低，同儕重要性要比想像中高」。哈瑞絲雖然語氣溫和，卻直指父母如果自認對子女人格影響重大是錯誤的。她認爲這種信念屬於「文化迷思」，其實父母由上而下的影響力，遠不敵同儕壓力的基礎作用，也就是朋友與同學每天所施加的直接影響。

哈瑞絲的驚人之語看來可信度不高——因爲她已是祖母級人物，又沒有博士頭銜或學術界淵源——招致的反應多半是驚訝或憤怒。一位書評家評論道：「如果社會大眾說：『又來了』，倒也情有可原。因爲一下告訴我們親子關係是關鍵因素，一下又說排行很重要。等一下，其實最關鍵的是給小孩的刺激。出生後頭五年最重要；不對，是前三年；不對，一歲定終生。以上皆非：遺傳決定一切。」

但哈瑞絲的理論仍獲得一些重量級人士鄭重背書，其中包括認知心理學者與暢銷書作者品克（Steven Pinker）。他在《空白的石板》（*Blank Slate*）一書中稱哈瑞絲的觀點「震撼人心」（在好的方面）。品克寫道：「接受傳統心理治療的患者把五十分鐘的治療時間耗在重拾兒時衝突上，他們學會把不快樂歸咎於當年父母如何對待自己。許多傳記拾掇主人翁童年的遭遇，當作他們成年後悲劇或成就的根源。在『親子專家』壓力下，婦女只要悄悄出門上班或沒法唸枕邊故事，就自覺罪孽深重。對於這些深入人心的信念，其實都該好好檢討一番。」

果眞如此嗎？你告訴自己，父母一定很重要。更何況，就算同儕力量再大，但子女的同儕豈不泰半出自父母選擇？父母不就爲此才不厭其煩地尋覓適合的社區、適合的學校和適合的交友圈？

不過父母的影響有多大還是値得探討的問題，也是極爲複雜的問題。在評估父母的影響程度時，我們該測量子女的哪些層面：人格？學校成績？道德行爲？創造力？成年後的薪水？對以下會影響子女成就的其他因素，又各該賦與多大的權値：基因、家庭環境、社經地位、教育水準、歧視待遇、幸運、疾病等等？

爲便於說明，且舉一黑一白兩個男孩的故事爲例。

這個白人小孩成長於芝加哥郊區，父母俱爲飽學之士，並致力於教育改革。父親在製造業擔任高階工作，常帶男孩到大自然中健行。母親是家庭主婦，但後來回到大學念完教育學位。男孩生活快樂，在校表現良好，老師們認爲他有望成爲數學奇才。父母經常鼓勵他，也以他讀書跳了一級爲榮。他有個關係親密的弟弟，也是個聰明孩子。他的家中不時會舉行文學性聚會。

黑人小孩出生於佛羅里達州，兩歲即遭母親遺棄。父親有一份不錯的業務工作，卻酗酒嚴重，常用澆花水管的金屬頭毆打他。十一歲那年，他正在裝飾一棵小聖誕樹——有生以來頭一棵——而父親卻在廚房揍女友，力量大到好幾顆牙齒由她嘴巴裡飛出來，就掉在聖誕樹下，可是小男孩知道自己最好別作聲。他對學業完全不認眞，不久後就開始販賣毒品，又在街頭打劫和攜帶槍枝。他留意在父親回家前睡覺，父親起床前出門。等到父親終於因性侵害入獄，他在十二歲就得自食其力。

即使你並不認爲父母的教養那麼重要，也應該會認爲第二個男孩前途黯淡，而第一個男孩是天之驕子。更何況第二個男孩還要面對種族歧視的不利因素，他未來有所成就的機率有多高？至於具備各項優越條件的第一個男孩，最後會失敗的機率又有多高？這兩個男孩的命運，有幾分是歸因於父母的因素？

什麼是構成完美父母的條件，這個話題談也談不完。本書不擬對此多所著墨，原因有二。首先，作者不是子女教養專家（雖然我們一共有六個五歲以下的小孩）。其次，我們對教養的理論比較不那麼信服，而寧願看實際資料怎麼說。

小孩的表現如何，有許多層面——如人格或創造力——不易由數據資料來評量。不過大多數家長應該都同意，教育是兒童養成的核心，因此我們可以首先來檢驗一組有趣的學校資料。

這些資料是關於學校的選擇，這也是許多人抱持強烈觀點的一個課題。重視選校者認爲，既然繳了稅，就有權把子女儘可能送到最好的學校。批評者卻擔心，選校將導致壞的學生只能唸壞的學校。不過幾乎每位家長都認爲，進入**適當的**學校，在學業、課外活動、交友與安全上都合乎理想，子女才能眞正健全成長。

選學校有那麼重要嗎？

芝加哥公立學校（以下簡稱CPS）系統很早就出現選校的問題，這是因爲CPS與美國多數都市學區一樣，少數族裔學生比例偏高。雖然美國最高法院於一九五四年裁定學校應中止種族隔離，但許多CPS的黑人學生仍然在幾乎完全是黑人的學校就讀。到了一九八〇年，美國法務部與芝加哥教育委員會聯手，共同推動市內學校的種族整合，並規定新入學學生可以申請學區內幾乎所有的學校。

CPS選校方案除了歷史悠久，還因其他一些原因而成爲適合研究的對象。它的資料檔龐大——芝加哥是全美第三大教育系統，僅次於紐約與洛杉磯——同時學校選擇範圍廣（超過六十所）、彈性大。CPS學生越區就讀比率相當高，幾乎有半數不是選擇住家附近的學校。不過CPS方案最突出的特色——至少就研究上而言——還是選校的進行方式。

我們不難預期，如果每所學校都對每位新鮮人敞開大門，很難避免造成混亂。想進入好學校的人擠破頭，當然無法人人都如願。

爲求公平起見，CPS訴諸抽籤方式。對於研究者而言，這眞是天賜良機，因爲就算是行爲科學家也未必能在實驗室裡設計出更理想的試驗。CPS採用的方式，基本上就像科學家隨機分派一隻老鼠到實驗組，另一隻到控制組。假設有兩名統計屬性相同的學生都申請進入同一所新的好學校，而經過抽籤程序後，一個如願以償，另一個則只能留在原學區。如果把這種情況擴大，豈不就是一項大規模的試驗？雖然這並非芝加哥學校主管當初構思的原意，但以這一角度觀察，抽籤方式卻提供一個絕佳機會，讓我們測量選校——或較好的學校——眞正的影響力有多大。

那麼這些資料究竟告訴我們什麼？

答案並非愛子心切的家長所樂聞：在這一案例中，選校幾乎沒有任何作用可言。沒錯，參加選校抽籤的學生順利畢業的比率高過未參加抽籤者——難道不代表選校的確有影響？不過這只是一種錯覺。眞正關鍵的是：中籤而進入較好學校的學生，表現並未優於未中籤而給刷掉的學生。也就是說，會去申請學區以外學校的學生，未來能順利畢業的可能性本來就比較高，不論他能否中籤而進入理想的學校。因此看似因就讀好學校帶來的效果，其實根本與學校無關。也就是說，會選擇學區外學校的學生與家長，往往原本就比較聰明，也更重視教育。但就統計上而言，他們並未因變更學校而在學業上獲益。

那麼，未抽中籤而留在社區內學校就讀的學生，是否因而表現較差？沒有：他們的考試成績仍大致維持與未實施此制前同樣的水準。

不過還是有一群學生發生重大改變：進入技術或職業學校的學生。這些學生的表現遠遠優於在過去教育環境下的表現，順利畢業的比率也遠超過根據他們以往表現所預測的水準。因此經由傳授實用技能，CPS選校方案幫助一小群原本成績低劣的學生獲得一技之長。不過對其他學生來說，好像就沒有什麼顯著的效果。

是否學校眞的沒什麼影響？任何有責任感的父母都不會相信。不過且慢，這可能是因爲CPS研究的對象是高中生，而他們的命運其實已經決定了。紐約州教育廳長米爾斯(Richard P. Mills)

最近曾指出：「太多進入高中的學生沒辦法應付高中的課業，他們的閱讀、作文與數學能力只有小學水準。我們必須在更早階段糾正這個問題。」

事實上，一些學術研究的確驗證米爾斯的憂慮。學者在檢驗黑白成年人的所得差距時發現，如果考量黑人八年級的考試成績較差這項因素，雙方的差距幾乎完全消除。換言之，黑白之間的所得差距，泰半是已存在多年的黑白教育差距造成的後果。一項研究的作者指出：「減少黑白的考試成績差距對促進種族平等的作用，超過其他任何在政治上獲得支持的策略。」

那麼黑白的考試成績差距因何產生？多年來出現過不少相關理論：貧窮、遺傳因素、「暑假退步」現象（學校放假期間，黑人學生退步的幅度高於白人）、考試題目或教師的種族偏見、黑人對「裝白人」的反彈。

在一篇名爲〈「裝白人」經濟學〉（The Economics of 'Acting White'）的論文中，年輕的黑人哈佛經濟學者小弗萊爾（Roland G. Fryer Jr.）聲稱，有些黑人學生「非常沒有意願投資於特定行爲（如教育、芭蕾等），因爲別人可能因而認定他一心模倣白人的行爲。一旦給貼上這種標籤，在某些社區可能遭到的懲罰輕則受人唾棄，重則被毆打或殺死」。弗萊爾引述一個年輕人阿柏杜爾—賈巴（Kareem Abdul-Jabbar）的回憶，他在四年級轉到一所新學校時發現，自己的閱讀能力優於七年級生：「當其他人知道這件事後，我成爲眾矢之的……這是我頭一回離開家，頭一回處在全是黑人的環境裡，結果發現過去學到的正確的事，現在卻讓我嚐到苦頭。我所有科目都拿到A，可是卻因此受人討厭；我的發音正確，卻被稱爲『混混』。我得學會一種新語言，純粹用來應付這些威脅。我是個舉止得體的好小孩，卻因而受到皮肉之苦。」

弗萊爾也是另一篇論文〈了解小學前兩年黑白考試成績差距〉的作者之一。這篇論文引用一些新的政府資料，有助進一步釐清黑白的差距。或許更有意義的是，這些資料頗能回答每位家長——不分黑白——都想問的問題：到底哪些因素會影響小孩剛進校門那幾年的學業表現，哪些不會？以下且讓我們來看看這項研究的發現。

父母「是」什麼vs.父母「做」什麼

一九九〇年代晚期，美國教育部進行了一項劃時代的研究計畫，稱爲幼兒長期研究（Early Childhood Longitudinal Study，簡稱ＥＣＬＳ），測量兩萬名以上學童由幼稚園到五年級的學業進步情形。受測者是由全國各地選出，足以精確代表美國學童的橫剖面特性。

ＥＣＬＳ除測量學生的學業表現，也蒐集他們的基本資料：種族、性別、家庭結構、社經地位、父母教育程度等。ＥＣＬＳ還訪問家長（還有老師與學校行政人員），提出一長串比一般政府調查更深入的問題：父母是否體罰、頻率如何？是否會帶子女上圖書館或博物館？小孩看多少電視？

這項研究取得極爲豐碩的資料——如果你會問問題，當可從中發掘一些出人意料的故事。如何才能讓這些資料告訴我們事實？用的還是經濟學者最喜歡的手法：迴歸分析（regression analysis）。別搞錯了，迴歸分析不是什麼老掉牙的精神分析療法，而是一種有用的工具，以統計方法來確認不易捉摸的相關性。

相關（Correlation）是個統計學名詞，指的是兩項變數一起移動。下雪時室外通常比較冷，這兩項因素爲正相關。至於陽光與下雨則是負相關。看起來很簡單——只要變數不多。不過如果同時有**好幾百個**變數，事情就沒那麼容易了。迴歸分析是協助經濟學者從龐大資料群中理出頭緒的工具，作法是聚焦於兩個變數，此外其他變數均維持不變，以找出兩者如何共變。

如果在一個完美的世界裡，經濟學者也可以像物理或生物學者一樣，進行完全控制的實驗：選取兩個樣本，隨機操控其中一個，測量其作用。但這種純粹的實驗，對經濟學者而言是稀罕的奢侈。（這也是芝加哥選校抽籤的資料爲何被視爲寶貴的意外。）經濟學者運用的資料一般包含許多變數，而且不是隨機產生，有些彼此相關，有些則否。由這樣龐雜的資料中，研究者必須找出哪些因素相關，哪些不相關。

就ＥＣＬＳ資料而言，或許可以把迴歸分析設想爲以下任務：將兩萬名學童每人轉換爲兩萬塊電路板，上面有相同數目的開關。每個開關代表學童的一項資料：一年級數學成績、三年級數學成績、一年級閱讀成績、三年級閱讀成績、母親教育水準、父親所得水準、家中藏書冊數、社區相對富裕程度等等。

研究者可以由這批複雜的資料中理出一些頭緒。他可以把多項特性相同的學童——開關方向相同的電路板——排在一起，然後找出他們唯一**不同**的特性。這樣他可以由看似雜亂電路板上，把這個單一開關的眞正影響力隔離出來，而彰顯這個開關——以及最終每個開關——的作用。

假設我們希望利用ＥＣＬＳ資料來回答有關子女教養與教育的一個基本問題：家中藏書豐富，是否會讓小孩在校表現優良？迴歸分析對此無法明確提供解答，不過倒是可以回答另一個稍微不同的問題：家中藏書豐富的小孩，是否會比家中沒有書的小孩表現得好？這兩個問題之間的差異，乃是第一個問題具有因果性，而第二個只涉及相關性。迴歸分析可以顯示相關性，但無法證明因果性。畢竟兩個變數之間相關，有好幾種可能的情況：X導致Y；Y導致X；或另有變數同時導致X與Y。單靠迴歸分析無法告訴你究竟是天冷才下雪，還是下雪讓天變冷，又或者是兩者只是湊巧同時發生。

由ECLS資料倒是可以看出，好比說，家中藏書多的小孩，考試成績往往優於家中沒書的小孩。知道這些因素之間相關，當然是有用的訊息。不過，考試成績好同時還與許多其他變數相關，如果單由學童家中藏書數量來考量成績高低，其實沒有多大的意義。或許家中藏書多寡只不過反映家長所得的高低。我們眞正要做的，乃是要測量除了單一因素——這裡是家中藏書——以外其他各方面均類似的兩名學童，了解這個因素是否造成學校成績的差異。

說起來迴歸分析比較像一門藝術，而非科學（這和為人父母倒是頗為相似）。但是嫻熟這項技巧者可以藉此說明某一相關性的意義——或甚至可以判定其中是否具有因果性。

那麼，分析ECLS資料究竟可以告訴我們哪些有關學童成績的訊息呢？的確不少。首先是有關黑白學童的考試成績差距。

長期以來，黑人兒童表現一直不如白人兒童，甚至踏入學校前就已如此。再者，即使控制許多變數，黑人兒童的表現還是較差。（控制某個變數，基本上就是消除這一變數的影響力，就像是打高爾夫球時讓另一方幾桿的作用。在進行像ECLS這類學術研究時，研究人員可以控制一名學童相對於一般學童的各項不利因素。）不過從ECLS資料卻得到不同的結果。僅僅控制幾項變數——包括父母所得、教育程度、母親生育頭一胎的年齡——黑白學童間在初入學時的差距就幾乎完全消除。

這一發現有兩點令人振奮之處。首先，它意味著黑人幼童相對於同齡白人幼童持續在進步；其次，目前仍然存留的差距，可以歸因於幾項容易辨認的變數。這些資料顯示，黑人學童學業不佳並非因為是黑人，而是因為大都來自低所得、低教育水準的家庭。如果黑人與白人學童來自相同社經背景，那麼他們進幼稚園時在數學與閱讀的能力上大致相當。

好消息，是吧？不過別高興得太早。首先，由於黑人學童來自低所得、低教育水準家庭的比例較高，因此黑白差距確實存在：平均而言，目前黑人學童的成績還是較差。更糟的是，即使控制父母的所得與教育程度，黑白差距在學童入學兩年後再度出現。到一年級結束時，黑人學童的表現不如條件相當的白人學童，而且到二、三年級時差距還持續擴大。

為何會有這種現象？這是個困難而複雜的問題，不過答案之一該是一般黑人兒童所上的學校與白人兒童不同，他們上的學校就是……差。雖然美國最高法院禁止學校種族隔離已有五十年，但這種現象其實仍存在於許多學校中。ECLS的研究調查近千所學校，每校選取二十人為樣本，結果三十五%的學校沒有黑人學童包括在樣本內。ECLS研究中典型白人學童所上的學校，只有六%的黑人學童；而典型黑人學童所上的學校，約有六成是黑人。

黑人學校差在哪些方面？有意思的是，並不是在傳統評量學校好壞的指標上。如果就班級大小、老師教育程度、電腦與學生比來看，黑人與白人學校不分軒輊。但典型的黑人學校在負面指標上卻遜色許多，如幫派問題、外人在校門外閒逛情形、缺乏家長會經費等。這些學校提供的環境就是不適宜學習。

受壞學校之害的不是只有黑人學童，這些學校裡的白人學童同樣表現不佳。事實上，如果控制學生的背景因素，壞學校低年級學生的考試成績大致上並不存在黑白差距。不過壞學校的學生，不分黑白，**的確**與好學校差一截。或許太強調黑白差距的教育人員與研究者犯了錯誤；好學校與壞學校的差距可能是更重要的課題。請注意以下的事實：ECLS資料顯示，好學校裡的黑人學生，表現**並不**遜於白人同學，而且也優於壞學校的白人學生。

因此根據這些資料，學校的確對學童初入學那幾年的課業進步有明顯的影響。父母的管教是否也是如此？給嬰兒聽的莫札特音樂是否值得花錢投資？還有床邊故事集呢？搬到郊區是否有幫助？父母參加家長會的小孩，是否表現優於父母不知家長會為何物的小孩？

ECLS資料範圍廣泛，就學童個人環境與學業表現關係，為我們提供了一些相當有意義的相關性。例如，控制其他所有因素後，來自鄉村地區的學生表現明顯低於平均水準，郊區學生則在中間水準，而城市學童則優於平均水準。（或許都市吸引教育程度高的人才，而這些人的子女較聰明。）平均而言，女孩成績高於男孩，亞裔優於白人——不過我們前面曾提過，如果背景與學校好壞相當，黑人學童的表現與白人相近。

在對於迴歸分析、傳統價值觀乃至教養子女的藝術有所認識後，你可以考量以下的十六個因素。根據ECLS資料，其中八個與考試成績高度相關——關係有正有負，而另外八個則沒有什麼影響。你不妨猜猜看。請注意，這些結果只反應了一個小孩早期的考試成績，這是很有用但卻相形顯得狹隘的測量值。早期考試成績差，並不必然預測得出他們未來的收入、創意，或是快樂程度。

父母教育程度高。
家庭關係親密。
父母社經地位高。
最近搬到較好的社區。
母親生第一胎時三十歲以上。
母親在小孩出生後到上幼稚園前沒有上班。
小孩出生時體重偏低。
小孩參加過學前輔導（Head Start）。
父母在家中說英語。
父母會定期帶小孩上博物館。
小孩爲領養。
小孩常挨打。
父母參與學校家長會。
小孩常看電視。
家裡有很多書。

父母幾乎天天唸書給小孩聽。

下面是八個與考試成績高度相關的因素。

父母教育程度高。
父母社經地位高。
母親生第一胎時三十歲以上。
小孩出生時體重偏低。
父母在家中說英語。
小孩爲領養。
父母參與學校家長會。
家裡有很多書。

下面八個因素沒有作用：

家庭關係親密。
最近搬到較好的社區。
母親在小孩出生後到上幼稚園前沒有上班。

小孩參加過學前輔導。
父母會定期帶小孩上博物館。
小孩常挨打。
小孩常看電視。
父母幾乎天天唸書給小孩聽。

以下我們兩兩對照分析：

相關：父母教育程度高。
不相關：家庭關係親密。

父母教育程度高的小孩，通常在校表現良好，這應該並不令人意外，因爲書香世家往往重視教育。不過更重要的可能是ＩＱ高的父母通常教育程度也較高，而ＩＱ有很強的遺傳性。至於家庭關係是否親密對兒童成績影響不大。我們前面提過，一些研究發現家庭結構對孩子人格沒有影響，同樣地，對上學頭幾年的成績好像也沒有影響。這當然不代表家人就該各行其是，但至少對美國近兩千萬名單親家庭的學童而言，這應該具有一些鼓舞作用。

相關：父母社經地位高。

不相關：最近搬到較好的社區。

社經地位高與考試成績好高度相關似乎相當合理。社經地位堪稱成功的代表性指標——通常意味著較高的IQ與教育程度——而成功的父母也比較可能有成功的子女。至於搬到較好的社區並不能改善小孩在校的表現。或許搬家本身具有破壞的力量；更可能的是，房子變好不能改善數學或閱讀能力，就像穿上好球鞋也很難讓你跳得更高。

相關：母親生第一胎時三十歲以上。

不相關：母親在小孩出生後到上幼稚園前沒有上班。

三十歲之後才生小孩的母親，通常會比較注意孩子在校的表現。這種女性往往希望攻讀較高學位，或是追求事業成就。她往往也會比十來歲的小媽媽更**盼望**小孩。這並不是說較晚開始生育的女性一定是較稱職的母親，但至少她讓自己——還有小孩——處於較有利的位置。（請注意，十多歲時就初為人母，到三十歲再生**第二個**小孩的女性就不具有這個優勢。ECLS資料顯示，她的第二個小孩表現不會優於第一個。）另一方面，母親等到小孩上幼稚園才去工作，似乎沒發揮什麼作用。過度認真的父母或許對此感到困擾——那麼多親子課程有什麼意義？——不過資料就是這麼說。

相關：小孩出生時體重偏低。

不相關：小孩參加過學前輔導。

出生時體重輕的小孩日後往往表現不佳，這或許是早產對小孩整體的健全性造成傷害，另一方面，嬰兒體重過輕很可能是因懷孕時還抽菸、飲酒，或未善待子宮內的胎兒，這種不盡責的父母在小孩生下後也不太可能有什麼改善。出生時體重輕的小孩比較可能來自貧窮家庭——因此也比較可能參加聯邦政府的學前輔導方案。不過由ECLS資料得知，學前輔導對學童未來成績並無助益。雖然我們對這一方案深爲感激（本書中的一位作者曾受惠於此），但也不得不承認，各項研究結果一再證實它缺乏長期成效。可能的原因是：接受學前輔導的學生雖然不必和教育程度低又工作過度的母親待在家裡，不過和他在一起的是另一個教育程度低又工作過度的母親。（加上一屋子和他一樣的孩子。）別忘了，學前輔導的老師擁有學士學位的不到三十%。這份工作待遇偏低——年薪約二萬一千元，遠不及公立學校幼稚園老師的四萬元——自然難以吸引更好的人才。

相關：父母在家中說英語。

不相關：父母會定期帶小孩上博物館。

父母說英語的小孩，在校表現優於父母不說英語的小孩，這當然也不令人感到意外。ECLS研究中的拉丁裔學生成績，也證明了這點。這批學生成績不佳，而他們父母不講英語的比例也偏高。（不過他們到較高年級後會逐漸趕上其他同學。）那麼另一項條件有何影響：如果父母不但說英語，而且週末假日還帶小孩上博物館，以擴大他們的文化視野？很抱歉，過度盡責的父母或許篤信文化的塡鴨，但ＥＣＬＳ資料卻顯示，上博物館與成績好壞沒有關聯。

相關：小孩爲領養。

不相關：小孩常挨打。

孩子爲領養與學校考試成績呈現高度負相關。爲什麼？一些研究發現，小孩學業能力受生身父母的影響大於養父母，而會把子女送人的母親，ＩＱ往往明顯低於領養小孩者。另外一個解釋或許令人不舒服，但卻頗符合經濟學中自利的基本理論：決定把嬰兒送人的孕婦可能不會像準備自己撫養小孩者那麼留心胎兒的發育。（試想一下——這或許更讓人不舒服——你對待自己的車子和租來的車子有怎樣的不同。）雖然領養的小孩成績較差，但常挨打的小孩卻未必。這聽起來可能出人意料——倒不是體罰本身一定有什麼害處，而是因爲體罰傳統上被視爲不文明的行爲，所以我們可能認定會打孩子的父母在其他方面也不文明。不過實情或許並非如此，也或許我們該由另一個角度來看體罰。要知道ＥＣＬＳ調查中包括直接訪問家長，設想他們與政府研究人員面對面而坐，還能親口承認自己體罰小孩。這麼做的家長若非不太靈光，就是——更有意思了——誠實到家。或許在教養子女上，誠實的正面影響超過體罰的負面影響。

相關：父母參與學校家長會。

不相關：小孩常看電視。

父母參與家長會的小孩成績較好——這可能只是顯示重視教育的父母會參與家長會，而不是父母參加家長會能讓小孩變聰明。至於學童成績與看電視時間並沒有相關。雖然傳統觀念上認為看電視會讓兒童腦筋變笨，但事實並非如此。（芬蘭的教育制度為世界頂尖，當地兒童七歲才進學校，但經由觀看配上芬蘭文字幕的美國電視節目，大都在學前就自己學會閱讀。）不過，在家中使用電腦卻無法讓小孩變成好學生：ECLS資料並未發現使用電腦與學校成績的相關性。

現在來看最後一對因素。

相關：家裡有很多書。

不相關：父母幾乎天天唸書給小孩聽。

前面提過，家中藏書多的小孩在校表現較佳，然而父母經常唸書給小孩聽卻與幼年成績高低**無關**。

這似乎又是個難解之謎，把我們再次拉回原先的問題上：父母究竟有多重要，又是如何發揮影響力？

我們先來看正相關的因素：家中書多的小孩成績較好。多數人看到這種相關性都會推測其中有明顯的因果關係。好比說：有個叫以撒亞的小男孩家裡有很多書，他在學校的閱讀測驗成績很好；這一定是他的母親或父親常唸書給他聽。以撒亞的朋友艾美莉家裡也有很多書，可是她從來不碰。她寧願替洋娃娃打扮或者看卡通，不過艾美莉的成績並不比以撒亞差。另外，以撒亞與艾美莉的朋友瑞基家裡沒有一本書，不過他每天和媽媽上圖書館，可是他考試成績**不如**艾美莉與以撒亞。

我們該如何解讀這些事？如果唸書給小孩聽對課業成績沒有什麼影響，那麼是否代表只要家裡放了書，就會讓小孩變得比較聰明？書本是否能發揮神奇魔力滲透到孩子腦袋裡？果眞如此，不妨給每個學前兒童的家庭都送去一卡車的書。

這正是伊利諾州州長在做的事。二〇〇四年初，布拉戈傑維契（Rod Blagojevich）州長宣佈一項計畫，預備每月寄贈一本書給該州幼童，由出生起到幼稚園爲止。這項計畫每年需款二千六百萬美元，但州長認爲，以該州四十%的三年級學生閱讀能力未達應有標準來看，這是一項必要的措施。他指出：「如果你有屬於自己的書本，它們就會成爲你生活的一部分，這些全都會令你有種感受……覺得書本就應該是生活的一部分。」

所以，每個出生於伊利諾州的嬰兒到入學時都會擁有六十本藏書。這是否意味著他們全都會在閱讀測驗上有較好的表現？

或許未必。（雖然我們永遠沒法確定：因爲這項贈書計畫遭州議會否決。）畢竟ＥＣＬＳ資料並不是說家中藏書**使得**成績較好，只是說兩者間有相關。

這種相關該如何解讀？以下是一種可能的理論：多數會給小孩買很多書的家長，往往較聰明，教育程度也較高。（而他們把聰明才智與工作倫理傳給了子女。）或者他們比較關心教育，也比較關心子女。（這表示他們營造的環境能鼓勵並獎勵學習。）這類家長可能相信——就如伊利諾州長那樣熱切——書本擁有全面增長智慧的魔力。不過他們大概弄錯了，因爲與其說書本是智慧的成因，不如說是智慧的**指標**。

由上述各種說明中，究竟對父母的重要性有何結論？現在再來看一下ECLS資料與學童考試成績相關的八項因素：

父母教育程度高。

父母社經地位高。

母親生第一胎時三十歲以上。

小孩出生時體重偏低。

父母在家中說英語。

小孩爲領養。

父母參與學校家長會。

家裡有很多書。

還有不相關的八項因素：

家庭關係親密。
最近搬到較好的社區。
母親在小孩出生後到上幼稚園前沒有上班。
小孩參加過學前輔導。
父母會定期帶小孩上博物館。
小孩常挨打。
小孩常看電視。
父母幾乎天天唸書給小孩聽。

如果歸納一下，前八項因素描述的是父母「**是**」什麼；而後八項描述的是父母「**做**」什麼。教育程度高、成功、健康的父母，通常子女在校表現較好；但小孩是否常去博物館、常挨打、參加過學前輔導、常聽故事或常坐在電視機前，好像都無關緊要。

對於執著子女教養技巧的家長或親子專家而言，這該具有警醒的作用，因爲他們似乎過度強調技巧。

這倒不是說父母的因素無足輕重，他們當然至爲重要。難題在於：等到多數人開始接觸養育子女的書籍時，往往爲時已晚。許多要緊的事項早已決定了——你是誰、和誰結婚、過怎樣的生活。如果你聰明、工作認眞、教育程度高、待遇好，同時結婚的對象和你一樣幸運，那麼你們的子女成功的機會也較高。（當然，如果你誠實、思考周密、有愛心、對世界有好奇心，應該也很好。）

不過重要的不是身爲父母的你「**做**」了什麼；而是你是誰。由這一觀點來看，強迫型的父母很像相信金錢萬能的候選人，但事實是，如果選民壓根就不喜歡你，用盡世上財富也無法讓你勝選。

在一篇名爲〈經濟結果的天生與教養〉的論文中，經濟學者薩瑟多特（Bruce Sacerdote）以長期量化方式探討父母教養方式的影響，以釐清有關天生—教養的論辯。他引用三項對被收養子女的研究，兩項在美國、一項在英國，包含被收養子女、養父母與親生父母深入的資料。薩瑟多特發現，養父母通常比親生父母聰明、教育水準高，收入也較高，但是這些優點通常對他們所領養子女的學業成績沒有什麼貢獻。一如前述ＥＣＬＳ資料，領養兒童在學校成績相對較差；養父母的正面影響似乎都不及遺傳的力量。不過薩瑟多特發現這種現象不會一直持續下去，等到領養的小孩成年後，他們可以擺脫純粹根據ＩＱ所預測的命運軌跡。和條件相似但未被領養的小孩相比，被領養的小孩日後上大學、從事待遇高的工作、成年後再結婚的比率都要高出許多。根據薩瑟多特的結論，正是由於領養父母的影響力，才會造成這樣的差異。

6 完美的父母，續篇：換個名字會更好？

雖然有些父母的確操心過度，但任何父母都**寧願**相信，自己對子女的未來影響深遠。若非如此，他們何必管那麼多。

這種信念的具體表現，就是爲人父母者行使的第一宗正式行爲：命名。現在的父母都知道，爲小孩命名是熱門產業，由相關書籍、網站與姓名專家的充斥即可得知。許多父母似乎相信，名字取得好才會有前途。名字除了好聽外，好像還可決定未來吉凶。

一對名叫成功與失敗的兄弟

或許就因爲這種信念，一九五八年紐約市民藍恩（Robert Lane）決定把兒子取名成功（Winner）。藍恩住在哈林區的平價國宅，原先好幾個小孩取的都是尋常的名字，不過他對這個嬰兒卻另眼相看。有了成功這樣的名字，他怎麼可能失敗呢？

三年後，藍恩又生了個兒子，排行第七，也是老么。我們不曉得他爲什麼決定把這個孩子取名失敗（Loser）。藍恩似乎也不是對小嬰兒有何惡感，只不過他大概決定不再理會名字對吉凶的影響力。先有成功，現在來個失敗。如果叫成功的人不會失敗，那麼叫失敗的人可有成功的希望？

事實上，失敗的確成功了。他獲得獎學金進入預科學校，畢業於賓州拉菲葉特學院（Lafayette College），進入紐約警察局（這是他母親長期的心願），由刑警升到警官。雖然他並不隱諱自己的名字，很多人卻不喜歡這麼稱呼他。他說：「我有一大堆稱呼，從吉米到詹姆斯，或是隨他們喜歡怎麼叫。提米。不過他們很少叫我『失敗』。偶爾他們會用法語式發音叫我『盧西爾』（Losier）。」在警界同僚圈裡，對他的稱呼是盧（Lou）。

至於他那個取了大吉大利名字的哥哥呢？成功現在四十多歲，最突出的成就要算一長串犯罪紀錄：強盜、家庭暴力、侵權、拒捕、其他傷害等，被逮捕過三十多次。

成功與失敗這對兄弟幾乎互不往來。他們的父親如今已經作古，顯然他當初的想法很有道理——名字即命運——只不過他可能把兄弟倆弄反了。

最近還有發生在紐約阿爾班尼郡家事法庭的一件案例，有個名叫「魔女」（Temptress）的十五歲女孩因行爲不檢而受審。審理的法官杜根（W. Dennis Duggan）長期以來一直注意某些犯人奇怪的名字。有個男孩叫安切（Amcher），名字取自他父母抵達醫院第一眼看到的東西：醫院招牌上印的「阿爾班尼醫療中心醫院急診室」（Albany Medical Center Hospital Emergency Room）。根據杜根法官的看法，魔女要算他見過最奇特的名字。

這位法官事後說：「我先讓她離開法庭，以便私下問她的母親爲什麼替女兒取這個名字。結果她說她看『天才老爹』（*The Cosby Show*）影集，喜歡裡面那個年輕的女演員。我告訴她那個明星的名字是 Tempestt，她說她後來也知道自己拼錯了。我又問她知不知道 temptress 的意思，她說她也是以後才搞清楚的。她的女兒遭起訴的罪名是行爲不檢，包括母親出門工作時帶男人到家裡。我問她母親是否想過女兒的行徑正應驗了她的名字。不過這些問題大都超過她的理解能力之外。」

魔女的行徑是否「應驗了她的名字」？或者就算母親當初爲她取名「純潔」，她最後還是會惹麻煩？

可想而知，替女兒取名魔女的父母不會太高明。她母親當初取了這個名字，卻連這個字代表的意義都不清楚。至於那個叫安切的男孩後來也出現在家事法庭，同樣也不會令人感到意外。如果連替小孩取名字都懶得動腦筋，這種人也不太可能成爲盡責的父母。

你爲小孩取的名字是否會影響他的未來？還是他的名字反映的是**你的**生活？無論如何，孩子的命名傳達的是怎樣的訊息——最重要的是，名字眞的有影響嗎？

說也湊巧，成功與失敗，魔女與安切，他們都是黑人。這只是個有趣的巧合，還是名字與文化還有其更爲廣泛的意義？

每一世代似乎都會出現一些頂尖的學者，把黑人文化的理論往前推動。年輕的黑人經濟學者弗萊爾很可能成爲這方面的明日之星，他分析過「裝白人」現象與黑白學童的考試成績差距。弗萊爾的脫穎而出相當富傳奇性，因爲他來自破碎家庭，高中成績差勁，靠著運動獎學金進入德州大學。他的大學生活發生了兩件事：他很快發現自己一輩子也當不了職業球星；而且生平首次認員念書後，他發現自己還頗感興趣。在賓州州立大學與芝加哥大學讀完研究所後，他二十五歲就受聘爲哈佛大學教授。他在種族問題上以直率的思考而著稱。

弗萊爾視研究黑人偏低的成就爲自己的使命。他說：「你可以舉出所有的統計資料，說黑人的表現不好。你可以看看黑人與白人在非婚生子女、嬰兒死亡率或預期壽命上的差異。黑人是SAT測驗成績最差的族群、黑人賺的錢比白人少。反正他們表現就是不好。我基本上希望搞清楚黑人究竟是哪裡不對勁，我希望投入一生來研究這個課題。」

黑白文化的區隔

除了黑白之間在經濟與社會上的差距，弗萊爾也對兩者間幾乎截然分隔的文化深感興趣。黑人與白人看不同的電視節目。（兩個族群收視前十名電視節目只有一個相同，就是「週一晚間美式足球」，堪稱歷來最受歡迎的情境喜劇「歡樂單身派對」〔*Seinfeld*〕，在黑人族群中還排不到前五十名。）黑人與白人抽不同的香菸。（Newport在黑人青少年中占有七十五%的市場，而在白人青少年卻只有十二%，白人青少年主要是抽萬寶路〔Marlboro〕。）至於黑人父母替小孩取的名字也與白人小孩截然不同。

弗萊爾不禁好奇：突出的黑人文化是造成黑白經濟差距的一個**原因**，還是僅僅反映了這一事實？

和前章提過的ECLS研究一樣，弗萊爾也由龐大的資料堆中尋找答案，那就是一九六一年以來所有加州出生嬰兒的出生證明資料。這批資料涵蓋超過一千六百萬名嬰兒的資料，包括姓名、性別、種族、出生時體重、父母婚姻狀況，還有一些更能顯示父母狀況的因素：郵遞區號（這是社經地位以及社區種族組成的指標）、支付醫院款項的方式（這也是一項經濟指標）、教育程度等。

加州的資料證實，黑人與白人父母爲子女取的名字的確很不相同，但亞裔父母取的名字卻和白人父母相當類似，至於拉丁裔與白人之間雖有差異，但和黑白之間比較起來又顯得微不足道。

這些資料也顯示，黑白間的差異是近期的現象。直到一九七〇年代初，黑人與白人的命名還有相當大的重合。黑人社區出生的女嬰所取的名字，在黑人之間普及的程度約爲白人的兩倍；到了一九八〇年，黑人女嬰的名字在黑人之間普及的程度要高**二十**倍。（男嬰的名字也有同樣的趨勢，但較不明顯——或許各種族的父母在男孩的命名上都比較沒有冒險性。）考量這種變化發生的時間與地點——非裔美國人運動聲勢增強的都會人口密集區——這種黑人名字突然大行其道最可能的原因就是黑人力量（Black Power）運動，強調非洲文化，竭力反擊黑人低人一等的說法。如今黑人力量運動已經蹤跡難尋，如果說黑人名字革命的確受到黑人力量運動激發，應該算是這項運動存留最久的回響了。

今天很多黑人名字爲黑人所特有。每年加州出生黑人女嬰所取的名字，有四成以上在每十萬名白人女嬰中大概只會出現**一次**。更特別的是，近三成黑人女嬰的名字，不論在黑人與白人中均爲獨一無二。（講到獨一無二，一九九〇年代有二二八個嬰兒取名爲 Unique，叫 Uneek、Uneque 與 Uneqqee 的各一人。）即使是非常普遍的黑人名字，和白人也罕有重合。一九九〇年代在六二六個叫 Deja 的女嬰中，五九一名是黑人，四五四名叫 Precious 的女嬰中，四三一名是黑人，三一八名 Shanices 中，三一〇名是黑人。

怎樣的父母最可能替小孩取如此明顯的黑人名字？由這些資料可以得到清楚的答案：未婚、低所得、教育程度低、未滿二十歲、來自黑人社區的女性，而且本身也有個明顯的黑人名字。弗萊爾認爲，替小孩取黑人色彩強烈的名字，乃是黑人父母表達自己與社區一體的信號。他指出：「如果我把小孩叫 Madison，別人或許會認爲，『好啊，你是不是想跑到白人那邊去？』如果黑人小孩攻讀微積分或學芭蕾，就會被視爲『裝白人』，那麼替小孩取名 Shanice 的母親，其實就是『裝黑人』。」

白人父母在命名上呈現同樣強烈的訊號。白人嬰兒的命名，有四成以上在白人之間普及的程度較黑人高出四倍以上。就以 Connor、Cody、Emily、Abigail 爲例，在最近十年而言，至少有兩千名加州嬰兒取這些名字——其中黑人不到二%。

至於「最白」和「最黑」的名字有哪些？

二十個「最白」的女孩名字

1 Molly
2 Amy
3 Claire
4 Emily
5 Katie
6 Madeline
7 Katelyn
8 Emma
9 Abigail
10 Carly
11 Jenna
12 Heather
13 Katherine
14 Caitlim
15 Kaitlin
16 Holly
17 Allison
18 Kaitlyn
19 Hannah
20 Kathryn

二十個「最黑」的女孩名字

1 Imani
2 Ebony
3 Shanice
4 Aaliyah
5 Precious
6 Nia
7 Deja
8 Diamond
9 Asia
10 Aliyah
11 Jada
12 Tierra
13 Tiara
14 Kiara
15 Jazmine
16 Jasmin
17 Jazmin
18 Jasmine
19 Alexus
20 Raven

二十個「最白」的男孩名字

1 Jake
2 Connor
3 Tanner
4 Wyatt
5 Cody
6 Dustin
7 Luke
8 Jack
9 Scott
10 Logan
11 Cole
12 Lucas
13 Bradley
14 Jacob
15 Garrett
16 Dylan
17 Maxwell
18 Hunter
19 Brett
20 Colin

二十個「最黑」的男孩名字

1 DeShawn
2 DeAndre
3 Marquis
4 Darnell
5 Terrell
6 Malik
7 Trevon
8 Tyrone
9 Willie
10 Dominique
11 Demetrius
12 Reginald
13 Jamal
14 Maurice
15 Jalen
16 Darius
17 Xavier
18 Terrance
19 Andre
20 Darryl

如果你有個非常白或非常黑的名字，又會有什麼影響呢？多年來一系列「audit 研究」致力於衡量一般人對不同姓名的看法。在典型的 audit 研究中，研究者會寄給潛在雇主兩份一模一樣的履歷表，一份用傳統的白人名字，另一份的名字看起來就像是移民或少數族裔。結果「白人」履歷表總是贏得較多面談機會。

其中一項研究發現，如果 DeShawn Williams 與 Jake Williams 寄了一模一樣的履歷表給同一個雇主，Jake Williams 比較可能得到回音，這似乎意味像黑人的名字造成經濟上的懲罰。不過這類研究雖然有話題性，卻也有嚴重的局限，因爲對於 DeShawn **爲什麼**得不到回音，無法提出合理解釋。他之所以吃閉門羹，是因爲雇主有種族歧視心態，而且認定 DeShawn 是黑人嗎？還是他認爲 DeShawn 這個名字聽起來就像來自低所得、低教育程度的家庭，所以心生排斥？其實履歷表的資料並不十分可靠——最近一項研究發現，五成以上的履歷表有作假的成份——因此 DeShawn 只是一個訊號，讓雇主認定應徵者的背景較差，因此比較不可靠。

這些資料也無從預測應徵者面談的結果。如果雇主眞的有種族偏見，而且同意面談一個名字看起來像白人的黑人——在面對面談話後，他是否比較有可能願意雇用這位黑人應徵者？又或者這次面試對這位黑人應徵者而言，只是痛苦而屈辱，純粹是浪費時間——也就是說，看似**白人的**名字給他帶來經濟上的懲罰。根據同樣的思維，取了白人名字的黑人，在**黑人**社區中得付出經濟上的代價；至於有明顯黑人名字的黑人，在黑人社區中又能獲得怎樣的**優勢**？由於 audit 研究無從測度虛構的 DeShawn 與 Jake 在眞實生活中的遭遇，所以也不能評估黑人色彩明顯的名字有什麼更廣泛的影響。

或許 DeShawn 應該就換個名字。

改名能改運嗎？

這麼做的大有人在。紐約市民事法庭最近指出，目前改名的盛況堪稱前所未有。雖然有點古怪，但有些更名純粹是基於美感的考量。有一對叫 Natalie Jeremijenko 與 Dalton Conley 的年輕夫婦，最近把四歲的兒子改名爲 Yo Xing Heyno Augustus Eisner Alexander Weiser Knuckles Jeremijenko-Conley。有些人更名是出於經濟目的：二○○四年初，紐約有個名叫 Michael Goldberg 的計程車司機遭槍殺，據報導他原本是印度出生的錫克教徒，移民紐約時才改了猶太人的名字。雖然這個印度人認爲取猶太名字比較吉利，但演藝界長期的傳統卻是避之唯恐不及。因此 Issur Danielovitch 改名 Kirk Douglas（寇克・道格拉斯）；而美國娛樂界知名的威廉・莫里斯經紀公司

（William Morris Agency）成立以來一帆風順，他的創辦人 William Morris 是來自德國的猶太移民，原名 Zelman Moses。

問題是，如果沒有改名 William Morris，Zelman Moses 是否表現得一樣好？如果 DeShawn Williams 的名字是 Jake 或 Connor，他的命運會更好嗎？或許你認爲很有可能——就像你願意相信一卡車童書就能讓小孩變聰明。

雖然 audit 研究資料不能用來衡量名字的眞正影響，但加州的資料卻可以。爲什麼？因爲加州資料不僅包含新生嬰兒的各項基本統計資料，還有母親的教育程度、所得，以及最重要的出生日期。有了這項資料，就可確認幾十萬名本身也在加州出生的母親，並連結到她們**本身**的出生資料。由這些資料中可以獲得一項極爲珍貴的線索：追索個別女性的生命歷程。這可以說是研究者夢寐以求的資料鏈，他們可以先找出一組出生時背景相似的嬰兒，再看他們二十或三十年後的情況。在幾十萬名婦女中，有些是典型的黑人名字，有些則不是。如果把其他各種可能影響境遇好壞的因素利用迴歸分析加以控制，就可以衡量單一因素——也就是這些女性的名字——對教育、所得、健康等方面的影響。

那麼，名字重要嗎？

資料顯示，如果名字黑人色彩明顯——不論是叫 Imani 的女性或叫 DeShawn 的男性——處境**的確**比不上叫 Molly 的女性或叫 Jake 的男性。不過這並非名字的錯。如果兩個分別叫 Jake Williams 與 DeShawn Williams 的男孩出生在同一社區，家庭與經濟環境相似，那麼他們日後的成就通常也很類似。問題是，會替小孩取名 Jake 的父母，通常**不會**和替小孩取名 DeShawn 的父母住在同一社區，或者有相似的經濟狀況。這也是爲何叫 Jake 的男孩，往往日後賺的錢會比叫 DeShawn 的男孩多，教育程度也較高。叫 DeShawn 的小孩比較有可能一開始就生在低所得、低教育程度的單親家庭。他的名字是他的未來成就的一個指標——而非一個影響因素。就像家裡沒有書本的小孩考試成績不太可能名列前茅，叫 DeShawn 的男孩日後也比較不可能有傑出的成就。

那麼，要是 DeShawn 改名爲 Jake 或 Connor，他的狀況會改善嗎？據我們的猜想：爲了轉運而不怕麻煩去改名的人——就像願意參加入學抽籤的芝加哥高中新鮮人——至少有高度的動機，而這種動機應該比名字更適合作爲成功的指標。

高等與低等的名字

上一章提過，ECLS的資料所能回答有關子女教養的問題，遠不止於黑白學童的成績差異，同樣地，加州的名字資料除了有濃厚黑人色彩的名字外，還可以告訴我們其他很多的故事。廣泛言之，這項資料告訴我們父母如何看自己——以及更有意義地，他們對子女有怎樣的期望。

我們首先要問：名字到底從何而來？當然，我不是指名字的眞正來源——這點通常很明顯：有來自聖經人物的名字，還有一大堆傳統的英國、德國、義大利與法國的名字，還有公主的名字、嬉皮的名字、思鄉的名字、地名。現在以品牌爲名字的愈來愈多（如 Lexus、Armani、Bacardi、Timberland），還有所謂的勵志性名字。根據加州資料，一九九○年代有八位嬰兒以哈佛爲名（都是黑人），還有十五個耶魯（都是白人），以及十八個普林斯頓（都是黑人）。雖然沒有人叫醫生，但有三位律師（都是黑人）、九位法官（八個是黑人）、三位參議員（都是白人）與兩位總統（都是黑人）。還有一些是自創的名字。弗萊爾在一個廣播節目中談到他有關名字的研究時，接到一位黑人女性的電話，她對自己外甥女剛起的名字很不滿意，因爲它的發音是 Shuh-TEED，但拼法卻是 Shithead（笨蛋）。

Shithead 這樣的名字離大眾化有一段距離，不過的確有些名字特別受歡迎。一個名字如何流行起來，又有什麼原因？完全由於時代氛圍嗎？還是有些更合理的解釋？我們知道名字的流行起起落落——像 Sophie 與 Max 在跡近消失後再度流行——但這種變動是否有軌跡可循？

答案是肯定的，由加州資料中可見分曉。

這項資料中很有啓示性的發現就是嬰兒名字與父母社經地位的相關性。以下是中所得與低所得白人家庭最常見的女孩名字。（下面各表只包括一九九〇年代的資料，以確保時效性。）

最常見中所得白人女孩名字

1 Sarah
2 Emily
3 Jessica
4 Lauren
5 Ashley
6 Amanda
7 Megan
8 Samantha
9 Hannah
10 Rachel
11 Nicole
12 Taylor
13 Elizabeth
14 Katherine
15 Madison
16 Jennifer
17 Alexandra
18 Brittany
19 Danielle
20 Rebecca

最常見低所得白人女孩名字

1 Ashley
2 Jessica
3 Amanda
4 Samantha
5 Brittany
6 Sarah
7 Kayla
8 Amber
9 Megan
10 Taylor
11 Emily
12 Nicole
13 Elizabeth
14 Heather
15 Alyssa
16 Stephanie
17 Jennifer
18 Hannah
19 Courtney
20 Rebecca

兩組名字有相當的重合之處。不過別忘了，這些原本就是最普通的名字，而且資料的樣本數龐大。排名順序差一名就可能代表是好幾百甚至好幾千名孩童。例如 Brittany 在低所得名單上排第五，而在中所得名單上是十八名，你就可以推定 Brittany 絕對是低所得者的名字。另外還有更明顯的差異，兩組各有五個名字未出現在另一組中。以下是高所得家庭與低所得家庭與其他所得組最不相同的名字，按其獨特性高低排列：

高所得白種女孩特有名字

1 Alexandra
2 Lauren
3 Katherine
4 Madison
5 Rachel

低所得白種女孩特有名字

1 Amber
2 Heather
3 Kayla
4 Stephanie
5 Alyssa

至於對男孩而言：

高所得白種男孩特有名字

1 Benjamin
2 Samuel
3 Jonathan
4 Alexander
5 Andrew

低所得白種男孩特有名字

1 Cody
2 Brandon
3 Anthony
4 Justin
5 Robert

除了所得與名字間的關係外，由於所得與**教育**程度高度相關，因此父母教育水準與子女名字間也出現類似的高度相關，自然不足爲奇。以下就是高教育程度與低教育程度父母爲子女所取名字的差異：

父母爲高教育程度者白種女孩特有名字

1 Katherine
2 Emma
3 Alexandra
4 Julia
5 Rachel

父母爲低教育程度者白種女孩特有名字

1 Kayla
2 Amber
3 Heather
4 Brittany
5 Brianna

父母爲高教育程度者白種男孩特有名字

1 Benjamin
2 Samuel
3 Alexander
4 John
5 William

父母爲低教育程度者白種男孩特有名字

1 Cody
2 Travis
3 Brandon
4 Justin
5 Tyler

如果把樣本擴及到最普遍的名字以外，父母教育程度與名字的關係就更爲明顯。就加州全體資料庫而言，以下是教育程度最低白人父母最偏好的女孩名字。

低教育程度父母偏好的白人女孩名字（至少一百人以上）

（括號中數字為母親所受教育年數）

1 Angel (11.38)
2 Heaven (11.46)
3 Misty (11.61)
4 Destiny (11.66)
5 Brenda (11.71)
6 Tabatha (11.81)
7 Bobbie (11.87)
8 Brandy (11.89)
9 Destinee (11.91)
10 Cindy (11.92)
11 Jazmine (11.94)
12 Shyanne (11.96)
13 Britany (12.05)
14 Mercedes (12.06)
15 Tiffanie (12.08)
16 Ashly (12.11)
17 Tonya (12.13)
18 Crystal (12.15)
19 Brandie (12.16)
20 Brandi (12.17)

如果你自己或周遭朋友叫 Cindy 或 Brenda，而且年齡超過四十，或許你並不會覺得這兩個名字帶有低教育程度的色彩。沒錯，這些名字和其他不少名字一樣，到最近才發生了重大的轉變。有些教育程度低者偏好的名字，不管有意或無意，明顯拼法錯誤。當然絕大多數低教育程度者偏好的名字，如 Tabitha，Cheyenne，Tiffany，Brittany，Jasmine 等，拼字並沒有錯誤。只不過由一個名字各種不同的拼法，其實也可看到相當大的差異。

各種不同拼法的 Jasmine，按母親教育程度排列

（括號中數字爲母親受教育年數）

1 Jazmine	(11.94)	5 Jasmyne	(12.18)	9 Jasmin	(13.12)
2 Jazmyne	(12.08)	6 Jasmina	(12.50)	10 Jasmyn	(13.23)
3 Jazzmin	(12.14)	7 Jazmyn	(12.77)		
4 Jazzmine	(12.16)	8 Jasmine	(12.88)		

下面是低教育程度白人偏好的男孩名字，其中有些拼錯（如 Micheal 與 Tylor），但更普遍的則是以暱稱作爲正式名字的趨勢。

低教育程度父母偏好的白人男孩名字（至少一百人以上）

（括號中數字爲母親所受教育年數）

1 Ricky	(11.55)	8 Larry	(11.80)	15 Randy	(12.07)
2 Joey	(11.65)	9 Edgar	(11.81)	16 Jerry	(12.08)
3 Jessie	(11.66)	10 Steve	(11.84)	17 Tylor	(12.14)
4 Jimmy	(11.66)	11 Tommy	(11.89)	18 Terry	(12.15)
5 Billy	(11.69)	12 Tony	(11.96)	19 Danny	(12.17)
6 Bobby	(11.74)	13 Micheal	(11.98)	20 Harley	(12.22)
7 Johnny	(11.75)	14 Ronnie	(12.03)		

現在再來看看教育程度**最高**家長所偏好的名字，它們不論在發音與審美上都與前述低教育程度者的喜好大相逕庭。這些女孩的名字相當紛歧，不過泰半帶有詩意與美感。在此要提醒那些忙著替小孩找個好名字的準父母：名字不會讓小孩**變得**更聰明，不過能讓他和其他聰明的小孩有相同的名字——至少短期內如此。（更詳盡的名字資料參見書後附註。）

高教育程度父母偏好的白人女孩名字（至少十人以上）

（括號中數字爲母親所受教育年數）

1 Lucienne (16.60)	8 Philippa (16.21)	15 Waverly (15.93)
2 Marie-Claire (16.50)	9 Aviva (16.18)	16 Zofia (15.88)
3 Glynnis (16.40)	10 Flannery (16.10)	17 Pascale (15.82)
4 Adair (16.36)	11 Rotem (16.08)	18 Eleanora (15.80)
5 Meira (16.27)	12 Oona (16.00)	19 Elika (15.80)
6 Beatrix (16.26)	13 Atara (16.00)	20 Neeka (15.77)
7 Clementine (16.23)	14 Linden (15.94)	

下面是近年來教育程度高的家庭喜歡替男孩取的名字，可以看到強烈的希伯萊風，還有回歸愛爾蘭傳統的趨勢。

高教育程度父母偏好的白人男孩名字（至少十人以上）

（括號中數字爲母親所受教育年數）

1 Dov (16.50)	8 Ansel (16.14)	15 Beckett (15.91)
2 Akiva (16.42)	9 Yonah (16.14)	16 Kia (15.90)
3 Sander (16.29)	10 Tor (16.13)	17 Ashkon (15.84)
4 Yannick (16.20)	11 Finnegan (16.13)	18 Harper (15.83)
5 Sacha (16.18)	12 MacGregor (16.10)	19 Sumner (15.77)
6 Guillaume (16.17)	13 Florian (15.94)	20 Calder (15.75)
7 Elon (16.16)	14 Zev (15.92)	

如果上面很多名字你覺得不熟悉，也不必太介意。男孩的名字向來比女孩名字少變化，但近年來也開始花樣百出。因此就算是今天最常見的名字，它的普及程度也與從前不可同日而語。以一九九〇年加州黑人男孩最普遍的十個名字與二〇〇〇年相比，一九九〇年前十大名字的嬰兒有三三七五人（占該年出生人數十八·七%），到二〇〇〇年只有二一一五人（占該年出生人數十四·六%）。

最普遍的黑人男孩名字（括號中數字代表人數）

一九九〇年		二〇〇〇年	
1 Michael	(532)	1 Isaiah	(308)
2 Christopher	(531)	2 Jordan	(267)
3 Anthony	(395)	3 Elijah	(262)
4 Brandon	(323)	4 Michael	(235)
5 James	(303)	5 Joshua	(218)
6 Joshua	(301)	6 Anthony	(208)
7 Robert	(276)	7 Christopher	(169)
8 David	(243)	8 Jalen	(159)
9 Kevin	(240)	9 Brandon	(148)
10 Justin	(231)	10 Justin	(141)

在短短十年內，排名第一的黑人男孩名字（五三二個Michael），在人數上大幅下降（三〇八個Isaiah），顯示父母在命名上想法更趨多元。不過在這份名單上還有另一項值得注意的趨勢：變更快速。請注意，一九九〇年的名單中有四個名字（James、Robert、David、Kevin）到二〇〇〇年跌落榜外，取而代之的四個新名字中卻有三個（Isaiah、Jordan、Elijah）分居前三名。要了解名字快速起落的狀況，更極端的例子可以對照加州白人女孩一九六〇年與二〇〇〇年最普遍的名字。

最普遍的白人女孩名字

一九六〇年		二〇〇〇年	
1 Susan	6 Deborah	1 Emily	6 Lauren
2 Lisa	7 Linda	2 Hannah	7 Ashley
3 Karen	8 Patricia	3 Madison	8 Emma
4 Mary	9 Debra	4 Sarah	9 Taylor
5 Cynthia	10 Sandra	5 Samantha	10 Megan

一九六〇年前十大到了二〇〇〇年沒有一個名列榜上。你或許會說，維持四十年不變很困難，那麼試著拿現在最流行的名字和二十年前比較一下。

最普遍的白人女孩名字

一九八〇年		二〇〇〇年	
1 Jennifer	6 Amanda	1 Emily	6 Lauren
2 Sarah	7 Nicole	2 Hannah	7 Ashley
3 Melissa	8 Michelle	3 Madison	8 Emma
4 Jessica	9 Heather	4 Sarah	9 Taylor
5 Christina	10 Amber	5 Samantha	10 Megan

只有一個相同：Sarah。今天流行的 Emily、Emma、Lauren 從何而來？還有 Madison 又是打哪裡冒出來的？我們不難看出新名字風行的速度很快——但原因何在？

現在我們再來看一下兩組稍早的資料：一九九〇年代低所得與中高所得家庭最常爲女嬰取的名字。

一九九〇年代最普遍高所得白人女孩名字

1 Alexandra
2 Lauren
3 Katherine
4 Madison
5 Rachel

一九九〇年代最普遍低所得白人女孩名字

1 Amber
2 Heather
3 Kayla
4 Stephanie
5 Alyssa

注意到了嗎？和前面列出的一九八〇年與二〇〇〇年最普遍的名字相比，可以發現 Lauren 與 Madison 這兩個一九九〇年代最普遍的「高所得」名字，到了二〇〇〇年列名所有白人女孩名字的前十大。至於一九八〇年在所有白人女孩中最普遍的 Amber 與 Heather，則變成帶「低所得」色彩的名字。

這其中有一個明顯的模式存在：一旦某個名字流行於高所得、高教育程度家庭，就會開始沿著社經地位階梯往下傳遞。Amber、Heather 一開始也是屬於高所得階層的名字，Stephanie 與 Brittany 亦復如此。只要有一個高所得家庭的女孩取名 Stephanie 或 Brittany，十年內就會有五個低所得女孩取同樣的名字。

低所得的家庭如何取得命名的靈感？許多人或許認為名人可以帶動風潮，但事實上名人的效應不大。到二〇〇〇年為止，歌手瑪丹娜（Madonna）唱片在全球已銷售一億三千萬張，但模仿她名字的人還不到十個——而且是在加州——所以不夠格列入書後附註的女孩名字明細表。至於到處看得到的 Brittany、Britney、Brittani、Brittanie、Brittney 與 Brittni，你或許會想到小甜甜布蘭妮（Britney Spears），但其實她是這股 Brittany／Britney／Brittani／Brittanie／Brittney／Brittni 旋風下的產物，而非帶頭者。這組名字最普遍的拼法是 Brittany，在中所得家庭排名十八，而在低所得家庭排名第五，顯示它已到了流行的末期。幾十年前，著名童星秀蘭・鄧波兒（Shirley Temple）也是一股 Shirley 風潮下的產物，但現在大家卻認為她是風潮的帶動者。（許多女孩的名字，如 Shirley、Carol、Leslie、Hilary、Renee、Stacy、Tracy，一開始其實是男孩的名字。不過由女孩名字變成男孩名字的狀況卻不曾出現。）

因此帶動名字風潮的並不是名人，而是離你家幾條街距離、房子比較大、車子比較新的鄰居。這些家庭過去率先為女兒取名 Amber 或 Heather，現在則是 Lauren 或 Madison。這些家庭過去為兒子取名 Justin 或 Brandon，現在則是 Alexander 或 Benjamin。一般人為子女取名時不喜歡模仿距離**太**近的圈子——如家族成員或親近的朋友，不過不少父母有意無意都希望子女的名字聽起來像是成功者名字。

當原本爲高所得者的名字變得大眾化之後，高所得者就會開始棄而不用，到了最後這些名字可能通俗到連低所得的父母都不歡迎，也就此完全銷聲匿跡。這時低所得者又會開始去找尋高所得者目前流行的命名。

由此我們可以推論：替子女命名 Alexandra、Lauren、Katherine、Madison 或 Rachel 的父母，也別認爲這些現在熱門的名字還能引領風騷多久，因爲它們已經走向曝光過度的階段。那麼，下一波高所得階層的名字從何而來？

如果說前面列出的加州高教育父母偏好的白人女孩與男孩名字中，有些目前大家還感到陌生的名字會成爲明日之星，其實也並不令人意外。當然其中有些註定不可能大紅大紫——如 Oona 與 Glynnis 或 Florian 與 Kia；大多數猶太名字也是如此——如 Rotem 與 Zofia 或 Akiva 與 Zev（雖然今天許多主流名字如 David、Jonathan、Samuel、Benjamin、Rachel、Hannah、Sarah、Rebecca 都是出自《聖經》人物。）不過 Aviva 倒是一個蓄勢待發的現代猶太名字，因爲它容易唸、優美、活潑而且彈性適中。

由以下這些高教育程度者偏好的名字中，我們應該可以找到一些明日之星。雖然你覺得有些名字看起來似乎不可能，不過當你嗤之以鼻之前，不妨想想：十年前的 Madison，看起來不也同樣荒謬嗎？

二〇一五年最普遍的女孩名字？

Annika	Eleanora	Isabel	Maya
Ansley	Ella	Kate	Philippa
Ava	Emma	Lara	Phoebe
Avery	Fiona	Linden	Quinn
Aviva	Flannery	Maeve	Sophie
Clementine	Grace	Marie-Claire	Waverly

二〇一五年最普遍的男孩名字？

Aidan	Bennett	Johan	Reagan
Aldo	Carter	Keyon	Sander
Anderson	Cooper	Liam	Summer
Ansel	Finnegan	Maximilian	Will
Asher	Harper	McGregor	
Beckett	Jackson	Oliver	

顯然父母替子女命名時，可能同時考量好幾種不同的動機。他們可能偏好傳統，也可能喜歡波西米亞風，可能希望獨一無二，也可能想要跟上時尚。如果說每位父母都在——有意或無意——

找尋「聰明」或「高尚」的名字，或許言過其實。不過他們的確希望透過名字傳遞**某種訊號**，無論取的名字是成功或失敗，Madison或Amber，Shithead或Sander，DeShawn或Jake。由加州名字資料可以得知，無數家長藉子女名字傳達**他們自己**對子女前途的**期望**。雖然名字無法起多大作用，但爲人父母者從一開始就盡了自己最大的力量，心裡至少會覺得比較安慰。

尾聲：到哈佛的兩條路

現在本書已經接近尾聲，你該可以確定我們前面所言不虛：本書的確沒有「一貫的主題」。雖說本書沒有一貫的主題，但是**蘋果橘子經濟學**在日常生活的應用上，卻至少有一根貫穿的主軸，就是理性思考人類在眞實世界的所作所爲。我們所需要的只是用一種新方法來觀看、辨別與測量。這既不是多麼困難的任務，也毋需高深的思考。我們基本上要弄清楚的，只不過是典型的幫派分子或相撲選手腦子裡究竟怎樣想事情（但我們必須把順序顚倒過來）。

具有這樣的思考能力是否可以明顯改善你的生活？未必。或許你會替自家游泳池裝上牢固的門，或是注意督促你的房地產仲介，不過眞正的作用可能更爲隱微。你可能對傳統觀點較爲質疑；你可能開始找尋與事情表面相反的蛛絲馬跡；或許你會找出一堆資料加以過濾，同時發揮自己的智慧與直覺，模模糊糊得到一個新想法。其中一些想法或許讓你覺得不舒服，甚至成爲不受歡迎的人物。例如你宣稱墮胎合法化導致犯罪大幅下降，鐵定會遭到道德面的砲轟。不過事實上，**蘋果橘子經濟學**方式的思維無涉於道德。我們在本書開頭部分就指出，如果道德代表理想化的世界，那麼經濟學代表的是眞實的世界。

閱讀本書後最可能產生的結果其實只有簡單的一個：你可能會開始問很多問題。不少問題到頭來沒有任何結果，但有些卻能獲得有趣、甚至讓人吃驚的答案。且看本書第五章〈怎樣才算理想的父母〉所提出的問題：父母親究竟有多重要？

相關資料業已證明，父母在某些層面相當重要（但其中大部分在小孩出生時早已決定），在某些層面卻全無作用（但偏偏是他們常會操心的部分）。父母想盡辦法幫助子女出人頭地當然無可厚非，即使這種努力——例如取個好名字——可能是白操心一場。

縱然爲人父母者已經做到盡善盡美，但還是有太多人算不如天算的時候。你一定聽過優秀而盡責的父母卻養出誤入歧途的小孩，當然也有恰好相反的例子，父母一塌糊塗，子女卻出淤泥而不染。

還記得我們在第五章提過的一黑一白兩個男孩嗎？在芝加哥郊區成長的白人小孩，父母聰明、正派、充滿愛心、重視教育與家庭。黑人男孩從小遭母親遺棄，又常被父親毆打，十多歲就投身幫派。究竟這兩個男孩日後變得如何呢？

黑人男孩現在二十八歲，就是我們前面提過的哈佛經濟學新秀弗萊爾，研究的是黑人成就偏低的課題。

那個白人小孩也進了哈佛，可是不久之後行爲就變了調。他就是「大學炸彈客」卡辛斯基（Ted Kaczynski）。

擴充・修訂紀念版
加贈附錄

本書加贈附錄由林茂昌翻譯

一、杜伯納在《紐約時報雜誌》上所寫有關李維特的原始文章〈不動產仲介欺騙你的機率（以及其他現代生活中的謎）〉；本書的誕生，源自此文。

二、為《紐約時報雜誌》所寫的七篇「蘋果橘子經濟學」專欄；在二〇〇五年八月到二〇〇六年四月之間刊出。

三、從作者部落格上所挑出的文章；這些文章於二〇〇五年三月到二〇〇六年五月之間發表於下列網址：
http://www.freakonomics.com/blog/

不動產仲介欺騙你的機率(以及其他現代生活中的謎)

談李維特這位見微知著年輕經濟學者的好奇心

美國最優秀的年輕經濟學者——至少，他的一些前輩認爲如此——在芝加哥南區的紅綠燈前把車煞住。這是一個晴朗的六月天。他開的是一輛綠色的雪佛蘭老車，儀表板上積著灰塵，車窗也關不緊，速度稍快就轟隆作響。不過這輛車此刻安靜無聲，正午時分，四周的街道亦然：加油站、無盡的水泥建築、和有著夾板窗的磚造房子。

一個老流浪漢走過來乞討，一身的打扮顯示他就是個流浪漢。他穿著一件破外套，在這樣的大熱天裡顯得太厚重，頭上戴的是污穢的紅色棒球帽。

這位經濟學者並未鎖上車門或把車開走，不過也沒有掏出身上的零錢。他只是看著，好像是透過單面透視的玻璃。過了一陣子，這名流浪漢走開了。

「他的耳機不錯，」這位經濟學者說道，眼光仍看著照後鏡：「至少比我的好。除此之外，他好像沒什麼值錢的東西。」

李維特對事物的看法，和一般人不同。也和一般的經濟學家不同。這是個奇妙的特質，要不然就是個困擾，但看你對經濟學家的感覺而定。我們知道，一般的經濟學家對於所有的貨幣議題都裝得好像是先知一樣。但如果你問李維特對一些標準經濟事務的看法，他可能會撥開眼睛前的頭髮，說他不知道。「我很早以前就放棄對我所不知道的東西裝內行，」他說：「我的意思是，我只是——只是不太懂經濟學這個領域。我數學不好，對計量經濟學懂得有限，我也不知道怎麼做理論研究。如果你問我股市會漲會跌、經濟會成長還是衰退、通貨緊縮是好是壞，還有租稅問題——反正，如果我說我對這些事有任何的瞭解，那就是徹頭徹尾的謊話。」

在李維特眼中，經濟學擁有獲得答案的絕佳工具，但嚴重缺乏有趣的問題。而他的特殊天賦就在於有能力提出這樣的問題。比如說：如果毒販賺的錢那麼多，爲什麼還要跟老媽住在一起？槍枝與游泳池，何者比較危險？過去十年來，犯罪率下跌的眞正原因何在？房地產仲介人員是否會爲客戶的利益著想？爲何黑人父母會給子女取個不利於他們就業前途的名字？學校老師是否爲求達到測驗標準而作弊？相撲比賽是否有舞弊情事？

還有，一個流浪漢怎麼買得起五十美元的耳機？

許多人——包括不少他的同行——根本不認爲李維特研究的是經濟學。但其實他只不過是把這門所謂「憂鬱的科學」加以精鍊，回到它最原始的目標：解釋人類如何得到他們的所需。他與大多數學者不同，勇於運用個人的觀察力和好奇心（但他怕微積分）。他是個直覺主義者。他從一堆資料中發掘別人未察覺的原委。其他資深經濟學者宣稱無法測量的作用，他可以想出一套測量方式。他所關注的課題是詐欺、舞弊、與犯罪——不過他說自己從未涉入其間。

同時，他對流浪漢那副耳機的興趣卻維持不了多久。「也許，」他後來說：「這只是證明我太邋遢了，不配去買一副我自己想要的耳機。」

李維特是第一個說自己的研究領域微不足道的經濟學者。但他已經證明自己是一個足智多謀的研究者，也是個眼光敏銳的思想家，他的研究沒有被打入經濟學的冷宮，還起了相反的作用：他已經向其他的經濟學者證明，他們的工具可以好好地解釋眞實世界的道理。

「李維特被當成半仙了，是經濟學界，甚至整個社會科學界最有創意的人。」加州理工學院經濟學家坎莫若（Colin Camerer）說道：「每一個進入經濟學研究所的人，對於自己日後會成爲什麼樣的人，就是拿他做榜樣，不過他們的創意火花通常會被沒完沒了的數學消磨殆盡——這麼說吧，他有點像是學術界的偵探，想要把問題的來龍去脈找出來。」在一個目前最熱門的領域裡，李維特是一個平民主義者。大學生大量湧進菁英大學的經濟系。經濟學被視爲學術名望（畢竟，還有個諾貝爾獎）和金融新貴實務訓練（除非你和李維特一樣，選擇待在學術界）的理想結合。同時，經濟學在現實世界裡的能見度是越來越高，這要感謝大家對股市的盲目崇拜，和葛林斯潘不斷的加持。

然而，最大的變化是在學術地位上。總體經濟學優於一切，實證派優於理論派。行爲經濟學派質疑「經濟人」（homo economicus）的想法，「經濟人」的意思是我們每一個人都應該是理性的決策者。各式各樣的年輕經濟學者，比較會去研究現實世界的課題，並做跨領域探索——心理學、犯罪學、社會學，乃至於神經學——企圖把他們的科學從盲目依賴數學模型中拯救出來。

李維特在各個地方都能勝任，但也沒有一個地方適合他。他是學術界的蝴蝶，沒人抓得住他——柯林頓的經濟團隊曾經有意延攬他，小布希競選團隊想找他擔任犯罪問題顧問——卻人人搶著要。「李維特其實不是眞正的行爲經濟學家，但行爲經濟學家很樂意有他加入，」在芝加哥商學研究所教經濟學的古斯比（Austan Goolsbee）說道：「他其實不是老式價格理論派，但這些芝加哥學派的人很樂意宣稱他是。他其實不是劍橋學派，」——雖然李維特曾經在哈佛和麻省理工學院讀書——「但他們很希望他回來。」

當然，也有批評他的人。德州大學知名的勞動經濟學家海默梅希（Daniel Hamermesh）用李維特的論文〈墮胎合法化對犯罪的衝擊〉來教他的大學生。「我把這篇論文從初稿到完稿都很仔細地讀過，到目前爲止，我還看不出這篇論文有哪個地方不對，」海默梅希說道：「另一方面，我對這篇文章是一個字都不相信。而他談相撲選手的東西——喔，那不是學術正統，除非你是日本人或有五百磅重。」

不過李維特在三十六歲時就當上芝加哥大學經濟系的全職教授，這個系是美國最傳奇的系所。（短短二年之後，他就拿到終身職。）他是《政治經濟學期刊》（*Journal of Political Economy*）的編輯，這是這個領域的龍頭期刊。美國經濟學會（American Economic Association）最近把約翰・貝茲・克拉克獎（John Bates Clark Medal）頒發給他，這個獎每兩年一次頒給全美四十歲以下最優秀的經濟學家。

他是個多產且多元的作家。但他把墮胎增加和犯罪下降連結在一起的那篇文章，比其他的跨領域文章引來更多的議論。李維特和他的共同著作人，哈佛法學院的唐納休（John Donohue），主張自一九九〇年代初期以來的犯罪率大幅下降，有高達五〇%可以追溯到洛伊對韋德案。他們的想法如下：最有可能去墮胎的女性——貧窮、單身、黑人，或未成年媽媽——正好就是小孩最有可能成爲罪犯的媽媽，如果小孩生下來的話。但因爲這些小孩**沒有**生下來，當這些未出生小孩達到犯罪年齡之際，犯罪率便開始下降。在訪談中，李維特把這個理論濃縮成一個簡潔的三段論：「棄養導致高犯罪率；墮胎導致棄養減少；墮胎導致犯罪率下降。」

李維特對犯罪和刑罰這個領域已經有許多文章發表。他在當研究生時所寫的一篇論文至今仍經常被引用。他所提的是引不起戰火的簡單問題：警力越多，是否等於犯罪越少？答案似乎很明顯——是——但從來沒有被證明過：因爲員警人數傾向於隨著犯罪人數而增加，警力的有效性很難衡量。

李維特需要一個機制來把犯罪率從員警人數獨立出來。他在政治領域裡找到了這個機制。他注意到競選連任的市長和州長通常會增加警力。藉由測量**這些**增加的警力對犯罪率的關係，他便能夠判定，增加警力，的確會減少暴力犯罪。

這篇論文後來遭到反駁——另一名研究生發現這篇論文有一個嚴重的數學錯誤——不過李維特的巧思是不容忽略的。他開始被視爲一個簡單高明解決方案的大師。他就是這種人：在一片混亂的現場，看到所有的工程師對一部動不了的機器手忙腳亂，然後他知道，竟然沒人想到插頭沒插。

主張警力有助於嚇阻犯罪並沒有讓李維特到處樹敵。主張墮胎減少犯罪可就不是這麼一回事了。

李維特於二〇〇一年與唐納休共同發表一篇有關墮胎的論文，其中特別提醒，不要把他們的發現「錯誤解釋爲替墮胎背書，或是呼籲政府干預懷孕婦女決定是否將胎兒生下來的權利」。他們建議，「提供更好的環境給未來最可能犯罪的兒童」，應該也能夠輕易遏止犯罪。

不過他們的論點幾乎惹惱了所有人。保守派不能容忍居然可以用墮胎來當作打擊犯罪的工具。自由派不滿他們單單挑出貧窮黑人婦女爲對象。經濟學者嘀咕李維特的方法學有誤。畢竟，三段論法可以被拿來當成障眼法：凡貓皆會死，蘇格拉底死了，所以蘇格拉底是貓。

「我認爲他在許多領域都非常聰明，非常注意倒果爲因的問題，」柏魯克學院（Baruch College）一名抨擊過這篇墮胎論文的經濟學家裘意斯（Ted Joyce）說道：「但在這個案子上，我認爲他疏忽了這點，要不然就是沒有好好的處理。」

當媒體大肆報導這項墮胎—犯罪研究時，李維特成爲眾矢之的，被冠上意識形態者（保守派與自由派都這麼稱呼）、優生主義者，和種族主義者的封號，是個不折不扣的混蛋。

事實上，他好像和這些全都沾不上邊。他對政治興趣缺缺，也不喜歡說教。他平易近人，作風低調而不張揚，自信但不自大。他是個受人尊敬的老師和同事，他是個很受歡迎的合作者，由於他興趣廣，經常和不同行的學者合作——就一個經濟學家來說，這是另一個罕見的特色。

「我不知道用這樣的字眼說他合不合適，但他頂多只是個老千，」哥倫比亞大學社會學家凡卡德希（Sudhir Venkatesh）說道：「他是莎士比亞劇裡的弄臣。他會讓你以爲他的點子是你的。」凡卡德希是李維特論文〈販毒幫派財務的經濟分析〉（An Economic Analysis of a Drug-Selling Gang's Finances）的共同著作人，這篇論文發現，一般的街頭毒販和老媽住在一起，因爲他所賺的錢，老實說，少得可憐。這篇論文分析一個快克幫派的財務活動，就好像一般的公司一樣。（凡卡德希從一個前幫派分子取得這份資料。）這種事以前沒人試過。「這東西之所以不受重視，」李維特在這篇論文的某一個版本中冷冷地說道：「或許是因爲很少有經濟學家做過幫派的研究。」

李維特講話大舌頭，外表看起來像個書呆子，穿格子襯衫、沒特色的卡其褲與編織腰帶，腳上是規矩的咖啡色皮鞋。他的小記事本上印有「國家經濟研究局」的標誌。他太太珍妮說：「我希望他別一年只剪三次頭，還有老是戴那副有十五年歷史的眼鏡，當初配的時候就不是流行的式樣。」他高中時是高爾夫好手，但現在四體不勤，自嘲爲「世界最沒力氣的人」，常滿屋子找珍妮替他打開罐子。換言之，不論由他的外表或態度，絲毫看不出是個會興風作浪的人。他會告訴你，他只是成天坐在書桌前，和堆積如山的資料搏鬥。他會告訴你，他願意免費做這種事（他的年薪據報超過二十萬美元），而你八成會相信他的話。也許挑撥是非不是他的本意，但他還是吹皺了一池春水。

他特別喜歡抓做壞事的人。他設計了一套演算法，可以把芝加哥公立學校系統裡作弊的老師找出來。「作弊的班級在許多的面向上會和其他班級有系統性的差異，」他和他的共同作者，哈佛公共管理學院的賈可布（Brian Jacob），在〈抓出作弊的老師〉（Catching Cheating Teachers）一文中寫道：「例如，作弊班的學生在作弊那一年的成績通常會有非常大的進步，但隔年沒有作弊加持時，就只有一般的小進步甚至退步。」

李維特所使用的資料，其他研究者也都拿得到，來自芝加哥學校。他知道，老師的作弊方法有很多種。如果她太無恥（且愚蠢），可能會直接把正確答案給學生。或者，在考試之後，把學生答錯的部分擦掉，塡上正確答案。精明的作弊者會小心翼翼地避免一整塊可疑的相同答案。但李維特更精明。「要分析一串有作弊之嫌的答案，第一步就是估計每個學生在每一題上寫某個答案的機率，」他寫道：「這要用到多元羅吉特模型（multinomial logit framework），以過去的成績、人口統計學，和社會經濟學的特性值做爲解釋變數。」

於是，把所有的要素估計出來之後——某一題的難度、學生答對艱深題目卻答錯簡單題目的機率、某一班在某些題目上有高度相關的情形——李維特把他認爲有作弊的老師指出來。（也許是順便吧，他也把優秀的老師指出來。）芝加哥學校系統不但沒有反駁李維特的發現，還邀請他到學校來做重測。結果，作弊的老師被開除了。

然後是他的下一篇論文〈瞭解何以犯罪率在一九九〇年代下降：四個有解釋能力的因素和七個沒有解釋能力的因素〉。李維特說，整個犯罪率的下降來自警察人數增加、監獄囚禁人數增加、快克的流行度改變、和洛伊對韋德案。

他認爲，有一個因素可能**起不了**什麼作用，那就是朱利安尼和布拉頓在紐約所頌揚的創新的治安策略。

「我想，」李維特說：「我這個主張，幾乎是孤立無援。」

他出身於明尼亞波里斯（Minneapolis）市一個有高度甚至非凡成就的家庭。他父親是個醫學研究人員，被認爲是腸胃道氣體的權威。（他公開稱自己是「靠脹氣取得地位的人」。）李維特的一位舅公，羅伯・梅伊（Robert May）寫了《紅鼻子魯道夫》（*Rudolph the Red-Nosed Reindeer*）這本書，然後另一位舅公，強尼・馬克斯（Johnny Marks）把它譜成曲子。

在哈佛時，李維特大四論文寫的是純種馬的培育，以第一名畢業。（他至今仍對賽馬著迷。他說他相信賽馬有舞弊，並設計了一套下注系統——他不願透露細節——以佔這個舞弊的便宜。）進入麻省理工學院攻讀經濟學博士之前，他當了兩年的管理顧問。麻省理工學院的課程，以數學吃重出名。李維特在大學時只修了一門數學課，修完之後就還給老師了。他上第一堂研究所的課時，問旁邊同學黑板上的公式是什麼：那個長長的奇怪符號和捲捲的符號有什麼不同？「你麻煩大了，你。」那個同學說。

「大家都把他的名字畫掉，」芝加哥經濟學家古斯比是他當時的同班同學，說道：「他們說，『那傢伙沒前途。』」

李維特走自己的路。其他的研究生熬一整夜在解題，想要得到好成績。他卻熬夜研究和寫作。「我的看法是，在這行裡，出人頭地的方法就是你要寫出偉大的論文，」他說：「於是我開始寫。」有時，他會從一個問題開始。有時則是一組引起他注意的資料。他花了一整個夏季把多年國會選舉的資料打進電腦裡頭。（今天，網際網路上有如此多輕易就能取得的資訊，李維特抱怨他根本就沒辦法叫學生輸入資料。）他只不過是基於一個模糊的好奇：為什麼現任者通常容易連任？

後來他在無意間看到一本政治科學的書，該書的作者群宣稱是金錢打贏選戰，就這樣。「他們試著說明，選舉結果是競選經費的函數。」他回憶道：「完全忽略了捐款者只有在挑戰者有實際勝選機會時才願意捐錢，而且現任者只有在他們有敗選可能的情況下才會花大錢。他們說服自己這是個因果關係，即使事後看來這個效果是假的。」

至少，對李維特來說，這非常明顯。不到五分鐘，他就想出要寫的論文題材。「眞是茅塞頓開。」

他說。

問題是他的資料無法告訴他誰是好的候選人，誰是不好的候選人。因此不可能把金錢的效果挑出來。和警察／犯罪率之謎一樣，他必須對這些資料使出一些技巧。

由於資料是他自己輸入的，他注意到一些東西：通常，同樣的兩個候選人會多次交戰。只從這種選戰作分析，李維特就能找出眞正的結果。他的結論：競選經費的效力只有一般人所以爲的十分之一。

他當時只是個沒沒無聞的研究生，竟把論文寄給《政治經濟學期刊》——有個教授說，就算只是試一下也是太瘋狂——後來竟登出了。他三年就拿到博士學位，不過由於他的輩份不高，他說，他在教授群眼中是個「隱形人，零蛋」。然後他跌跌撞撞，闖出了他今天所說的職場生涯轉捩點。

由深具名望的知識菁英所組成的哈佛大學研究員學會（Society of Fellows），提供年輕學者三年的獎學金，讓他們自由的做研究。李維特得到面試機會，但他不抱任何希望。他自知初出茅廬，算不上學術人士。學會安排他在晚餐時接受一批資深會員的面談，都是舉世知名的哲學家、科學家或歷史學家。他擔心在第一關沒講幾句，面談就給結束掉了。

結果相反，他大獲全勝。不論被問到什麼主題——頭腦、螞蟻、哲學——他剛好都記得一些以前讀過的精髓。他的智力頓時爆發，好像從未爆發過一樣。當他告訴他們，他在明尼蘇達州花了兩個暑假賭馬時，**他們聽得津津有味**！

最後——很恐怖地——其中一位說道：「我弄不清楚你研究工作的一貫主題何在，可否請你說明一下?」

李維特爲之語塞。他不知道自己的一貫主題爲何，甚至不知道是否有這樣的主題存在。當時尚未獲諾貝爾獎的申恩(Amartya Sen)出面打圓場，以他的觀點簡要總結李維特的主題。沒錯，李維特殷切地承認，這就是我的主題。然後另一位研究員說出另一個主題。你說的沒錯，李維特說，**這**就是我的主題。這樣的狀況持續下去，像許多狗爭一塊骨頭似的，直到哲學家諾齊克（Robert Nozick）插話進來。

「李維特，你今年幾歲?」他問道。

「二十六。」

諾齊克轉身對其他院士說:「他才二十六歲，爲什麼就得有一貫的主題?或許他就是那種天賦異稟的人，根本就不需要有什麼主題。他只消提出一個問題，然後回答，這就夠了。」

芝加哥大學經濟系有個舉世知名的一貫主題——自由市場福音（the Gospel of Free Markets)，偏保守——因此，似乎不是很適合李維特。在他看來，芝加哥著重的是理論、深思，和大構想，而他自己所著重的則是實證、巧思，和「小巧而不重要的構想」。

但芝加哥大學還有個貝克（Gary Becker)。李維特認爲，貝克是過去五十年來最具影響力的經濟學家。貝克早就把個體經濟學理論應用到非主流的議題上，尤其是家庭和犯罪，當時並不流行這種作法。多年來，貝克被妖魔化了——像「兒童的價格」這句話就引來無數人的驚恐。「在我的職場生涯當中，遭受到許多經濟學者的砲轟，他們認爲我的研究愚蠢、主題扯太遠、或不是經濟學。」貝克說道，但芝加哥大學支持他，他堅定不移，終於贏得一九九二年的諾貝爾獎，於是成了李維特的模範。

貝克告訴李維特，芝加哥大學對他是個很好的環境。「並非每個人都認同你所有的研究成果，」他說：「但我們同意你所做的是很有意思的研究，這點，我們會支持你的。」

李維特發現，芝加哥大學給予他的支持遠超出學術層面以外。他任職後的頭一年，長子安德魯出生。就在滿週歲不久，忽然輕微發燒。醫生診斷爲耳朵感染。第二天早上，安德魯開始嘔吐，緊急送醫。幾天後死於肺炎雙球菌腦膜炎。

在極度傷痛中，李維特無法兼顧在大學的授課。替他代課的就是貝克——一個年近七旬的諾貝爾獎得主。另一位同事強森（D. Gale Johnson）送來悼唁卡，文字令李維特深受感動，至今尚能背誦。

李維特開始經常與這位八十多歲的農經專家交談。他得知強森的女兒是美國首批領養中國女孩的人士。不久之後，李維特自己也領養了一名中國女孩，取名艾曼達（Amanda）（編按：二〇〇四年又領養了另一位中國女孩，取名 Sophie）。後來，他們夫婦生下了一女一兒，現在分別是三歲和一歲。不過安德魯之死的後續影響迄今仍以不同的形式持續中。李維特一家與接受安德魯肝臟捐贈的小女孩一家成爲好友。（安德魯也捐出心臟，可惜受贈的嬰兒未能存活。）對於一個孜孜於眞實生活中尋找主題的學者而言，兒子的死亡自然也觸發了李維特的研究工作。

他與妻子加入一個支持傷心父母的團體。令他大感驚訝的是，有那麼多小孩是在游泳池內淹死。然而這些死亡案件——不像小孩玩槍致死之類的事件——報紙上不會刊登。

李維特感到好奇，於是持續尋找相關的數據以釐清眞相，並在《芝加哥太陽時報》（*Chicago Sun-Times*）專欄發表研究結果。文中所揭示的論點與一般人的直覺大相逕庭，使他聲名大噪：「如果你家裡有一把槍，而且後院有座游泳池，那麼小孩在游泳池淹死的機率是被槍打死的一百倍。」

爲了擺脫死亡的陰影，李維特有了一個新嗜好：把他當時位於橡樹園（Oak Park）的老房子整理出售。這次的體驗導出另一篇論文，和房地產市場有關。這是他到目前爲止最具芝加哥風格的論文，一篇價格理論的得意之作，這象徵芝加哥大學對他的影響也許就和他對芝大的影響一樣強烈。但李維特還是李維特，這篇論文談的也是貪腐。

在買中古屋的議價當中，他發現賣方的仲介經常鼓勵他出價不用太高，雖然是很小心的暗示。這看起來很奇怪：這個仲介不是代表賣方的利益嗎？接著他進一步思考仲介的角色。和許多「專家」一樣（我們想到了汽車技師和股票營業員），房地產仲介被認爲遠比平常人更懂這一行。屋主被鼓吹去信任仲介所給的資訊。因此，如果仲介開價不高，還告訴屋主說，頂多能賣到這個價錢，屋主一般都會相信。但李維特判斷，這件事的關鍵在於「若把房子賣更高的價錢，仲介只得到增加金額的一小部分」。就像股票營業員賺手續費或是賭場靠抽頭一樣，仲介在意的只是成交，不管怎麼成交都好。因此他會催屋主盡快以低價賣出。

至此，只差李維特是不是能測量這個效果了。再一次，他又找到了一個聰明的機制。他用芝加哥郊區庫克郡（Cook County）五萬多筆的交易記錄，比較仲介人員賣自己房子和賣別人房子的數字。仲介自己的房子在市場上多賣了十天，而且成交價高了百分之二。

一個夏日午后，李維特在他深藏在大學哥德式大院的辦公室裡，骯髒的天花板，窗旁是斑駁的石膏牆。他剛從史丹佛大學年休回來，桌子亂成一團：成堆的書籍和期刊，一只綠色的鴨嘴杯，和一小具橘子榨汁機。

這天下午他開放給學生會面。李維特喝著山露汽水，談吐溫和。有些學生來問研究作業，有些則請他指導。一個學生剛完成她的大學論文：「在不景氣中畢業的大學生就業狀況」。李維特告訴她，以論文來說，這篇非常好。但她要出書。

「妳的文筆就像個大學生，問題在這裡。」他說：「重點是，妳是在講故事，天花亂墜，全是要花招。妳應該讓讀者有個條理，好讓他們讀到結論時能夠瞭解，也相信這個結論。但妳還必須坦白承認妳的弱點。把弱點明白說出來──本來就該這樣──大家比較不會那麼嚴厲，別掩飾弱點。」**坦承自己的弱點**。有哪個得獎的學者對自己的弱點像李維特一樣坦白？他自稱不懂經濟學或數學。在這個充滿大思想家的世界裡，他是個小思想家。他甚至打不開家裡的義大利麵醬，眞可憐。

朋友說，李維特的自我貶抑是別有用心，但也出於至誠。在學術界，經濟學家以當個殺手中的殺手爲傲。但論文寫「智者生存」節目（李維特的結論是，常常歧視拉丁裔和上了年紀的參賽者，但沒有歧視黑人或女性）和相撲（選手經常被懷疑放水，以盡量操控比賽排名）的人，最好還是不要太高傲。也許，這根本不是自貶。也許，是自我鞭策。也許，李維特所想要的是從「愚蠢」、「微不足道」，和「膚淺」的主題中畢業。

他認為他從一篇探討黑人名字的新論文中瞭解到一些東西。他想知道，如果一個人取了黑人特有的名字，是否會在經濟上吃虧。他的答案是——和別人的最近研究相反——不會。不過他現在有一個更大的問題：黑人文化是種族不平等的因還是果？對經濟學家來說，對李維特也一樣，這是個新領域——他稱之為「把文化量化」。他發現這個任務很棘手、龐雜、甚至無解且具挑撥性。

那天晚上駕車回橡樹園的家時，那台雪佛蘭在艾森豪快速道路上轟轟作響，他忠實地說出他的未來。他對離開學術界跳槽到避險基金或是擔任公職不感興趣（但他可能另外開一家公司去抓作弊的教師）。據說他是每一個經濟系想要延攬的頭號人物。但他和她太太在安德魯過世時所栽種的樹已經大到沒辦法移植了。你應該知道，他也許會在芝加哥待上好一陣子。

他說，有一些重要的問題，他覺得可以去探討了。例如呢？「避稅、洗錢、我要做出一套讓我們能夠抓到恐怖份子的工具。我的意思是，這是目標。現在我未必知道該怎麼做。但只要有合適的資料，我就有把握把答案找出來。」

一介經濟學家夢想要抓恐怖份子，這看起來好像很荒謬。如果你是芝加哥的小學老師，某天給叫到一間辦公室，有人告訴你，根據這位戴深度眼鏡的瘦削年輕人所設計的演算公式，你有舞弊情事，應予革職，聽起來是否同樣荒謬呢？李維特對自己或許未必有絕對的信心，但對以下的觀點篤信不疑：老師、罪犯與房地產仲介人員都可能說謊，政客，甚或中情局的分析人員也不例外。不過數字不會說謊。

杜伯納，《紐約時報雜誌》二〇〇三年八月三日

煙消雲散

快克古柯鹼怎麼了？

如果你靠新聞媒體來取得資訊，你或許會認爲快克古柯鹼是過去的東西。然而，如果你所依賴的是資料，你會得到不同的結論。

要測量快克這類毒品的使用和影響情形不是一件容易的事。沒有政府網站提供快克的資料，而對毒犯做問卷調查則註定是靠不住的。你要如何得到快克使用情形的眞相？有一個方法是去看各種不滿意卻可以接受的替代項目，包括因古柯鹼而被逮捕、送急診，和死亡的資料。這些數字和上報的頻率不同，至今仍高得嚇人。例如，因古柯鹼被逮捕的人次，從一九八〇年代末期快克流行以來，只掉了百分之十五。因古柯鹼死亡人數現在其實是更高了；而因古柯鹼送急診的數字也有相同情形。如果用有意義的方式去組合，這些替代項目可以用來建構一個有用的快克指數。

這個指數透露出什麼呢？吸食快克，在一九八〇年代初期還不存在，一九八五年瘋狂流行，而在一九八九年達到高峰。最先發生在西岸，但在東北部和中大西洋州的城市裡最普遍。快克造成相當程度的槍擊案件，尤其是在年輕黑人之間，他們是街頭層級快克毒販的主體。在快克盛行期間，十三到十七歲的黑人，犯殺人罪的增爲四倍。在這個快克指數所顯示的事實當中，最令人髮指的或許就是在二〇〇〇年——快克指數所能取得資料的最近年度——美國人吸食快克的量，仍有當年高峰期的百分之七十左右。

如果還有這麼多的快克在交易，爲什麼我們沒聽說呢？因爲與快克有關的暴力犯罪大致上已經消失了。而快克和中產階級最息息相關的事就是暴力。什麼因素造成暴力不見了？簡單的經濟學。都市裡的街頭幫派是快克古柯鹼的主要配銷者。一開始，他們這項商品的需求很熱，利潤也很豐厚。結果，大多數的快克凶殺案並非毒蟲爲了拿錢買毒品而用槍抵住老奶奶，而是快克毒犯互相殘殺——可能有些路人平白被殺——以爭奪地盤。

但市場變化很快。這種毒品的毀滅性效果越來越明顯：年輕人看到快克對吸毒前輩所造成的傷害，而對快克敬而遠之。（最近一份研究顯示，吸食快克的比率，將近四十歲的人是十幾二十歲者的三倍。）當需求下降，價格戰便開打，把利潤拉下來。而當冒著生命危險所賺來的錢越來越少時，暴力亦隨之消散。今天，年輕的幫派分子還是在街角賣快克，但當這個角落變得越來越沒有價值時，他們去殺人，或是被殺的誘因也就越來越小了。

那爲什麼快克的消費至今還是居高不下？答案的一部分可能和地理有關。這個指數顯示，在遠離海岸的州，如亞利桑那、明尼蘇達、科羅拉多，和密西根等，快克的消費其實是**增加**的。但主要因素還是在於讓快克交易變得較不暴力的那個價格變化。價格已經從高點降了百分之七十五左右，這導致一個有趣的消費型態：吸食者的人數少了許多，但每個都吸得更多。這也完全符合經濟常理。如果你是個忠實的快克毒蟲，而現在快克的價格是以前的四分之一，你就買得起四倍的量來吸食。

但是當快克變成一種對社會危害不大的成熟毒品時，法律對販售快克的刑罰卻仍然沒有改變。一九八六年，NBA選秀會第一輪即獲選的球員拜爾斯（Len Bias）是個古柯鹼吸食者，他的猝死，舉國譁然，後來國會通過立法，規定只要販售五公克的快克就要判刑五年；你要賣五百克的古柯鹼粉，才會被判同樣的刑期。這樣的差別，經常被扣上種族主義，因爲黑人的刑期便因此而高得不成比例。

其實，當一公克的快克的確遠比一公克的古柯鹼粉造成更嚴重的社會成本時，法律這麼規定不無道理。但現在這個法律已經不合時宜了。如果拜爾斯還活著的話，現在應該有四十歲，早就過了他能夠爲波士頓塞爾提克隊（Boston Celtics）效力的期限。也許，我們現在也應該要知道，因拜爾斯之死而制定的法律也是一樣。

二〇〇五年八月七日

體內有眞相嗎？

一名教授的終身自我實驗

羅勃茲（Seth Roberts）現年五十二歲，是加州大學柏克萊分校的心理學教授。如果你認識二十五年前的羅勃茲，可能還會記得他是個有毛病的人。他有粉刺，而且大多數的日子都太早起床，這讓他精神不濟。他並不因此沮喪，但情緒總是會受影響。最讓羅勃茲感到困擾的是他身體過重：五呎十一吋的身材竟重達二百磅。

而現在你所碰到的羅勃茲教授，是個皮膚姣好、精神奕奕，且和藹可親的人，重約一百六十磅，看起來比他的年紀還年輕十歲。這是怎麼回事？

那是從羅勃茲當研究生的時候開始的。首先，他想到一個聰明的點子，把他的個人問題轉化成研究主題。然後他決定用自己的身體作實驗。於是羅勃茲開始進行人類史上最長的一場自我實驗——不只是一些聰明得不得了的方法在自己身上戳刺和測量，還在整個過程中嚴謹地記錄每一筆資料。

自我實驗雖然在科學上不算是什麼新構想，卻一直很罕見。許多現代科學家不考慮這個方法，因爲它不夠科學：沒有明顯的控制組，而當研究者和受測者是同一個人時，根本就無法進行雙盲實驗（譯註：double-blind experiment，這種實驗的研究者和受測者都不知道哪些對象屬於對照組、哪些屬於實驗組）。但自我實驗這不怎麼科學的特性有沒有可能成為一大優點呢？很多以實驗室為基礎的科學實驗，尤其是在醫藥領域，後來都被發現因為採用不當的方法論和露骨的自利心而有瑕疵。在羅勃茲的例子中，他的自利心很極端，但至少一目瞭然。他的方法論很簡單——試一百萬種方法直到他找到可行的方法——所以也非常透明。

在某些方面，自我實驗和經濟學之間的共通點比和硬科學之間還多。由於沒辦法做隨機試驗，經濟學家通常只能在不得已的情況下探索他們所能拿到的資料。假設你是個經濟學家，想要測量監禁對犯罪率的效果。你最理想的做法是隨機抽出幾個釋放一萬名犯人的州，同時隨機抽取幾個入獄人數增加一萬名的州。由於沒辦法做這種理想試驗，你不得不依賴創意式的替代項目——像是控告各州囚犯過於擁擠的訴訟，這在將來會導致隨意把一大堆的犯人釋放。（而且沒錯，那些州把人犯釋放出來之後，犯罪率的確會急遽上升。）

就資料的產生來看，有什麼方法會比探索你自己的身體更取巧的呢？羅勃茲先從小東西開始——他的粉刺——然後再擴展到他的早醒。這花了他十年的實驗，但他發現，他的清晨失眠症是可以治療的，如果他在前一天的早上多曬一點太陽，不要吃早餐，並且至少站立八個小時。

他所發現的改善情緒方法就更怪異了：每天早上看電視，特別是真人大小的人頭說話——但晚上絕對不要看電視。羅勃茲和許多科學家一樣，一旦在偶然之間發現了一個解決方法，就會回到石器時代去尋求解釋。人類學的研究告訴我們，早期的人類每天早晨有很多面對面的接觸，但天黑之後就少到幾乎沒有，羅勃茲的看電視治療法就是模擬這個模式。

他的體重控制系統也是取材自石器時代的資訊。多年來，他已經試過壽司減肥餐、通心粉減肥餐、一天喝五公升水減肥法，還有各式各樣的方法。事後都證明無效，要不然就是太難或太無聊而無法持之以恆。他現在所採用的理論是我們的身體被一個「設定點」（set point）所控制，有點類似石器時代的自動調節器，讓每個人的體重處於最佳狀況。然而，這個自動調節器的作用方式卻和你家裡的溫度調節器相反。當你家裡變冷時，調節器就會開啓爐火。但根據羅勃茲對設定點原理的解釋，當食物變少時，你就會變得比較**不會**餓；當周圍有很多食物時，你會變得比較餓。

這聽起來很奇怪，好像是在告訴你，你家的火爐只有在夏天才會開啓。但家用暖氣和卡路里之間有個關鍵性的差異：你家裡的暖氣沒辦法存起來，等明年冬天再用，但今天的卡路里卻可以存起來，以備來日使用。這叫脂肪。就這點來看，脂肪好像錢一樣：你可以把今天所賺的錢存到銀行，等以後有需要時再提出來。

在物資缺乏的時代裡——這時候，下一餐要靠打獵成功，而不是打電話到湘園餐廳訂位成功——這個設定點系統是活命的關鍵。它讓你在食物缺乏時把儲存的脂肪拿出來用，而在食物豐盛時把脂肪存起來。羅勃茲相信這個系統附帶著一個強力的訊號機制：當你吃到美味（和食物豐盛有關）且熟悉（表示你以前吃過這種食物，而且對身體很好）的食物時，你的身體要求你要盡可能地把那些卡路里儲存下來。

羅勃茲知道這些訊號是後天學習的反應——就像巴夫洛夫（Pavlov）的狗聽到鈴聲會流口水，以爲要吃東西了一樣——對人類曾經有過正面的功能。然而在今天，至少在經常有機會吃到東西的地方，這些訊號可能會導致嚴重的肥胖問題：暴飲暴食。

羅勃茲試著對這個石器時代的系統耍花樣。是不是可以減少美味食物的訊號來讓他的自動調節器處於低檔呢？大家都想得到的方法就是平淡的食物，但羅勃茲對此不感興趣。（事實上，他是個執著的美食家。）經過了一大堆的實驗之後，他發現有二個機制可以騙過這個設定點系統。一天數次，在非用餐時間吃幾匙未經調味的油（他用菜籽油和極清淡的橄欖油），會讓他得到一些卡路里，但不會觸發大量儲存的訊號。幾盎司的糖水（他用的是果糖，其升糖指數〔glycemic index〕比砂糖低）也會產生同樣的效果。（在體內的卡路里訊號系統裡，甜味似乎沒有「美味」的作用。）

其成果令人震撼。羅勃茲減了四十磅，而且從未再變胖回來。不論何時何地，他可以說是想要吃多少就吃多少，但他已不像以前那麼饑餓了。朋友和同事們試用他的減肥法，通常也得到類似效果。他的飲食療法似乎達成了許多商業減肥餐所無法達到的條件：簡單、有科學理論根據，而且最重要的，不會讓羅勃茲挨餓。

在學術界，羅勃茲的自我實驗引來一些批判，但也有許多忠實的支持者。受人景仰的心理學家羅聖索爾（Robert Rosenthal）就是支持者之一，他盛讚羅勃茲是「以探索精神，而不是，或至少不只是驗證精神，來取得資料」，並把資料分析視爲「找到意外發現的機會」。羅聖索爾甚至還想到「未來將是一個『自我實驗者』變成新的兼職（或全職）專業者的時代」。

但羅勃茲怪異的體重控制法——他稱之爲香格里拉減肥法——對數百萬個需要減肥的人真的有效嗎？我們很快就會知道答案。在艾金斯減肥食品公司（Atkins diet company）申請破產之下，美國人急著要有下一波的減肥熱。而幾湯匙的糖，可能就是美國人受得了的那種犧牲。

二〇〇五年九月十一日

管好你的狗

科技能夠把紐約市的大便鏟光嗎？

二千五百噸。在十九世紀的紐約市裡，負責客、貨運的二十萬匹馬，一天所製造的糞便就是這個數量。大多數的糞便都沒有清理，造成嚴重的問題。（這還沒談到馬尿、震耳欲聾的馬蹄聲，或是被丟在街上的腐屍。）糞便到處都是，臭氣沖天且不衛生，以至於高級住宅只好把大門設在二樓，以免屋主與糞便平起平坐。

和許多看似無解的問題一樣，這個問題也在科技之下無痛地解決了。電車和後來的汽車導致馬匹消失，它們的糞便也跟著消失。

今天，紐約的動物糞便主要來自我們的狗。（對狗隻的估計數差異很大，但一百萬隻是不離譜的猜測。）當然，它們的大便並非全都沒人管。一九七八年，紐約通過了著名（而且被全世界廣爲模仿）的「狗大便清理」法，單就狗大便來說，紐約是比以前乾淨多了。但這個法律對初犯者只有五十美元的罰鍰，並不能提供足夠的財務誘因，讓你去撿你的狗大便。在執行上似乎也不是很嚴格。讓我們假設百分之九十九的狗主人遵守這個法律。這樣每天還是有一萬隻狗的大便被留在公共場所。去年一年，該市一共開出四百七十一張狗排泄物的罰單，這表示一般的違法者有大約八千分之一的機會被開罰單。因此這是一個謎：爲什麼有這麼多的人撿他們自己的狗大便呢？這似乎是個社會誘因——路人的異樣眼光、違法者的罪惡感——至少和財務及法律誘因一樣強的例子。

如果大多數的效果來自社會力量，那麼我們對有人偶爾不撿大便的無賴行爲該如何處罰？畢竟，到紐約任何一個地方走一趟就會知道，大家沒有完全遵守這個法律。同時，負責定期清掃公園和兒童遊樂場的公園管理處說，狗大便占其「沒清理乾淨」的百分之二十。狗大便不像馬糞那麼讓人困擾。但假如說，你是爲人父母，每天帶著二個小孩到學校，不希望你們三人誤踩到一坨軟綿綿的東西，再怎麼說，這都是一個困擾。

以馬來說，解決方法就是除掉它們。我們有辦法除掉狗大便而不除掉狗嗎？我們姑且把狗看成槍枝，或許有助於思考這個問題。用法律規定來消滅槍枝已經證明是極爲困難的事。任何一枝槍都可以存在非常久的時間，而且和狗一樣，槍枝廣受喜愛。但消除槍枝不應該是槍枝管制的重點；重點在於消除槍枝的**不當使用**——也就是說，用於犯罪。結果，最成功的警察就是那些直接處罰不當使用槍枝者，如涉及槍枝的犯罪要判處徒刑。在加州和其他地方，這個方法已有效地減少槍械犯罪。

同理，紐約的問題也和狗本身沒太大的關係。因此，瞭解眞正的問題所在——它們的大便——解決方法就呼之欲出了。

這裡有個想法：DNA取樣。在申請牌照的過程當中，要求每一隻狗都要提供唾液或血液以建立DNA檔案。然後，只要在人行道上發現任何一坨狗大便，就可以用樣本檢測出違法者的D

NA。(因為腸胃壁會掉出許多細胞,大便其實是很可靠的DNA來源;在二〇〇二年印地安納州的一個謀殺案上,被告之所以會被判刑,主要是因為他運動鞋底的狗大便證實他到過犯罪現場。)一旦排泄物的DNA與某隻狗的DNA檔案吻合,罰單就會寄發給狗主人。為全紐約的狗建立DNA樣本約需三千萬美元。如果大家不再違反這個法律,那紐約就是花三千萬讓街道變乾淨;如果大家繼續違法,那這三千萬就成了新收入來源的種子基金。

不幸,這計畫有個大缺點。為了讓一堆的大便找到原主,你必須讓每隻狗都建檔——而在二〇〇三年,記錄上最近的一年,紐約市只有十萬二千零四隻狗有牌照。即使法律要求每隻狗都要有牌照,牌照一年只要八．五美元,而且可以用郵寄申請,很方便,大多數的狗主人還是不管這個法律,而且有很好的理由:去年,紐約市只為無照狗發出六十八張的傳票。因此,就算DNA計畫在今天通過了,大多數的違法者還是不會受罰。

事實上,我們可以站得住腳的說,普通一隻有牌照的狗,和一般無牌照的狗比起來,比較**不具**危害性,因為有責任心肯為狗兒取得牌照的主人,也很可能有這個責任心為它們清理大便。那麼,要如何讓全紐約的狗都有牌照呢?市政府最好不但連象徵性的費用都不收,還付錢給為狗申請牌照的人。然後,別把牌照規定當成可有可無,要確實執行。成立小組隨機到街上抽查狗牌可能會觸怒一些紐約人,但這絕對符合朱利安尼時代減少犯罪的「破窗理論」。

在你覺得這整個狗DNA點子很白痴而要放棄之前——老實說,我們在想出這個點子時,也差點覺得沒用——請看這個:果不其然,維也納和德勒斯登(Dresden)的市政領導人最近也想到了同樣的點子。(事實上,一名維也納政治人物還說他是受到朱利安尼市長的啓發。)我們不必捨近求遠，紐澤西州侯伯肯市（Hoboken）的一名八年級女生也提出了DNA解決法。

在去年侯伯肯市議會上的一場會議當中，一名警官的女兒，梅卡（Lauren Mecka）爲她的狗大便提案據理力爭。「雖然像各位一樣的大人，看到公園裡和街道上沒人清理的狗大便會驚惶失措、感到噁心，」她說道：「不過呢，像我這樣，或比我還小的小孩子，更有可能碰到狗屎。在步道上騎腳踏車、扔球、打滾的是我們。在公園草皮上野餐、探索、玩殺龍遊戲的也是我們。」

梅卡今天說，市議會似乎沒有認眞考慮她的提案。爲什麼呢？「他們把這個案子駁回了，基本上，因爲我是個十二歲小朋友。」

二〇〇五年十月二日

幹嘛投票？

去投票沒有經濟上的好理由，那麼民主本能的動力來自什麼？

在某一所大學的經濟系裡，流傳著一個知名但可能是編造出來的故事，有二名世界級的經濟學家，在一個投票所裡不期而遇。

「你來這裡幹嘛？」其中一個問道。

「我太太叫我來的。」另一個說。

第一個經濟學家點頭贊同。「我也一樣。」

在互相都覺得很尷尬之後，其中一位想到一招：「如果你答應不把在這裡看到我的事告訴別人，我也不會告訴任何人我看到你。」他們相互握手，投完票後便匆匆離去。

爲什麼一個經濟學家在投票所被人看到要感到不好意思呢？因爲投票耗費成本——費時、費力、卻沒有生產力——除了履行你的「公民責任」這個模糊感覺之外，沒有明確的報酬。作爲一個經濟學者，芬克（Patricia Funk）在最近的一篇論文上寫道：「一個理性的人應該放棄投票。」

你所投的那一票會影響到選舉結果的機會是微乎其微。這是經濟學家莫立根（Casey Mulligan）和漢特（Charles Hunter）所說的，他們分析了自一八九八年以來五萬六千場以上的國會和州議員選舉。儘管媒體非常關注五五波的選舉，結果卻絕少發生這樣的情形。國會選舉中，勝選所超過的比率平均是百分之二十二，而在州議員選舉則是百分之二十五。即使是最旗鼓相當的選戰，也幾乎不可能有一票決勝負的情況。在莫立根和漢特所分析的四萬場州議員選舉中，總計將近十億票，只有七場選舉是以一票之差定勝負，另外還有兩場平手。在一萬六千場的國會選舉中，去投票的人很多，過去一百年來只有一場——在一九一〇年的水牛城——是一票決勝負。

但更重要的一點是：選情越是旗鼓相當，選舉結果就越決定在選民的手上——當然，二〇〇〇年的總統大選是最鮮明的例子。那次的選舉，決定於少數幾個選民，這是事實；但他們的名字是甘迺迪、歐康諾（O'Connor）、倫奎斯特（Rehnquist）、史格里亞（Scalia）和湯瑪仕（Thomas）。而且只有在他們身著官服時所投的票才有影響力，他們卸任回鄉後所投的票則不然。

但大家還是繼續去投票，數以百萬計。為什麼呢？有三個可能：

一、也許只因我們不夠聰明，誤以為我們的票會影響結果。

二、也許我們以買樂透的精神來投票。畢竟，你中樂透的機率，和你那一票對選舉有影響的機率相當雷同。從財務的角度看，買樂透是個不良的投資，卻很好玩且所費無多：只要一張票的代價，你就有權去幻想自己中獎之後要怎麼花錢——就好像你可以想像你那張選票對政策產生了某些影響一樣。

三、也許我們被社會灌輸了「投票是公民的義務」的想法，相信大家去投票對社會是件好事，即使對個人來說沒什麼好處。因此不去投票，我們會有罪惡感。

但等一下，你說。如果大家對投票的看法都和經濟學家一樣，我們可能根本就不會有選舉。哪一個選民去投票時眞認爲單單她那一票就會影響選舉結果？而且，告訴她說，你那張票不值得一投，這不是很殘忍嗎？

這其實是一個滑坡謬誤——個人看似毫無意義的行爲，集合起來，就變得相當有意義。這裡有個類似的反例。想像你和你八歲大的女兒在植物園裡散步，突然間她從樹上摘下一朵鮮艷的花。

「不許採。」你發現你說話了。

「爲什麼不可以？」她問。

「因爲如果每個人都摘一朵，」你解釋道：「那就會被摘光光。」

「是喔，但大家都**沒有**摘花，」她瞧了一下說道：「只有我在摘。」

在舊時代裡，投票有比較實際的誘因。政黨通常會給投票者五或十美元去投給某個候選人；所給的東西，有時候是一小桶威士忌、一大桶麵粉，或是如一八九〇年新罕布夏（New Hampshire）國會選舉的情形，一頭活豬。

現在和以前差不了多少，許多人擔心低投票率——上次總統大選，合格選民去投票的只略高於半數——也許，把這個問題倒過來看，並提出不同的問題，會更有價值：既然個人手上的那一票幾乎微不足道，爲什麼還有那麼多人願意去投票？

答案可能在瑞士。芬克就是在這裡發現了一個渾然天成的實驗，可以讓她精確地測量選民行爲。

瑞士人很愛投票——選議員、公投，或任何要投票的事物。但這幾年來選民的參與已經開始下降（也許他們那裡也不送活豬了），於是他們引進一個新投票方式：通信投票（mail-in ballot）。在美國，每一個選民都必須登記，但瑞士不是這樣。每一個合格的瑞士公民會先自動收到一張寄來的選票，選好之後再寄回去即可。

從社會科學家的觀點看，這個郵寄投票制度的設置眞是太美了：因爲不同的州（瑞士由二十六個州所構成）分別在不同的年份採用這個制度，可以用複雜的方法去測量不同時期的效果。

如今瑞士選民再也不用冒著風雨去投票了；投票的成本已經顯著降低。於是根據經濟模型的預測，投票率將會大幅上升。果眞如此嗎？

根本不是這樣。事實上，投票率通常是**下降**的，尤其是在較小的州，或是在州裡頭較小的社區裡。這個發現，對倡導網路投票一事，可能有嚴肅的意義——長久以來，有人主張網路投票讓投票更方便，從而提高投票率。但瑞士模式顯示，效果可能完全相反。

但爲什麼會這樣呢？當投票成本下降了，怎麼搞的，投票的人竟然也**變少**了？

這要回到投票的誘因。如果一個公民根本沒有機會讓她的一票影響選舉結果，幹嘛要投票？瑞士和美國一樣，「有一個很強烈的社會規範要求好公民要去投票。」芬克寫道：「只要現場投票是唯一的方式，就存在一個誘因（或壓力）去投票所，好讓別人**看到**自己投下了一票。其動機可能是希望得到社會尊敬、被視爲合作者、或只是爲了避免遭人非議。由於在小社區裡頭，大家多半是熟人，比較會說些誰履行了公民責任而誰沒去投票的八卦，在這種社區裡，謹守規範的好處是特別的高。」

換句話說，我們**的確**是爲了自我利益而去投票——一個讓經濟學家滿意的結論——不過這個自利，和我們投票選誰所衍生的自利，未必相同。儘管許多言論說人們是「爲自己的荷包投票」，這篇瑞士研究顯示，我們之所以去投票，來自財務的誘因低於社會的誘因。去投票，最有價值的報酬可能只是在投票所裡被朋友或同事看見。

當然，除非你剛好是個經濟學家。

二〇〇五年十一月六日

慾望經濟學

對愛滋病的恐懼能夠改變性偏好嗎?

價格是什麼?

除非你是個經濟學家，否則你或許會認爲價格不過就是你爲某件東西所花的錢——譬如說，星期天在你家附近的心愛餐廳裡享用一頓早午餐的價錢。但對一個經濟學家來說，價格是個更廣的概念。你花二十分鐘等待入座也是價格的一部分。餐飲本身的不良營養也一樣：根據經濟學家墨菲（Kevin Murphy）的計算，就長期健康的意義來看，一個起士漢堡比一道沙拉貴了二・五美元。道德和社會成本也要算進來——例如，你的素食同伴在你點起士漢堡時所顯露的不屑表情。雖然餐廳菜單上可能把起士漢堡的價格標爲七・九五美元，顯然那只是個起算點罷了。

經濟學裡最基本的法則就是價格上升會導致需求量下降。這對餐廳的菜、不動產交易、大學教育，或是任何你想得到的東西皆然。當一個東西的價格上升時，你就會少買一點（當然，這並不表示你**想要**少一點）。

但性呢?性，人類所追求最不理性的東西，不太可能也服從理性價格理論，是吧?

除了少數幾種狀況之外，我們一般不會用價格來思考性。嫖妓是其中之一；求歡則是另一個：

有些男人似乎認爲昂貴的晚餐是追求性這個利益的精明投資。

但價格變化對性行爲能夠有什麼影響呢？而這些變化，對於性本身的特質，能夠告訴我們一些什麼東西嗎？

這裡有個赤裸裸的例子：一名被送進監牢的男子發現和女人做愛的價格高昂——這要扯到供給不足了——於是他也可以接受和男人做愛。根據報導，美國有錢的青少年之間盛行口交，這似乎也是價格理論的展現：因爲可能染上疾病或懷孕，性交太昂貴了——而且有些青少年已經把性交視爲沒必要而且代價太高的海誓山盟保證。在這樣的觀點之下，口交可能就被看成一種便宜的替代選項。

最近這幾十年來，我們看到了性所帶來最新、最昂貴的價格：HIV病毒。由於愛滋病會致命，而且很容易透過二個男人間的性愛傳播，從一九八〇年代初期開始發作的愛滋病，造成男同性戀的價格大幅上揚。芝加哥大學經濟研究所的一名研究生法蘭西斯（Andrew Francis）試著把這個改變標上金額。法蘭西斯把美國人的生命價值設定爲二百萬美元，以愛滋病的死亡率做計算，得出在一九九二年（愛滋病危機的最高峰），一個男子隨機和另一個同性戀美國男人從事無防護措施的性行爲代價是一千九百二十三點七五美元，而隨機和一名女性從事性行爲的代價則是不到一美元。雖說使用保險套可大幅降低感染愛滋病的風險，但保險套本身當然也是性行爲的成本之一。柏克萊經濟學家戈特勒（Paul Gertler）和二位共同著作者在研究墨西哥的嫖妓行爲中證實，當客人要求不用保險套行房時，妓女平均倒貼了標準收費的百分之二十四。

在一篇名爲〈性經濟學〉的論文初稿當中，法蘭西斯嘗試談金錢數字以外的東西。他提出了一個實證觀點，從根本上挑戰人們對性的看法。

不管有多少的行爲科學家和社會科學家試著去測量，性都是一個棘手的題目。但法蘭西斯發現有一組資料，提供了有趣的可能性。由美國政府和幾個基金會所贊助的全國健康與社會調查(National Health and Social Life Survey)，對三千五百個人提出相當多元的性問題：在何時和何人有過不一樣的性行爲；性偏好和性身分；是否認識得愛滋病的人等。和其他自我報告的資料一樣，這份調查也可能不可靠，但它在設計上採匿名方式，以得到誠實的回答。

這份調查是在一九九二年做的，當時對愛滋病的治療遠不如今天。法蘭西斯首先要看看有個愛滋病朋友和表示自己有同性戀偏好之間，是否有正相關。正如法蘭西斯的預期，的確有。「畢竟，大家都會挑朋友，」他說：「而同性戀者比較可能和其他的同性戀者爲友。」

但你不能選擇你的家人。於是法蘭西斯接著去找有愛滋病親人和表示自己有同性戀偏好之間的相關性。這次，對男性來說，相關性爲負值。這看起來不合常理。許多科學家相信，一個人的性傾向在出生之前就決定了，這是由基因註定的。此外，同一個家族的人應該**比較有可能**有同樣的性傾向。「然後我明白了，天啊，他們被愛滋病嚇壞了。」法蘭西斯說道。

法蘭西斯把問題鎖定在受訪者中一百五十名有親人得愛滋病者。由於這份調查記錄了這些受訪者的性歷史和他們目前對性的看法，儘管粗糙，還是讓法蘭西斯能夠進行測量，瞭解這些人親自看到愛滋病的恐怖情形之後，生活上有些什麼改變。

他的發現如下：在這個調查裡，有親人得愛滋病者，沒有一個男性在最近五年內和男人有過性行爲；也沒有一個男性表示自己愛上別的男人或認爲自己是同性戀。在這個群組當中的女性也避免和男人有性行爲。就她們本人來說，最近和別的女人有過性行爲，或是表示自己有同性戀傾向的比率，是沒有親人得愛滋病者的二倍以上。

因爲這個樣本太小——簡單的機率計算就知道，在這個樣本裡，被男人吸引的男性人數五根手指頭數得出來——從這個調查資料，很難得到確定的結論。(顯然，並不是每個男性在親人染上愛滋病之後，便改變他的性行爲或性身分。）不過總的來看，法蘭西斯這篇研究的數字顯示，這裡可能有一個因果關係——親人得了愛滋病，可能不只改變一個人的性行爲，還會改變其自我表達的性身分和慾望。

換言之，性偏好雖然大致上是先天決定，但後天受到經濟因素的影響，可能更甚於生物因素。如果這是眞的，那會改變每一個人——科學家、政治人物、神學家——對性的看法。不過這大概不會讓經濟學家的想法有多大的改變。對他們來說，事情一向很清楚：不管我們接不接受，每樣東西都有價格。

二〇〇五年十二月十一日

欺世盜名？

如果一個揭發三K黨內部運作的行動主義者沒有公布他如何取得這些機密，這要不要緊？

我們《蘋果橘子經濟學》中有一章的標題是「三K黨與房地產仲介有何相似處？」這章是我們把一個叫做資訊不對稱的經濟學觀念應用到生活上的作品，所謂的資訊不對稱是指一種狀況，交易的某一方擁有比另一方更好的資訊。不動產仲介一般都比他們的客戶有更好的資訊，這或許很明顯。三K黨的故事就不是那麼明顯了。我們認爲，三K黨的祕密——儀式、自創的語言，和暗號等等——構成了一個資訊不對稱性，強化了他們恐嚇黑人和其他人的目標。

但三K黨人不是我們故事裡的英雄。英雄是一個叫做甘乃迪的男子，一個來自保守家族的佛羅里達白人，早年就以打擊種族和社會不公義爲職志。在甘乃迪所參與的所有運動當中——爲工會、投票權，和其他數不清的目的奔走——最爲知名的就是他在一九四〇年代對三K黨的行動。在他《撕下面具的三K黨》一書裡（原先是在一九五四年出版，書名爲「我和三K黨同行」〔I Rode With the Ku Klux Klan〕），甘乃迪描述他如何用假身分滲透到三K黨在亞特蘭大的總部，並被選任爲「騎士」（三K黨的打手），還一再發現他處於驚人事件的中央，隨時可能惹來殺身之禍。

甘乃迪如何處理他所收集到的三K黨祕密呢？他像瘋了似的到處散佈：給州檢察官、人權團體、甚至還給皮爾森這樣的記者及「超人」廣播劇的製作人，這製作人把三K黨從古至今所有的祕密運作全部公開播放出去。甘乃迪利用資訊不對稱性給三K黨來個迎頭痛擊。而這個做法，他寫道，讓他在鎮壓美國戰後三K黨的復辟上，扮演一個重要的角色。

甘乃迪的行動得到了應有的頌揚：他的朋友賈思禮（Woody Gulthrie）曾經爲他寫了一首歌，而佛羅里達州的聖約翰郡最近訂定了甘乃迪日，他現年八十九，還住在聖約翰郡。差不多兩年前，我們就是到這裡訪問他的，我們對他這神奇的寫實故事的報導，就是根據這些訪問、《撕下面具的三K黨》，和堆積如小山的史書和新聞報紙。

但甘乃迪的故事那麼神奇，其真實性如何呢？

這個令人困擾的問題，也纏著另一位佛羅里達州作家葛林（Ben Green），他從一九九二年開始寫一本有關黑人民權人士摩爾（Harry T. Moore）的書，摩爾在一九五一年遭殺害。有一段時期，甘乃迪是這本書的合作者。雖然葛林對甘乃迪滲透到三K黨一事只有零星的興趣——那不是摩爾故事的主軸——但後來他查到了成堆的甘乃迪檔案，放在紐約和亞特蘭大的圖書館裡。

這些文件描繪出一個曾經當過詩人、民俗研究者、揭發名人隱私的新聞記者，和工運人士的多采多姿生活。但葛林很沮喪地發現，在甘乃迪自己文件上所寫的故事，似乎和甘乃迪在《撕下面具的三K黨》一書中所寫的有相當差距。

在《撕下面具的三K黨》中，甘乃迪僞裝成一個叫作柏金斯（John S. Perkins）的百科全書銷售員，在第一次臥底行動中，拜訪了前喬治亞州州長——據說他是個支持三K黨的人——並答應散發一些仇恨文章來討好前州長。然而，甘乃迪的一份文件顯示，甘乃迪的確見過這個州長，但不是以臥底的方式。他是爲了正在寫作中的一本書而訪問州長——且這份文件也沒有提到任何仇恨文章的事。

仔細檢查甘乃迪的檔案似乎透露出一個一再出現的主題：他和三K黨領導人及支持者的正式訪談，在《撕下面具的三K黨》書中以不同的場景和不同的情節重現。類似的情形還有：這個檔案證明，甘乃迪是以記者的身份去報導公開的三K黨事件，然後卻在他的書中改寫爲以臥底方式偵查。甘乃迪還累積了一大堆有關三K黨和他曾經加入的其他仇恨團體的文件，不過他自己的檔案顯示他大都是透過郵件來加入這些組織。

那麼甘乃迪眞如《撕下面具的三K黨》書中所寫的，親自滲透到亞特蘭大的三K黨嗎？

在他的檔案中，有一系列呈給反毀謗聯盟的備忘錄，這個聯盟是甘乃迪所加入的幾個民權團體之一。有些備忘錄是他寫的；有些是另一個人寫的，經比對，這個人就是布朗，一個參加工會的工人，也是前三K黨幹部，但已經退出，他願意到三K黨做滲透。「這名工人爲我加入三K黨，」甘乃迪在一九四六年初的一份備忘錄中寫道：「我確定他靠得住。」

在甘乃迪後續的備忘錄裡——其實是數百頁甘乃迪在當時的各種書信——他老老實實地把一些最有力的三K黨資訊歸功於布朗：他宣稱其中一份備忘錄「是我在三K黨裡的線民對八月十二日的亞特蘭大第一分部會議以及八月十五日亞特蘭大第二九七分部會議的報告」。當布朗把內線資訊餵給甘乃迪時，甘乃迪會轉給反毀謗聯盟這樣的組織，以及檢察官和新聞記者。一直要到數年之後甘乃迪寫《撕下面具的三K黨》時，他才把自己當成變色龍，擺在所有行動的核心。

儘管花了好幾個月研究甘乃迪的檔案，葛林還是找不到那個叫做布朗的人。葛林透過各種方法去訪問前州檢察官丹・杜克（Dan Duke），根據《撕下面具的三K黨》，他和甘乃迪有密切的合作。杜克承認甘乃迪「有〔三K黨〕會議的內線」，但公開質疑甘乃迪把他和三K黨的關係作戲劇化的報導。「沒半樣是眞的，」他告訴葛林。一九九九年，葛林終於出版他那本談摩爾的書《壯志未酬》（*Before His Time*），書中有個附註標示「《撕下面具的三K黨》是經過改編的小說」。

葛林不是唯一認定甘乃迪扭曲事實的人，在中佛羅里達大學教歷史的克拉克（Jim Clark）說甘乃迪「靠虛構的事建立享譽全國的名聲」。佛羅里達州大學出版社（University Press of Florida）曾經出版過甘乃迪的四本書，如今，其董事白柏（Meredith Babb）把甘乃迪叫做「民俗企業家」。但除了葛林的註釋之外，他們全都保持緘默，直到《蘋果橘子經濟學》再度談起甘乃迪的豐功偉業，製造了新一波的關注，他們才挺身而出。爲什麼？「這就好像在說聖誕老人是假的一樣，」葛林說：「我覺得，這個故事最令人遺憾的地方，是他對自己的事跡**言過其實**，而且他覺得捏造、扭曲事實，或冒名頂替等，乃是不得已的事。」

幾個禮拜前，我在甘乃迪佛羅里達家附近的餐廳和他午餐，把他自己檔案裡的文件拿給他看，開門見山的問，《撕下面具的三K黨》是不是「有點加油添醋、或是虛構的」，甘乃迪說沒有。「也許其中有些對話我記錯了，」他答道：「但除此之外，沒有。」我再追下去，甘乃迪勉強承認「有些地方，我把這某個人的報告和行動加進來，融合成一個故事」。結果，甘乃迪以前至少也承認過一次。美國國會圖書館民俗中心主任包格（Peggy Bulger）女士，在一九九二年，根據她對甘乃迪的密集訪談，寫了一篇叫做〈甘乃迪：應用民間傳說和文化宣導〉的論文。在論文結尾的附註上，包格寫道：「甘乃迪在一九五四年撰寫《我和三K黨同行》一書時，把布朗所提供的情節，寫成他自己的臥底行動。」

當然，得知我們放在《蘋果橘子經濟學》裡的故事竟然是根據不可靠的東西，我們很難過——尤其，我們這本書的目的是要顛覆傳統想法，而不是去強化它們，但甘乃迪一事，最傳統的觀點就是他是個家喻戶曉，滲透到三K黨的人物。

還有，在我們的作品中，我們主張少用故事，多用資料，我們的想法是數字一般不會說謊，但人會。不過，甘乃迪的故事是一系列的祕辛——不論這幾十年來被引用過多少次，幾乎都出自同一個自私的源頭。

或許，甘乃迪花了大半輩子去打一場漂亮的戰爭才是重點所在。或許，借用包格的用語，「文化宣導」的目標，所需要用到的是「應用民間傳說」，而不是歷史或新聞所堅持的那種平鋪直敘。有一件事倒一直是千眞萬確：甘乃迪絕對是資訊不對稱性的大師。直到，這麼說吧，資料讓他原形畢露。

二〇〇六年一月八日

填補稅收缺口

爲什麼美國人應該大聲要求國稅局加強稽查，而不是減少稽查

每年到了四月，美國公民就免不了要想到國稅局，也免不了要痛恨國稅局一番。但大多數痛恨國稅局的人可能恨錯了。他們以爲國稅局是個強悍無情的單位，事實上，它的強悍無情還沒達到應有的程度。

第一件該提醒的事是稅法不是國稅局定的。這個單位很快就把問題指向眞正的罪魁禍首：「在美國，稅法由國會所制定，納稅人必須遵守。」其任務規範這樣寫道。「國稅局的角色是用稅法去協助大多數守法的納稅人，並確保少數不願守法的人付出他們應付的代價。」

因此，國稅局就像街頭警察一樣，或更精確的說，是全世界最大的警察大隊，他們被要求去執行幾百個人所寫的法律；這幾百個人所代表的是好幾億的民眾，而大多數民眾覺得這些法律太複雜、太昂貴，而且不公平。

然而，大多數的美國人卻說他們以納稅爲榮。去年，一份爲國稅局監督委員會所做的獨立調查顯示，百分之九十六的受訪者同意「納稅是每一個美國公民應盡的義務」。而且百分之九十三的人同意「逃漏稅者應該被查辦」。另一方面，當被問到是什麼因素讓他們決定誠實報稅時，百分之

六十二答「害怕被查稅」，而百分之六十八說，是因爲他們的所得已經被第三者報給國稅局了。看起來，儘管有「國民應盡的義務」這個大帽子，大多數的守法行爲還是取決於老式的誘因。

那麼，這些誘因當中，哪些有效、哪些無效呢？爲了找出答案，國稅局進行一個全國研究計畫(National Research Program)，從二〇〇一年的報稅資料中隨機選取四萬六千份，做深入檢討。(國稅局並沒有具體說明這四萬六千人被查了哪些項目，但八成是做那些該單位早已惡名昭彰的調查。) 該研究用這個樣本找到了一個稅收缺口——應納稅額和實納稅額之間的差異——計三千四百五十億美元，將近國稅局所收到總稅款的五分之一。這個金額恰巧只比二〇〇七年的聯邦預算赤字少了幾十億而已；而且算起來，美國每個男人、女人，和小孩逃漏了一千多元。

但大多數的人**不會**逃漏稅。而且當你仔細去看誰逃稅、誰沒逃稅之後，大家爲什麼會去繳稅這個問題就變得很清楚了。國稅局這份調查裡有一個關鍵的統計項目，叫做淨錯誤申報百分比(Net Misreporting Percentage)。這個數字表示在這四萬六千份申報資料中，每一個主要項目的錯誤申報有多大。例如，在「工資、薪資，和小費」項下，美國人只低報了實際所得的百分之一。同時，在「非農業自營所得」項下——就是像餐廳老闆或是小工程包商老闆這類的自我雇用者——低報了所得的百分之五十七。這等於六百八十億美元沒繳稅。

爲什麼薪資所得者和餐廳老闆之間有如此大的差異？很簡單：唯一會把餐廳老闆的所得報給國稅局的人只有一個，那就是餐廳老闆自己；對薪資所得者來說，他的雇主會產生一個W2的報表讓國稅局知道他拿到了多少薪水。還有，薪資所得者的稅是自動從他的薪水中扣繳，而餐廳老闆有一整年的時間去斟酌他要不要繳稅、或是繳多少。

這是否表示自我雇用者比一般的薪資所得者不誠實？未必。只不過他有較多的誘因去瞞騙。他知道國稅局要掌握他個人眞正所得和費用的唯一機會就是去查他。而他只要看看國稅局低到不能再低的查帳率就行了——去年，該單位執行實地稽查的件數只占所有納稅人數的〇・一九%——可以很放心的去逃漏。

那麼，爲什麼大家會眞的去繳稅呢：是因爲這是該做的事，還是因爲他們害怕如果沒繳稅會被抓到？看起來當然是後者。良好的科技（雇主報表和扣繳）結合差勁的邏輯（大多數不逃漏稅的人，基本上是高估了他們被稽查的機率），讓這個系統有效運作。而且，雖然說美國人少繳了將近五分之一的稅聽起來很糟糕，租稅經濟學家史蘭羅德（Joel Slemrod）估計，美國的守法比率，輕易就在全世界名列前茅。

然而，除非你個人逃漏了五分之一，你**應該**對國稅局不滿才對——不是因爲它查得太嚴，而是因爲它不夠嚴。在該單位放任其他人每年漏繳好幾千億美元的情況下，你爲什麼要照實納稅呢？

國稅局本身也樂於改變這個亂象。這幾年來，該局已經大幅提高稽查而來的稅收和稽查率，雖然就預算來看，所增有限。國稅局局長（目前是艾弗生〔Mark Everson〕）的主要任務是向國會和白宮要資源。儘管讓國稅局去追索欠政府的每一塊錢是名正言順，但對大多數的政客來說，支持一個更嚴厲的國稅局，顯然不具吸引力。杜卡吉斯（Michael Dukakis）在一九八八年總統大選時就試過了，結果呢——行不通。

國稅局只能靠自己去執行這個沒人喜歡的稅法，民眾知道，這實際上就等於可以任意逃漏稅，在這種情況下，國稅局只好盡力地做些不痛不癢的事。有一次，它竟挖到寶了。

一九八〇年代初期，一位在華盛頓的國稅局研究主管，名叫奇拉吉（John Szilagyi），他看了很多的隨機稽查檔案，知道有些納稅人會爲了寬減額而浮報被扶養人。有時候那是無心之過（夫妻離婚後，雙方都把他們的小孩報爲被扶養人），但有時候則是可笑的作假（奇拉吉記得有一個被扶養人的名字是「來富」，那顯然是隻寵物而不是個小孩）。

奇拉吉斷定，清除這個亂象最有效的方法，就是要求納稅人塡寫他們子女的社會保險號碼。「一開始，這個構想遇到很多阻力。」奇拉吉說道。他現年六十六歲，已經退休，住在佛羅里達。「我所得到的回應是：那簡直是天方夜譚。」這個構想從未跨出國稅局一步。然而，幾年之後，在國會大聲吵著要增加稅收之下，奇拉吉的構想被挖了出來，迅速通過，並在一九八六會計年度實施。隔年四月當稅收開始進來時，奇拉吉回憶，他和他的老闆嚇了一大跳：七百萬個被扶養人突然從報稅單上憑空消失，其中有數不清的眞實寵物和幽靈小孩。奇拉吉這個高招在一年內產生了將近三十億美元的稅收。

奇拉吉的直屬主管覺得他應該爲這個構想得到一些報酬，但他們的高層不同意。於是奇拉吉打電話給他的國會議員，這位議員讓獎賞案起死回生。最後，在他的腦力激盪成爲法律的五年之後，奇拉吉收到了一張二萬五千美元的支票，他當時的年薪約八萬美元。這時，他的構想已經創造了大約一百四十億美元。

這件事顯示我們至少有一個冠冕堂皇的理由不喜歡國稅局：如果該單位當時對奇拉吉的獎金不是這麼吝嗇，或許就可以吸引到更多的反逃漏稅怪傑，而這正是該單位今天所欠缺的。

二〇〇六年四月二日

《蘋果橘子經濟學》部落格摘錄

下面的這些摘錄難免有瑕疵，(至少是)思慮有欠周密，因爲部落格寫作，在本質上就比寫書或爲報紙而寫的，更爲粗糙、口語化、甚至於隨性。但我們希望這些不拘泥於形式的文章，提供了特有的價值。這裡所列的摘錄已經過稍微編輯，最主要是爲了彌補書本相對於網頁的不足，(還)不能讓你點擊此處以讀取進一步資料。這些摘錄分爲四類：

一、對《蘋果橘子經濟學》的反芻以及後續説明。
二、延續《蘋果橘子經濟學》裡對墮胎—犯罪的討論。
三、隨機討論隨機的議題，大都和《蘋果橘子經濟學》有鬆散的關係。
四、一些個人風格的抒發。

這些文章大約占我們從開始寫到現在的部落格文章的百分之三，而且還不算讀者回應的部分，讀者的文章往往遠比我們自己的更爲投入(也更爲有趣)。我們的部落格在 www.freakonomics.

com/blog/。

部落格和本書還有另一個重要差異，那就是除了接下來的頭兩篇摘錄之外，都是我們倆其中一人寫的，而不是兩人一起寫，文章結尾不是署名「SDL」（李維特），就是「SJD」（杜伯納）。

一、關於《蘋果橘子經濟學》這本書

這本書在寫作、出版，和發行時的一些大略想法。

「把我們的寶貝公諸於世」

每一個父母都認爲他們有全天下最美的寶貝。這似乎已經烙在我們的腦子裡了，所以，如果你日復一日地看著自己的寶貝，就會越看越覺得漂亮。當別人的小孩臉上沾著菜渣時，我們會覺得噁心；但如果那是你自己的小孩，還眞是可愛。

嗚，我們已經對《蘋果橘子經濟學》反覆端詳了如此多次，已致於它在我們的眼裡是如此美麗——管他麻子、菜渣、和所有缺點。於是我們開始認爲，也許有些人眞的會讀這本書，而且讀過之後，或許還想表達他們對本書的看法。因此，這個網站就誕生了。我們希望有朝一日這個網站成爲一個快樂的家（至少是個吵得很盡興的家）。

——SDL & SJD（二〇〇五年三月三十日）

「《蘋果橘子經濟學》很爛嗎？」

我們的出版社一直很賣力地推銷《蘋果橘子經濟學》——當然，這是他們的工作，而我們也給予肯定，這並不奇怪。當有好事出現時——例如，《華爾街日報》上的一篇好評，或是上了《喬恩每日秀新聞》（*The Daily Show With Jon Stewart*）節目——出版社會勤快地到處宣揚。不過我們認為，把一些不同的看法納進來也很重要。畢竟，那正是《蘋果橘子經濟學》的精神——檢驗資料，不論那是什麼資料，仔細探索，不論會導出什麼結果。因此，這裡列出一些人，他們認為《蘋果橘子經濟學》，整篇或是部分內容，是顆大臭彈：

新聞記者兼部落客的沙蒙（Felix Salmon）寫了一長篇怒不可遏的書評，稱《蘋果橘子經濟學》是「一系列毫無脈絡可循的章節」，在書中，「李維特和杜伯納想要搞鬼」，要「捉弄傳統思維」；塞勒（Steve Sailer）猛烈抨擊洛伊對韋德案和犯罪率下降間的關係（用 Sailer 和 Freakonomics 去 Google 搜尋會出現各式各樣的評論）；馬克林（Scott McLemee）在《新聞日報》（*Newsday*）上評論（二〇〇五年四月二十四日），罵本書的風格是條理中藏著迷藥；李浦莉（Amanda Ripley）在《時代雜誌》上寫說（二〇〇五年五月二日），「很不幸，書名標為《蘋果橘子經濟學》卻沒有統一的理論……真是可恥。」為了公平起見，我們也應該在此提出來，《時代雜誌》和《新聞日報》上的這二篇書評大致上是正面的。不過我們也應該提一件事，有一位美國知名的非小說作家在收到《蘋果橘子經濟學》推廣用的先行版時，基於「犯罪一節獨缺一樣東西，那就是謙遜」，而拒絕爲本書背書。

這些評語是否讓我們覺得不快？就個人的部分，那是當然。但就《蘋果橘子經濟學》來說，不會。多年前，哈佛法學教授德修茲（Alan Dershowitz）在哈佛廣場開了一家猶太餐館，受到各方的抗議。德修茲對自由言論的支持，同他的法學素養一樣知名，他說——在此我們鬆散但盡可能地重述他的話——對他而言，人們對他餐廳的抗議權利，才是最珍貴的東西。

因此，請別單靠我們的片面之詞就相信《蘋果橘子經濟學》是本好書。也別相信好評。請自由自在地自行判斷——你可以在這個網站上盡情的發表。也許你最後判定《蘋果橘子經濟學》是個垃圾。我們珍惜你如此思考的權利。

——SDL & SJD（二〇〇五年四月二十六日）

《蘋果橘子經濟學》圓桌

有關《蘋果橘子經濟學》一書的文章已經非常多，但就深度來說，要以彎木部落格（http://crookedtimber.org/2005/05/23/steven-levitt-seminar-introduction/）上所收集的文章最佳。在那裡你可以找到五篇來自不同領域學者對《蘋果橘子經濟學》的討論，還有我對這些文章的回應。

我也把我的那些回應貼在這邊，這些貼文，就算你沒讀過原來的文章，基本上也不會毫無頭緒。

我們先從書名開始。《蘋果橘子經濟學》（編按：原文書名Freakonomics，可直譯爲「怪胎經濟學」或「搞怪經濟學」)。我們對於這本書要取什麼名字有過沒完沒了的爭辯。從命名的角度看，這本書難就難在沒有一個主題。我們想過提問式的書名（「相撲選手和小學老師有何共通點？」）、一些不那麼聳動的書名（「打破沙鍋問到底」、「未必如此」）、和一些怪書名（「E眼光」，E代表經濟學Economics）。

但是最後《蘋果橘子經濟學》成了不二之選，理由就在於我自己對名字的研究和別人的研究結果大相逕庭之處。我們姑且假設我的研究是對的，而且在應徵工作的履歷表上，名字也的確很重要，但名字對長期的終身成就卻不是如此。這表示名字在第一印象時很重要，但當我們慢慢熟識之後，很快就被掃到一邊涼快。「**歐普拉（Oprah）這名字很可笑，我當然不看她的節目。**」或是「**披頭四（The Beatles）……樂團取這個名字眞是遜斃了，才不會有人買他們的唱片。**」你上次有這種想法是什麼時候？

在爲一本書命名時，你需要某種譁眾取寵以突破數千本書的層層重圍，《蘋果橘子經濟學》在你第一次聽到時會感到震驚，但到了第二十次，就和歐普拉一樣，你就習慣了。我猜，彎木部落格的評論者在寫完他們的文章時，他們對這個書名的厭惡已經軟化了。而且一年之後，他們甚至可能忘了他們曾經痛恨過這個書名。至少我們的出版社就是這樣，他們一開始是駁回我們這個名字，一直到出版前一刻才同意，現在卻告訴我們，第二本書一定要和他們簽，因爲我們的書，他們比誰都會賣。如果有第二本書的話，我們已經有一個讓人厭惡到不得不去關愛的書名。

那麼，這本書沒有一個連貫的主題怎麼說呢？根據大家對這本書的反應，我的直覺是，根本沒人在意一本書是否有個一貫的主題，甚至沒人要求要有一貫的主題。每個人都害怕沒一貫的主題，只因幾乎所有的書都有。（就這點來看，我認爲在書裡設定一個連貫的主題，就好像競選經費一樣：所有的候選人都覺得不得不花大錢，因爲他們害怕如果冒險不去花大錢，就會得到慘敗的下場。）但當我讀葛拉威爾（Malcolm Gladwell）令人激賞的書時，我不在乎是否有個主題，我就是喜歡他的故事。他的書登上銷售冠軍，是因爲他有眞正的好品味，而且他是說故事的一流好手。對我來說，對其他人也一樣，連貫的主題，有時候會妨礙他的故事鋪陳，而他的故事卻有獨特的趣味。同理，短篇小說集也沒有連貫的主題。我當然也不會因此就覺得被騙了。或許，我或杜伯納所做的事，最有價值的部分就是去打頭陣，讓一些有不錯故事，卻缺乏一貫主題的書，不用再那麼擔心。

彎木部落格上所有的評論都花了一些時間在討論我的書是屬於經濟學和社會科學裡的哪個部分。如果我可以許三個願，或許，其中一個就是我成爲眞正的跨領域社會科學家，用資料來瞭解人類行爲，不只是經濟學，還有社會學、政治科學、和心理學，都被拿來應用並開創新境。不過，我們先別好高騖遠吧。我連精通自己領域裡的工具都有困難了。如果你問我的學生，我是否懂微積分，他們會說，「不怎麼行」。對這個事實我不會引以爲榮，但我是個實事求是的人。如果你問貝克（Gary Becker）和墨菲（Kevin Murphy）等眞正偉大的經濟學家，我在芝加哥價格理論上的運用，正確性如何，他們會說我做了不少的改良，因爲他們宅心仁厚。憑良心說，我唯一眞正擅長的是提出讓大家覺得有趣的問題，並想出辦法來處理資料，以回答這些問題。我甚至永遠都不會是個合格的社會學家、政治科學家，或心理學家。不過沒關係。我認爲許多經濟學家的問題在於誤以爲自己能夠樣樣都精通。

幾年前，我年休時到史丹佛的行爲科學尖端研究中心（Center for Advanced Study of Behavioral Sciences），對其他研究人員演講我的研究。當時有些聽眾很生氣，問我說，從我所做的研究來看，憑什麼自稱是個經濟學家。他們說我其實是個社會學家。你只要看看在場社會學家的驚恐表情，就知道我也不是社會學家。但從自認所知有限的態度開始，我有足夠開放的心胸，和人種誌學者（凡卡德希）、計量經濟學家（波特〔Jack Porter〕）、政治科學家（葛若斯克洛斯〔Tim Groseclose〕）、以及現在和新聞記者（杜伯納）共同寫作。也許，我除了讓有些人將來在出版一本沒有主題的書時可以安心之外，還讓來自所有社會科學領域的學者，在採用我這種「無領域」（和跨領域相反）路線時，變得更爲容易。

接下來，還有誘因的問題。就像「效用極大化」可以被轉化成循環論證，批評者指出，我們在「誘因」一詞的使用上，也有同樣的傾向。把誘因的範圍擴大，一如我們在《蘋果橘子經濟學》裡的做法，那麼，被囊括進來的，就不只財務上，還有社會和道德上的誘因，而這些也都被我們納進來了。但我依然認爲別無選擇。若焦點只放在財務誘因，顯然會被誤導。另一方面，對我來說——我想這正是我終究還是個經濟學者的原因——我就是沒辦法拋棄這個想法：人是主動的決策者，以相當複雜的方式，企圖得到他們所要的事物。誘因才是我研究的一貫主題（即使在誘因沒有明顯出現的案例中也一樣，如墮胎—犯罪的東西），這是我最眞實的感受，每當我試著去回答一個問題時，我會設身處地，把自己想成問題中的角色，並問自己，「如果我處在這種狀況，我會怎麼做？」我這種人總是會想辦法來打破體制，或是避免被騙，因此，我假設被我研究的人也有同樣的想法。於是，當我在思考墮胎合法化時，我覺得墮胎聽起來就好像一個非常病態的保單，防範不想要的懷孕。當我看到一名相撲選手在一場賽事中打勝仗所贏得的利益超過對手吃敗仗所損失的利益時，我認爲他們會有私下協議。當我想到房地產仲介時，我總是偏執地認爲他們想要佔我的便宜。

我第一個承認，如果所有的經濟學家都像我一樣，那麼這門學問可能就完蛋了。但其他的經濟學家才不管這點，在某種程度上還是很喜歡我，這件事告訴我，惡搞的經濟學家，在這門學問裡仍然有許多空間。

——SDL（二〇〇五年五月二十三日）

「我們的加州行」

上個禮拜我們跑到加州。我們的出版商，HarperCollins 旗下的 William Morrow 公司，斷定《蘋果橘子經濟學》在加州賣得沒有其他地方好。可能只是還沒流行到那邊而已——李維特和我分別住在芝加哥和紐約，本書就是從這兩個城市開始大賣——但 Harper 公司絕不冒險。於是，雖然我們在此之前一直對各種型態的賣書之旅敬謝不敏，但這次我們被載到西部三天。這趟，李維特比我更難受。他痛恨與人類互動（那是他說的）。我們第一天在洛杉磯時，他一直說他好想自殺。但他是隨口說的，而且還邊說邊笑。我覺得那就像電影《公主新娘》（*The Princess Bride*）裡的曼迪・帕汀金（Mandy Patinkin），他對蕭恩（Wally Shawn）說：「我認爲那個字的意思和你所想的不一樣。」嘿，李維特是搞數字的人，不是搞文字的。也許他的意思是「我想殺人」。

最後一天，我們拜訪Google在山景城（Mountain View）的總部。事後Google那邊的人要我們把我們的印象寫出來，貼在Google的部落格上。我們的文章如下：

To: 所有的Google人
From: 蘋果橘子經濟學人
Date: 二〇〇五年八月四日
Re: 我們上週的拜訪

我們不知道去Google該抱著怎樣的期望。幾個月前，我們收到邀請，要我們在加州時到Google作一場簡報。我們有沒有興趣？當然有，我們說。當某個東西離你還很遠時，你通常會毫不考慮就答應。

由於我們到Google園區已經晚了——我們的上一個行程是和一些人開會，他們想把《蘋果橘子經濟學》轉化爲紙盤遊戲（！）——我們參觀Google的行程只好縮減。不過我們還是盡可能地參觀：

——塗上Google標誌色彩的鐵塔，設立在極其低調的「警衛」哨所。

——你們用來印製名牌和簽到的電腦，使用者非常容易上手。

——你們非常、非常別致的馬桶。

——你們那一排早期的伺服器，外殼上有一層薄薄的軟木，以前總是讓消防隊非常緊張。

——你們那幾隻會叫的狗，其中有一隻比較友善。

——你們那美麗的關鍵字跑馬燈，本身就是一個偉大的觀念藝術作品：Hillary Duff . . . pits puppies . . . Yenifer Lopez . . . Spanish Dictionary。（我們沒有看到 Freakonomics 這個字，感到有點失望，也許這個字被你們的過濾器給剔除了：人們有時會輸入一些不正常的拼法。）

——你們非洲大樓的石英毯、粗壯的仙人掌、絢麗的圓形頂篷，和會發出生態音響的樓梯。

接著就是我們的「簡報」時間。我們的導覽員華克（Hunter Walk）陪我們走到我們要演講的房間：砰！那不是我們所想像的一間小房間、會議桌，和幾十個人。那是一個好大、好大的會堂，一排排的椅子，全都坐滿了 Google 人，還有更多的 Google 人坐在地板上和站在後頭，還有人——喔，當然不是掛在裝飾樑上，但感覺上好像如此。黑色的牆、白熾的舞台燈，整個廳堂充滿了聊天聲。這不是一場簡報，而是**粉墨登場**。這是莎莉・菲爾德（Sally Field）的那一幕：「**他們喜歡我們！他們真的喜歡我們！**」（當然，我們知道一般的 Google 人太年輕了，沒看過這齣戲。沒關係，反正這齣戲也不是很好笑。）當我們小心翼翼地從坐在地板上的 Google 人穿過時，那種感覺就好像我們帶著一對 Telecaster 電吉他似的：那真像是我們其中一人是搖滾巨星正要上場。（事實上，我曾經是小聯盟的搖滾明星，但那是一九八〇年代後期的事，所以不算數。）

另一件事是，華克已經從亞馬遜＊訂了好幾百本的《蘋果橘子經濟學》傳給他們看，所以現在，從一排排的座椅望過去，你會看到一個緊接著一個的 Google 人，膝上攤著一本書，好像準備聆聽毛主席的演講似的。這眞是，哦，怪極了。有點像是在參加我們自己的葬禮。

我們必須先聊一下才能決定要講什麼。我們在這方面是生手。華克爲我們打氣，而且很有耐心。講台和麥克風只有一個，所以我們決定採輪番上陣的方式來討論這本書（例如，爲什麼毒販還和老媽住在一起），以及講幾個自本書出版後的研究故事（例如耶魯大學的猴子嫖妓行爲研究）。我們講得好像還不錯，因爲你們時時傳來笑聲，雖然，很可能你們只是在嘲笑我們。最大一陣笑聲是當李維特提到我們前一天在雅虎演講，但聽眾比今天少多了。有趣的是，這是眞的。你們的出席人數約爲雅虎的二倍。從另一方面說，這表示 Google 可能喪失了二倍的生產力——除非你們認爲我們這場演講可以**提高**生產力，表示你們從這場演講所想出的東西遠比我們還多。當天的最佳提問是：「如果我們把我們的資料交給你們，你們會做些什麼研究？」請相信我們，我們已經對這個問題做過許多的思考。容我們以後再回答這個問題。

演講之後，我們有幾分鐘的時間到處逛，並和許多的 Google 人閒聊。這是當天最令我們印象深刻的時段。不只是你們個個都很聰明、好問、而友善，還有你們實在是太**快樂**了。首先，全世界再也找不到一家公司有這麼多的員工穿著印有公司標誌的T恤了，我們認爲這是眞正驕傲的象徵（要不然就是這件衣服非常非常的便宜）。但這股快樂來自好幾十種不同的方式。似乎這就是在

*我們立刻懷疑，華克的訂單是不是被算成批發，而在《紐約時報》的暢銷書排行榜上被低估了。

一個美麗的環境裡和許多聰明的同事一起從事有趣工作的副產品，大家都為這個使命而感到驕傲。二百九十七美元的股價也許不算貴吧。

——SJD（二〇〇五年八月十九日）

二、洛伊對韋德案和犯罪，續集

在《蘋果橘子經濟學》所談的各種議題中，大家可能會認為把墮胎合法化和犯罪率下降作理論連結這部分，最容易收到恐嚇信。但其實根本不是這樣。似乎，當人們自己去讀第四章的內容，看到所講的不是風馬牛不相及的政治或宗教言論時，他們會自己去拿捏對這個理論的感受，很少為了他們的信仰而採取過當的防衛行動；不論他們的信仰是什麼，都是如此。

書中的其他故事就不能這麼說了。例如，有關不動產仲介的研究，引來了數百封憤怒的電子郵件，大都來自不動產業者，他們對於我們把其事業的誘因架構描述成鼓勵仲介人員去佔自己客戶的便宜一事，很不高興。還有很多來自老師的信件，他們不喜歡聽到老師作弊的事；來自為人父母者，無法接受我們在如何為人父母上的一些結論；還有一些讀者，他們認為有關命名這一章根本是白痴。

但如果墮胎—犯罪的故事沒有產生太多的讀者憤怒，一定會在媒體和其他地方引發回響。當班奈特（Bill Bennett）在為自己引發一場龐大的種族衝突的過程中引用本書文字時，更是如此。下文是二篇部落格的文章，分別談墮胎—犯罪論戰的不同元素。第一篇是對班奈特言論的評論。

第二篇是回應學界對墮胎—犯罪理論的挑戰，這篇相當的技術性（害怕的讀者請直接讀最後那三段），卻是瞭解最初研究的關鍵。

「班奈特和《蘋果橘子經濟學》」

班奈特和我有許多共同點。我們都寫過有關犯罪的文章（他的「超級掠奪者」理論在《蘋果橘子經濟學》裡有簡短的討論），我們都深思過非法藥物和教育（他是第一個「反毒沙皇」〔drug czar〕，也是前教育部長），而且我們都喜歡賭博（雖然我好像賭得比較小，但勝率比他高）。現在我們還共同面對一個問題，我們在墮胎和犯罪關係上，引發軒然大波。

下面是班奈特九月二十八日在賽林廣播網（Salem Radio Network）「班奈特的美國早會」（Bill Bennett's Morning in America）節目上所說的話：

Call-in 聽眾：我有在注意全國的媒體，你知道的，他們講了很多政府收入減少，沒錢給社會保險的事，我很好奇，我讀了最近這幾個月的文章，自從洛伊對韋德案以來的墮胎，這三十幾年來被墮胎掉的人所喪失的收入，足夠拿來補我們今天社會保險的錢。但是媒體就是不去，從來都不去談這個問題。

班奈特：假設他們都是有生產力的公民嗎？

Call-in 聽眾：假設他們都有生產力。就算他們只有一部分的人有生產力，也會是一筆龐大的收入。

班奈特：也許，也許吧，不過我們也不知道成本是多少。我認爲——單身女性發生的墮胎的情形嚴重偏高嗎？不。

Call-in 聽眾：我不知道確切的統計數字，但她們墮胎的很多，就是這樣。

班奈特：好吧，我的意思是，我不知道。我不會根據這點來作反墮胎主張，因爲你沒辦法知道。我的意思是，這件事各有利弊——你知道嗎，在《蘋果橘子經濟學》這本書裡有個論點，就是墮胎讓犯罪率下降，你知道嗎，他們探討這個假設：犯罪率下降，其中一個原因就是墮胎增加。好吧——

Call-in 聽眾：喔——我覺得這個統計不正確。

班奈特：嗯，我也覺得不正確，我也覺得不正確，因爲，首先，我認爲有太多東西你不知道。但我知道有件事是正確的，如果你想要降低犯罪率，你可以——如果那是你唯一的目的，你可以把這個國家裡的每一個黑人嬰兒都打掉，那你的犯罪率就會下降。這麼做是不可能的、可笑的、也應該被譴責，但你的犯罪率會下降。所以這些太遙遠、太天馬行空的推論，我覺得，很難。

不意外，班奈特的說法引起眾怒——媒體，甚至連白宮都譴責他的言論。

下面是我對這段對話的想法：

一、請注意，這段話是發生在沒有稿子的廣播節目當中，回答聽眾的問題。顯然未經修飾。

這個狀況和，譬如說，班奈特寫一篇專欄是非常不同的。

二、在唐納休和我合寫的學術論文，以及杜伯納和我在《蘋果橘子經濟學》所討論的墮胎—犯罪論裡，種族並不是重要部分。沒錯，平均來說，在美國裡的犯罪，黑人比白人高。然而，重點是，一旦你控制了諸多因素，如所得、在單親家庭長大、母親是否在少女時懷孕、以及居住城市的環境等變數之後，對除了殺人以外的所有犯罪來說，種族的重要性就消失了。（我們提過，殺人案上的差異，有一部分可以用快克市場來解釋。）換句話說，就大部分的犯罪而言，比鄰而居的一個白人和一個黑人，若他們的所得差不多且家庭結構相同，則他們的犯罪傾向是一樣的。在實證上，重要的是墮胎大部分用在不想要的懷孕，而且少女和單身女性用得最多。

三、有些人可能會認為我上面的論點二不過是在迴避種族問題，因為這麼做是政治正確。任何讀過《蘋果橘子經濟學》的人都知道我不怕正面挑起種族議題。這本書裡許多地方都在處理種族問題（例如黑、白人在成績上的差異，以及黑人名字等）。我說這話是出於眞心，從純粹的事實根據和統計觀點來看，種族根本就不是我們在墮胎和犯罪論上的中心。

四、當一個女人去墮胎，很可能不會改變她這一生的小孩總數，而只是生產時機的調整，所以是等以後再把小孩生出來。請記住，這是一個很重要的事實。每四個懷孕，就有一個墮胎，美國過去三十年來就是如此。但墮胎對整體出生率的影響非常小。

五、根據第四點來看，我們實在很難理解班奈特說「你可以把這個國家裡的每一個黑人嬰兒打掉，那你的犯罪率就會下降」是什麼意思。他的話語隱含以某種外部力量，如政府，來強迫黑人墮胎的意思。這個狀況顯然和我們今天所知道的墮胎完全不同，我們讓婦女選擇要不要現在墮胎，等以後狀況比較穩定也比較有利時，再來生小孩。由婦女自己選擇要不要生，和由政府決定她可不可以生，那是根本上的差異，似乎，大家常常忽略了這點。

六、如果我們生活在一個由政府決定誰才能繁衍後代的世界裡，那麼班奈特說「你可以把這個國家裡的每一個黑人嬰兒打掉，那你的犯罪率就會下降」這話並沒有錯。當然，如果我們把那個世界裡的每一個白人、亞洲人、男性、共和黨，和民主黨的嬰兒打掉，犯罪率也會下降。他在說這句有關黑人的陳述之後，馬上接著說：「這麼做是不可能的、可笑的、也應該被譴責，但你的犯罪率會下降。」他做的是一個事實陳述（如果你禁止任意一個族群繁衍後代，那犯罪率也會下降），然後他說，光是這個陳述屬實，並不表示這個陳述就符合眾人的要求，或是符合道德。當然，這是重要得不得了的區別，而且我們一再地在《蘋果橘子經濟學》裡說明這點。

七、我**要**罵班奈特一件事：他先說他不相信我們的墮胎—犯罪假說，但接著那段黑人嬰兒的評論卻顯示他相信這個假說。魚與熊掌不可得兼。

八、題外話，Call-in 觀眾一開始的假設完全不對。如果墮胎不合法，我們的社會保險問題也還是沒有解決。如前所說，大多數的墮胎只是把一個小孩從今天生下來，改成由同一個母親在幾年後才生下來。

——SDL（二〇〇五年九月三十日）

「爲最近批評我們的人細說從頭」

感謝《華爾街日報》和《經濟學人》上最近的一些文章，福特（Chris Foote）和吉亞茲（Chris Geotz）有一篇對唐納休和我提出尖銳批判的未發表論文，得到了廣大的關注。

福特和吉亞茲在這篇未發表論文中，對我們主張墮胎合法化和犯罪有關聯的原始論文中的一個表格分析，提出批評。（値得一提的是，我們在那篇論文裡提了四個不同的證據，他們只批評其中一個所用的方法有問題，對其他三個沒有意見。）

福特和吉亞茲對我們原先的分析做了二個基本變更。首先，他們正確地提到，我們在文章裡聲明我們的迴歸假設裡包含了州別－年度相互作用，但事實上在我們所出版的表格裡卻沒有包含這些州別－年度相互作用。第二，他們正確地主張，我們原先所做的分析，沒有控制世代群組規模（cohort size）的變化，只對在高墮胎率時代出生的群組去測試是否有較低的犯罪率，卻沒有直接對「母親不想要的小孩」是否就是犯罪率下降的管道之一做測試。（請注意：我們並沒有宣稱這個分析是「母親不想要的小孩」假說的直接測試，論文中最後這一節是我們所做過最積極而沒把握的分析，而且老實說，這個研究對資料的要求很高，我們很訝異竟然還做得出來。）他們發現，一旦你針對這些做調整，我們原文表七裡的結果基本上就不存在了。

然而，在福特和吉亞茲的分析裡，有個基本問題。能夠拿得到的墮胎資料充滿了雜訊。當控制變數（例如，將近一千人的州別－年度相互作用）越加越多時，墮胎率的有意義變化就會被吃掉。我們所要測量的墮胎率變化情形，其訊號雜訊比就會變得越來越糟。這會使得墮胎對犯罪率影響越來越難測到。因爲這篇研究用州別—年度／年齡（例如，一九九四年俄亥俄州十九歲）作爲分析單位，我們所做的分析充滿了相互作用：州別—年齡相互作用、年齡—年度相互作用、和州別—年度相互作用。整個加起來，這些相互作用占入獄率變異的九十九％，也占墮胎替代項變異的九十六％以上。這個操作對資料的要求非常高。

基於這點，做這種操作時，我們盡可能地測量墮胎率似乎沒有爭議。

福特和吉亞茲所用的墮胎測量值是古瑪澤研究所（Alan Gutmacher Institute）所做的。而古瑪澤研究所的這些估計值，來自每一年每一州對執行墮胎的機構調查接生數和墮胎數。

譬如說，一九九三年在加州被逮捕的十九歲人口的「被墮胎率」，福特和吉亞茲用一九七三年加州的墮胎率做爲替代項。這樣的概算並非不合理（事實上我們當初的論文裡，大部分就是用這個方式），但這只是一個概略值，理由如下：

一、**有很多的跨州遷徙**。因此，一九九三年在加州被逮捕的十九歲人口中，很多不是在加州出生的。他是在別州出生，或許是在別的國家出生。事實上，我相信最近的數字顯示未滿二十歲的青少年，有百分之三十以上並不是住在原先出生的州裡。

二、**用一個二十年以前的日期來代替一個十九歲青少年的被墮胎率，引起大量的雜訊**。如果我在一九九三年的某一日十九歲，我最早可能出生在一九七三年一月二日（而讓我在一九九三年一月一日有十九歲），最晚可能出生在一九七四年十二月三十一日（讓我在一九九三年十二月三十一日變成十九歲）。墮胎發生在出生日之前，通常是在懷孕十三週左右。因此，那些在一九九三年十九歲的人，暴露在合法墮胎的日子（大約）是從出生前六個月，也就是一九七二年七月二日開始，一直到一九七四年六月三十日。雖然這段期間涵蓋一九七三年（也就是福特和吉亞茲用來計算的期間），**但也包括一半的一九七二年，和一半的一九七四年！**

三、**在美國所做的墮胎中，尤其是在墮胎合法化開始期間，有不少婦女是跨州去墮胎的**。結果，以執行墮胎手術的州來測量墮胎（福特／吉亞茲的資料就是這樣），而不是用接受墮胎手術婦女**所居住的州**來測量，讓墮胎的測量替代項產生進一步的誤差。

四、**古瑪澤研究所的墮胎數字，就算得到收集資料者的背書，還是有瑕疵**。事實上，這些墮胎的估計值，和由ＣＤＣ（美國疾病防治中心）所收集的另一個時間數列，二者之間的相關性（correlation）遠低於一，這表示即使上述一、二、三的問題不存在，還是有嚴重的誤差。當控制變數越添越多時，不意外，古瑪澤研究所的估計值和ＣＤＣ估計值之間的相關性就越來越低。這就是爲什麼我們認爲控制會把墮胎測量值的訊號給丟掉，而留下來的大都是雜訊。

唐納休和我所做的（在優秀研究助理萊柏〔Ethan Lieber〕的協助下），是盡全力去克服福特和吉亞茲所用墮胎測量值裡的這四個問題。特別是，我們做了下列事項：

一、我們在最初的墮胎論文中提過，我們可以用十年普查資料來判斷某一個州目前居民的出生州，以解決跨州遷徙的問題。（經過這樣校正後，我們的犯罪迴歸分析結果放在一九九九年論文裡的表五。）這是可行的，因爲普查的細項資料有美國人口百分之五樣本的出生州別和居住州別。請注意，我們所能找出的相關性不可能完美無瑕，因此並沒有完全解決這個問題，但顯然讓我們往正確的方向走。

二、既然一九九三年時十九歲的人暴露在被墮胎的期間是從一九七二年到一九七四年，這個問題的解決方法，顯然就是讓一九七二、一九七三、和一九七四年所做的墮胎，對一九九三年十九歲被捕入獄的人有所影響。我們直接用一個粗略的權數來搭配各年度的墮胎率——或者你可以用無母數法讓資料自己去決定；做出來的答案幾乎相同。

三、爲了處理許多婦女在一九七〇年代跨州去墮胎，我們用古瑪澤研究所對住在某一個州裡的婦女接受墮胎數相對於該州新生嬰兒數的估計值。（我們在寫原先那份論文時，並不知道有這個比較好的資料，要不然我們當時就會用了。）毫無疑問，用一州的住民去測量墮胎數，比她們在哪裡墮胎這個估計數要好多了。

四、解決測量誤差的標準方法就是做一個工具變數分析（instrumental-variables analysis），以某個現象的一個測量效果很差的含雜訊替代項做爲另一個含雜訊替代項的工具。（我知道大多數的部落格讀者不知道我說的是什麼意思了。）在這樣的設計下，CDC獨立產生的合法墮胎數測量值就是一個絕佳的工具。因爲這二套數據的雜訊都很多，當我們做這個工具變數分析時，標準差會增加，但在一組標準的假設下，所得到的估計值會把因測量誤差所產生的明顯偏誤濾除。

我想，幾乎任何一個實證經濟學家都會相信，我們對墮胎測量值所做的這四個校正，會讓我們抓到更接近事實的合法墮胎對犯罪的影響。於是問題就變成：如果我們用這個改良的替代項套在福特和吉亞茲的研究數據上，會產生什麼樣的結果？

結果彙總在下面的表格，分爲二大塊。上面那塊顯示對暴力犯罪的結果。下面那塊是對財產犯罪的影響。

表一：墮胎對犯罪的效果

	當暴力犯罪爲相關變數時，墮胎變數的係數			
	(1)	(2)	(3)	(4)
福特／吉亞茲原來的數值：	-0.027	-0.009	-0.003	0.000
	[0.004]**	[0.003]**	[0.003]	[0.003]
更小心去建立墮胎測量所得到的結果	-0.083	-0.046	-0.031	-0.021
	[0.008]**	[0.008]**	[0.008]**	[0.008]**
用工具變數校正墮胎的測量誤差	-0.078	-0.055	-0.037	-0.023
	[0.010]**	[0.013]**	[0.014]**	[0.013]
控制項包括：州別以及下列項目是否採固定效果				
年齡*年別相互關係	是	是	是	是
州別*年齡相互關係	是	是	是	是
州別*年別相互關係	否	是	是	是
ln(人口)	否	否	是	是
相關變數爲平均每人被逮捕數	否	否	否	是
	當財產犯罪爲相關變數時，墮胎變數的係數			
	(1)	(2)	(3)	(4)
福特／吉亞茲原來的數值：	-0.028	-0.010	-0.004	0.000
	[0.004]**	[0.002]**	[0.002]*	[0.002]
更小心去建立墮胎測量所得到的結果	-0.056	-0.024	-0.009	-0.001
	[0.006]**	[0.005]**	[0.005]	[0.005]
用工具變數校正墮胎的測量誤差	-0.053	-0.044	-0.028	-0.013
	[0.008]**	[0.010]**	[0.011]**	[0.010]
控制項包括：州別以及下列項目是否採固定效果				
年齡*年別相互關係	是	是	是	是
州別*年齡相互關係	是	是	是	是
州別*年別相互關係	否	是	是	是
ln(人口)	否	否	是	是
相關變數爲平均每人被逮捕數	否	否	否	是

表中上面那塊，除了第四行的相關變數是 ln（平均每人犯暴力罪被逮捕數）之外，其餘的相關變數都是 ln（暴力犯入獄人數）。下面那塊，除了第四行的相關變數是 ln（平均每人犯財產罪被捕數）之外，其餘的相關變數都是 ln（財產犯入獄人數）。觀察單位是州，按年別、和每一年的不同年齡別分列明細。樣本包括從一九八五年到一九九八年之十五到二十歲的人。如果每一州、每一年、和每一個年齡的資料都齊全，就會有 7140 個觀察值。然而，由於部分入獄資料流失，以及偶爾會出現零這樣的數值，暴力犯迴歸分析的觀察點數是 6724，而財產犯的觀察點數是 6730。採加權最小平方法，權數由全部的州人數所決定。標準差已經用各該州各出生世代間的相關性校正過。每一塊表格的第一列是重製福特／吉亞茲 (2005)，他們用一州裡一個人出生前一年（year-age-1）的墮胎數做爲他們的墮胎測量值。第二列以第一列做改良，考慮了跨州遷徙、測量一州住民的墮胎數而非在一州裡所發生的墮胎數，而且更小心地把現有年齡和他們暴露在被墮胎風險的時期做配對。第三列和第二列幾乎完全一樣，但用中央疾管局（Center for Disease Control）所計算出來的第二套獨立產生墮胎測量值，去做工具分析。

先看上面那塊，第一列用的就是和福特及吉亞茲一樣的表頭（我不想把他們剔除了州別—年齡相互作用的估計值列出來，因爲做這樣的剔除沒道理，而且他們自己也說，他們比較喜歡含有州別—年齡相互作用的設定）。我們能夠重做其結果。你可以看到，當我們加上州別—年別相互作用及人口控制時，係數就變小了。

表格的第二列顯示用我們更周延建立的墮胎測量值所得到的係數（對他們的墮胎測量值做上述一—三的調整）。一如預期，用了比較好的墮胎測量值之後，整個表上所估計的墮胎影響力全都增加了。在福特和吉亞茲的表格上，所有的結果，現在都具統計顯著性了。即使是在最後一個、最嚴格的標準上，係數的大小也和我們當初沒有控制州別—年度相互作用或人口所發表的結果相當。福特和吉亞茲所做的，以及我們在第二列所呈現的，唯一的差別就是我們做得比較好，把墮胎數眞正測量出來了。其他部分則完全一樣。

表格的第三列顯示，用CDC的墮胎測量值，做爲我們（經過更周延建構的）古瑪澤研究所的墮胎替代項，所得到的工具變數估計值結果。所得到的數字都變大一些，但在估計上卻較爲不精確。

表格的下面那塊顯示財產犯罪的結果。從第一列，即福特和吉亞茲的墮胎測量值，移動到第二列，我們比較周延的版本（其他都沒改變），在四個細目裡有三個的係數變成負值更大。工具變數分析法對財產犯的效果比對暴力犯來得大。以工具變數分析法去測量墮胎合法化對財產犯罪的影響，得到四個估計值，全都是負的（雖然也和上面一樣，較不精確）。

簡單的事實是，當你在測量墮胎時，若採用比較好的做法，所得到的結果就會比較強。對於一個符合事實的理論，我們的預期正是如此：在實證研究上，做法越貼近理論，應該就會比鬆散的套用理論，得到更好的結果。沒有做人口控制，但納入州別—年度相互作用，所得到的估計值，和我們原先那篇論文的數字一樣大，或是更大。一如預期，當我們把人口控制納進來之後，所得到的係數就縮小了（因爲「母親不想要的小孩」這個管道，並不是墮胎造成犯罪減少的唯一管道）。不過，即使我們去測量單位人口的入獄數，墮胎仍然存在很大的影響力，尤其是對暴力犯罪。

就墮胎對犯罪的影響來說，我們在這個新表格裡所得到的結果，和我們原先那篇論文裡用各種不同資料來源所做的另外三種分析結果相符。這些結果都符合「母親不想要的小孩」假設。

毫無疑問，未來還是會有許多的研究想要顛覆我們有關墮胎合法化的證明。或許他們將來終會成功。但這篇沒有。

——SDL（二〇〇五年十二月五日）

三、堪薩斯皇家隊和 iPod 有何共通之處？

《蘋果橘子經濟學》部落格（其實是任何一個部落格）有一個很有用的目的，那就是隨機反應隨機的議題——結果呢，還包括了「隨機」這個議題。

「堪薩斯皇家隊和我的 iPod 有何共通之處?」

在表面上，不多。皇家隊曾經連輸十九場，而且令人擔心會不會成爲大聯盟有史以來最沒用的棒球隊。另一方面，我的 iPod 很快就成爲我最心愛的物質享受。

他們有何共通之處呢?他們都能夠爲我們上一堂有關隨機的課。

人類的心智，對隨機一事是很拙劣的。如果你找一個普通人，請他模仿隨機擲銅板的情形，產生一連串的「正面」和「反面」，那麼他所產生的序列，看起來根本就不像是眞正隨機產生的。你可以自己試試看。首先，在你進一步讀本文之前，請把你認爲隨機擲銅板二十次的數列會是什麼樣子寫下來。然後花十五或二十分鐘擲銅板（或是用 Excel 的亂數產生器去做）。如果你跟普通人一樣，則你所產生的「隨機」數列，一長串的「都是正面」或「都是反面」的情形，會遠比眞實狀況少多了。

我的 iPod 隨機播放功能每次在使用時就會提醒我這點。我一直覺得很訝異，它常常會連續播放二首、三首、甚至於四首同一個藝人的歌，即使我在裡面放了好幾十個不同歌手的音樂。有好幾次我還誤以爲我沒有用 iPod 的隨機播放功能，而是只播放同一個樂手的歌。如果有人眞的很無聊，也許就可以一直讓 iPod 隨機播放歌曲，把資料記錄下來，看看隨機播放功能是否眞的隨機。我猜它是隨機的，因爲蘋果沒事在這上頭耍花樣有什麼意義呢?我有個朋友叫葛若斯克洛斯（Tim Groseclose），是加州大學洛杉磯分校的政治科學教授，他相信他CD音響上的隨機按鈕知道哪些歌他最喜歡，而不成比率地播這些歌。於是有一天我和他打賭，要他把他最喜歡的歌事先列出來；我贏了一頓午餐。

這就把話題帶到堪薩斯皇家隊。似乎，當一個球隊連輸十九場，這是如此極端，不太可能是隨機的結果。顯然教練、運動作家、和大多數的球迷都相信如此。教練關起門來開會，想要讓球隊起死回生，這種事你多久才聽過一次？但如果你用統計來看這件事，你會預期，連輸十九場球是常有的事，不過是隨機發生罷了。

我承認下面的計算很粗糙，但可以給你一個基本概念。每一年，大聯盟裡約有兩支隊伍的勝率在三十五％左右。（有時候，沒有這麼差的球隊，但在另外幾年，就會出現像二〇〇三年底特律隊一樣的大爛隊——他們只贏了二十六．五％的球賽。）對一支勝率爲三十五％的球隊來說，連輸十九場的機率約爲四千分之一。每支隊伍一年打一百六十二場，因此有一百六十二次的機會開始連輸十九場。（連輸的計算可以跨年度，因此用整個一百六十二場來算是正確的。）

因此，每一年，對這二支勝率爲三十五％的爛隊來說，一共有三百二十四次的機會發生十九連敗。大概十二到十三年的時間，這二支爛隊總共就有四千次的機會發生十九連敗。因此，我們預期，這麼長的連敗，大約只比每十年一次少一點點而已。

我們實際上所看到的長連敗次數，和根據這些計算所預期的次數差不多，若要說有什麼差別的話，那就是實際上所看到的次數會稍微少一點點。上一次的眞正長連敗是小熊隊在一九九六年到一九九七年所打下的十六連敗。（長連敗的發生次數略少於我所用的簡易模型，這其實有個很好的理由。那就是勝率爲三十五％的球隊並不是每一場球賽的勝率都一樣：有時候有五十％的機會獲勝，有時有二十%的機會，這樣的變動，讓長連敗的可能性變小了。）

因此，我們不需去找「缺乏專注力」、「中邪了」、或是「士氣差」這樣的理由來解釋爲什麼皇家隊會連續輸這麼多場球。那只是一個爛隊加上爛運氣而已。

——SDL（二〇〇五年八月二十日）

「維基百科？啐！」

我知道，我知道，我知道：維基百科是網路世界的奇蹟之一。但如果有人需要一個理由來懷疑維基百科的可靠性，我請你趕快去點「經濟學家列表」（List of Economists）這項，其介紹如下：「這個列表把著名的經濟學家按字母列示。經濟學家是從事經濟學研究的學者。」

這份名單包含了阿克洛夫（George Akerlof）、薩繆森（Paul Samuelson）、薩克斯（Jeffrey Sachs），甚至還有李維特，這是事實。但如果你要看看維基百科有多可悲，請看「經濟學家」字母「D」下的第六個：沒錯，正是在下。雖然我的一些好朋友是經濟學家，但我根本不是。（註：我貼上這篇文章沒多久之後，就有一位讀者很熱心／很傷人地把維基百科這筆資料做了修正。）重點是，維基百科的最大力量正是其最大的弱點：幾乎任何人在任何時間都能爲這個「百科全書」做點貢獻，而大多數隨性的使用者會假設這真的是內容廣博，但事實上它的內容一直在變，視使用者的輸入而定。例如：

在《蘋果橘子經濟學》裡，我們順便提到了芝加哥黑襪隊，這個名字是在芝加哥白襪隊有八名球員被發現在一九一九年世界大賽裡與賭客串謀之後所取的。

最近有個讀者寫道：

> 白襪隊並不是因爲他們故意在一九一九年世界大賽裡放水才被叫做黑襪隊。他們會被取這個名字是因爲他們的老闆（我不知道他的名字）太吝嗇了，不讓他們定期清洗制服，於是他們經常穿著髒制服上場。不謝。

其實，這是第二個讀者提出這個指正。我們問過第一個讀者他的資料來源，他說，他覺得是「曾經在ESPN上聽過一次」，但不確定。在收到這第二封的電子郵件後，我決定做個調查。這是我對第二位讀者的回應，同時也寫給所有關心這件事的人：

「我去查了黑襪隊的事。沒錯，維基百科上是這樣說的：

> 雖然很多人相信黑襪隊這個名字是反應打假球的黑暗腐敗面，但這個名詞在假球案被調查之前就存在了。會被取黑襪隊這個名字，是因爲吝嗇的老闆康米斯基（Charles Comiskey）拒絕花錢爲球員洗制服，堅持球員要自己付清洗費。球員拒絕，於是後來的球賽就可以看到白襪隊穿著越來越髒的制服上場，泥土、汗水、和污垢就一直累積在白色羊毛制服上，最後他們變成穿著深色調的制服。（有人能證明這件事嗎？我覺得這聽起來好像是市井傳言。）」

關於這部分有二件事要說：一、最後括號裡的那句是最近才加上去的——是我加的。二、換句話說，我們知道，維基百科是個公開使用的「百科全書」，誰都可以上去貢獻幾句（或搞破壞）。這裡有比較可靠的來源：《八人出局：黑襪隊和一九一九年世界大賽》（*Eight Men Out: The Black Sox and the 1919 World Series*），作者阿西諾夫（Eliot Asinof，一九六三年 Holt, Rinehart and Winston 出版）。在第二十一頁，阿西諾夫寫說，白襪隊的老闆康米斯基的確對球員很摳：

> 和他在此地（對記者）的海派作風顯不相當。他的偉大球隊竟然穿著球迷所看過最髒的球衣上場：康米斯基下令刪減清洗費。

那麼，白襪隊有沒有可能在一九一九年的醜聞案之前，即使只是少數人隨口說說而已，就被叫做黑襪隊呢？

當然有可能，但阿西諾夫在他整本書裡都沒做這樣的暗示。事實上，一旦你跳過該書的開場白，就找不到「黑襪隊」的字眼，一直要到第一九七頁，阿西諾夫寫世界大賽醜聞爆發之後的情形：「當俯首認罪的衝擊傳開之後，美國人先是震驚，然後是厭惡。主要報紙無不大聲譴責並表示失望。從此之後，涉案的球員就被叫作黑襪隊。」

請注意這個關鍵字：**從此之後**。阿西諾夫有沒有可能弄錯了？當然可能。但他這本書是好書，大家普遍認爲是這起事件的權威傳記。在沒有人提出比維基百科更可靠的反證之前，我覺得沒必要再做進一步的查證。但如果你提得出可靠的反證，我很樂意做進一步研究，或是在《蘋果橘子經濟學》的後續版本中做修改。

因此，拜託，親愛的部落格讀者：有關黑襪隊一事，請讓我們知道我們是對還是錯。如果我們錯了，我們會有點難過，但會非常高興地修正這個錯誤。第一個提供髒襪子理論扎實證據的人可以得到一件《蘋果橘子經濟學》T恤。

——SJD（二〇〇五年五月二十日及八月五日）

「『石油危機』：歡迎來到媒體新版的鯊魚咬人」

《紐約時報雜誌》八月二十一日的封面故事，作者瑪斯（Peter Maass），談「石油危機」。「石油危機」的概念是，許多年來世界一直在增加石油的產量，現在，我們差不多要用光了，並進入一個油源枯竭的狀態，導致一桶三位數的油價，以及前所未見的全球大蕭條，一如某個網頁所寫的：「就我們所知，文明很快就要結束了。」

在漫長的歷史上，他們這種人的言論都錯了：諾斯特拉達姆士（Nostradamus）、馬爾薩斯、奧利克（Paul Ehrlich）等。我們可能認爲，這會讓世界末日的倡議者受到拘束。顯然沒有。

這些世界末日的情境，大都把經濟學的基本概念——人類會反應誘因——搞錯了。如果某物的價格上升，人們對此物的需求便減少，生產此物的公司會想辦法多生產，而且每個人都想辦法去生產替代品。再加上科技創新的進行（如綠色革命、生育控制等）。最後的結果：市場找到方法來解決供需失調的問題。

目前的石油狀況正是如此。我對世界石油礦藏所知不多。我甚至沒必要和他們爭辯現有油田的產量將會減少多少，或是世界對石油的需求會增加多少。不過，這些供需上的變化是緩慢而漸進的——每年幾個百分點。市場有一個方法來處理這類狀況：價格上升一點點。那不是大災難；那是個訊號，以前在低油價時值得做的事，現在不行了。例如，有些人會從休旅車換成油電混合車。也許我們願意蓋一些核能電廠，或者，把更多的房子裝上太陽能面板將成爲值得一做的事。

但《紐約時報雜誌》的這篇文章卻一再地搞不好經濟學。這裡有個例子：

> 如果供給眞的短缺，其後果將無所不在。如果消費開始超過生產，即使只超過一點點，每桶石油價格就會飆漲到三位數的水準。接著，這會帶來一場全球衰退，因爲交通用油的價格失控，而且依賴石化原料的產品——也就是說，幾乎市場上的每一樣商品——價格也失控。這對美國式生活產生深遠的影響：汽車不能靠立在車頂上的風車來推動。市郊或偏遠地區的生活方式，靠兩部車代步去上班、上學、和到大賣場買東西的家庭，可能就會變成負擔不起，或是在實施汽油配給制之下，變爲不可能。共乘將是許多不便生活中最輕微的；家用暖氣的成本會高漲——當然，假設有暖氣設備的房子，沒有成爲溫暖的回憶。

如果油價上漲，石油的消費者將會多花（一點）錢。不過，我們所說的是每年必須減少幾個百分點的需求。這並不表示把風車架在車子上，而是表示刪減一些沒價值的行程。這並不表示放棄北達科他州，而是表示在冬天時把暖氣調低個一兩度。

接著，這篇文章的作者寫道：

出現三位數的油價，看起來好像對沙烏地阿拉伯是件好事——他們從越來越稀少的石油上賺取大量的金錢。但大家對沙烏地阿拉伯——以及一般的石油輸出組織（ＯＰＥＣ）國家——有一個普遍的誤解，就是高油價，不論有多高，都是他們的福利。雖然油價每桶六十美元以上尚未造成全球衰退，但還是可能發生：高油價需要一點時間才會造成毀滅性的衝擊。而且油價高漲，越是漲得比六十美元還高，就越有可能出現衰退。高油價會引發通貨膨脹；它們升高了幾乎所有東西的成本——從汽油、到飛機用油、到塑膠和肥料——這表示人們會買得比較少，並減少旅遊，也就是經濟活動驟減。因此石油生產國在短暫的賺到意外之財後，油價會因景氣開始衰退，以及原本生龍活虎的經濟變得遲緩而減少用油，於是下滑。油價以前就曾經崩盤過，而且是在不久之前：一九九八年，ＯＰＥＣ過早增產，以及亞洲國家在金融風暴中減少對石油的需求，油價跌到一桶十美元。

喔，好一個石油危機論調。當價格上升，需求便會減少，於是油價下滑。那「我們所知道的世界末日」又怎麼說呢？現在我們又回到了一桶十美元。該文的作者還不知道，他正引用基本經濟學來否定該文的大前提！

此外，他還繼續寫道：

高油價對石油生產國還有另一個不幸的效果。當原油每桶十美元，甚至於三十美元時，替代性燃料是貴到沒人去用。例如，加拿大有大量的油砂礦，可以製成重油，但這樣做的成本相當高。然而這些油砂礦，以及其他的替代品，如生質酒精、氫燃料電池、和從天然氣或煤所製成的液化燃料，在油價跑到一桶，譬如說，四十美元以上時，尤其是消費國政府提供獎勵或補助時，就具有經濟上的可行性。因此，就算高油價沒有造成衰退，沙烏地阿拉伯也有市占率流失的風險，美國人更樂得把能源上的花費交到非回教基本教義派的手上。

正如他所提的，高油價導致人們去開發替代品。這就是我們不必對石油危機感到恐慌的第一原因。

那我爲什麼把石油危機比成鯊魚咬人呢？因爲鯊魚咬人事件固定發生，幾乎沒什麼變化，但當媒體決定報導這種事件時，恐懼就會急遽上升。我敢打包票，同樣的事現在也發生在石油危機上。我預計有成千上萬的文抄公記者會去煽動消費者，讓他們害怕石油引發大災難，雖然，石油的展望，這十年來並沒有基本上的變化。

——SDL（二〇〇五年八月二十一日）

「器官捐贈市場，美國準備好了嗎？」

可能還沒有。但不知道是出於巧合，還是想要聯合引爆器官捐贈市場的話題，《紐約時報》和

《華爾街日報》的專欄今天同聲主張美國準備好了。

第一篇的標題爲「死亡的等待名單」，作者莎黛爾（Sally Satel）是個心理醫師，也是美國企業研究院（American Enterprise Institute）的學者。莎黛爾她自己就接受過腎臟移植，現在主張這個捐贈體系很糟糕，而且美國國家醫學研究院（Institute of Medicine）的最新報告〈器官捐贈：有所作爲的機會〉更是糟透了。「很不幸，」她寫道：「這份報告的副標題應該叫做『無所作爲的建議』更爲恰當。」莎黛爾的主要論點是，反對器官市場的傳統主張——人體沒有任何一個部位可以拿來「販售」——已經過時，而且不只如此，還出現了「精子、卵子，和代理孕母的市場」。

《華爾街日報》那篇的標題爲「腎臟掌櫃」（Kidney Beancounters），作者艾普斯坦（Richard Epstein）是芝加哥大學的法學教授和胡佛研究院的院士。艾普斯坦對國家醫學研究院的這篇報告更是深惡痛絕（也許只是《華爾街日報》讓他暢所欲言的程度，超過《紐約時報》給莎黛爾的程度罷了），他說這份報告是「如此地眼光狹隘缺乏想像力，應該讓它死在國家醫學研究院裡頭」。艾普斯坦還進一步寫道：「未來進步空間的主要來源就在財務誘因上，然而國家醫學研究院委員會（裡面只有一名律師，但沒有經濟學家）卻立即排除這些誘因……整件事的關鍵教訓是，我們應該以高度懷疑的眼光來看待全面反對市場誘因的任何主張——尤其是來自高傲道德家的主張，這些人自認爲他們的美學素養和直覺上的厭惡感，比救人一命還重要。」

雖然他的專欄沒有說，我很確定艾普斯坦是生命共享會（LifeSharers）的顧問，這個組織自稱是「器官捐贈者非營利的捐贈網路」，企圖用非財務誘因來鼓勵器官捐贈。前一陣子，我們收到生命共享會執行董事恩迪斯（David Undis）的一封電子郵件。他寫道：

> 在器官捐贈裡沒有把誘因放進來。這就是有那麼多人在等待器官移植中喪生的原因之一。
>
> 人類器官的自由市場每年可以拯救數千條人命，但從政治上來說，這是做白日夢。在可見的未來裡，國會不可能讓器官買賣合法化。
>
> 我設立生命共享會來引入一個合法的器官捐贈非金錢誘因——如果你同意在你死亡之時把器官捐出來，那麼當你需要器官來救命時，就會有比較高的機會得到器官。

我很訝異，許多比我更瞭解這個議題的人也很訝異，器官捐贈程序的改革，到現在竟然還是毫無長進。我從沒聽過哪一個人說他對目前的方式很滿意——而且，雖然我認同恩迪斯所寫的，就政治面來看，器官的自由市場是白日夢，但目前似乎已經開始往這個方向邁進一小步了。莎黛爾在她那篇《紐約時報》上的文章寫說，「器官分享聯合網路（United Network for Organ Sharing）、美國器官移植醫師學會（American Society of Transplant Surgeons），和世界器官移植大會（World Transplant Congress）的幾個道德委員會，還有美國總統生物倫理委員會（President's Council on Bioethics）等，已經開始討論」提供器官捐贈者諸如「稅賦減免、免費健保、子女的大學獎學金，和退休金等好處」。有趣的是，雖然這些誘因全都是財務面的，卻沒有一個是用白花花的現金，現金也許會讓人覺得更甜美。如果這二篇專欄至少改變了一些人的想法，我不會覺得奇怪。

——SJD（二〇〇六年五月十五日）

四、雞肉餿掉了爲什麼還要花三六・○九美元買單？

部落格也是一個讓你把個人的牢騷（有時候是咆哮）一吐爲快的好地方。

「雞肉餿掉了爲什麼還要花三六・○九美元買單？」

前不久，一個老朋友來城裡找我，我們約在上西區（Upper West Side）吃午餐。崔兒比（Trilby）點了一個布瑞起士（brie）漢堡，不加麵包，我點烤半雞附馬鈴薯泥。菜等很久才送來，但我們忙著敍舊，有許多話要談，因此並不在意。

我那道雞肉上來時，看起來不太好，但我還是吃了一口。那雞肉餿得很嚴重，我只好吐到紙巾裡頭。嘴裡塞進一口腐敗的雞肉眞是噁心極了。我叫服務生過來，她做了一個應景的驚恐表情，然後把食物端走。

經理出現了。她比服務生的年紀大，長長的黑髮，操法國口音。她道歉，說廚師正在檢查那盤菜，看看是不是香草或奶油出問題。

「我想不是吧。」我對她說：「我想是你們的雞肉餿掉了。我也煮過不少的雞肉，知道雞肉餿掉是什麼味道。」崔兒比附和：你坐在對面，也許在餐廳對面就可以聞得到。

這位經理不願承認。她說，雞肉是今天早上才送來的。我覺得根本是風馬牛不相及的事，就好像是說：某某人今天不可能犯案殺人，因爲他昨天沒殺人。

經理走了，過五分鐘又回來。「你說對了！」她說：「雞肉壞了。」她說廚師已經檢查過這道雞肉，發現壞了，便把它丟掉。勝利！不過，是誰的勝利呢？經理再度道歉，問我要不要來個免費點心或飲料。「喔，」我說：「先讓我找找看你們的菜單上有哪些菜在那道雞肉之後吃不會覺得噁心吧。」我點了一道胡蘿蔔橘子薑湯，一些炸薯條，和嫩煎菠菜。

然後崔兒比和我繼續吃，相當滿意，雖然餿雞肉的味道還留在我的嘴裡；事實上，那個味道一直留到現在，揮之不去。在我們點餐之前，崔兒比就喝了一杯酒，用餐時又喝了另外一杯：蘇維農白酒（sauvignon blanc）。我喝水。服務生來清理桌子時，再度問我們要不要免費的點心。咖啡就可以了，我們說。

和崔兒比聊天時，我提到不久之前我訪問了泰勒（Richard Thaler），他是行爲經濟學的教父，這是一門相當新的研究領域，解釋金錢心理學爲什麼會如此複雜。我提到行爲學派的「定錨」（anchoring）觀念——這個觀念，二手車銷售員特別清楚：先開出一個超出售價一〇〇%的價格，以確保成交時讓你覺得賺了，譬如說，五十%。

話題轉到如果我們的帳單來了要說些什麼。看起來有二個不錯的選擇：「我們不要免費點心，謝了，但考慮雞肉這件事，我們希望整餐都免費。」那會在〇%的帳單上建立一個定錨。另外一個選擇：「我們不要免費點心，謝了，但考慮雞肉這件事，請你問一下經理，你們能給多少折讓。」這會在一〇〇%的帳單上建立一個定錨。

這時服務生把帳單拿過來了。是三一．〇九美元。或許是因爲不好意思，或是倉卒，或是——

最有可能的——不想讓自己看起來很賤（反正扯到錢的事，我就不行了），我脫口說出第二選項：請問問看經理「你們能給多少折讓」。

服務生微笑回答說，我們已經得到二杯免費的酒了。這個補償太少了，我尤其有這種感覺，因爲酒是崔兒比喝的，而我身上還散發著雞肉餿掉的味道。不過這名服務生仍然帶著微笑，正式把帳單收走，去找經理。經理火速趕過來，也是帶著微笑。

「因爲發生了雞肉的事，」我說：「我想知道你們能給多少折讓。」

「我們沒跟您收酒的錢。」她以大慈大悲的口吻說道，好像一名外科醫師，以爲要幫我的兩顆腎都拿掉，但發現只要拿掉一顆就行了。

「這就是你們所能給我的最大折讓嗎？」我說（還是沒辦法定錨在○%上）。

她認眞地看著我，還是很客氣。她心裡頭正在盤算，打算在財務上和心理上小賭一把，這種賭注我們每個人每天都要做。她打算賭我不是那種會鬧事的人。畢竟，我在討價還價中，一直都很客氣，沒有拉高嗓門，也沒有大叫「好噁心」或「餿掉了」。她索性認爲我這個行爲會保持下去。她賭我不會把我的椅子往後一甩，大聲怒吼，而且我不會站在餐廳外面告訴進門的客人說，我把雞肉吐出來了，因爲整塊都是餿的，廚師**一定**也聞得出來，但他認爲可以處理，要不然就是他們**沒有**聞出來，食物已經擺了很久，讓他們久而不聞其臭，誰知道還有哪些東西出問題——湯匙、一小片拇指、一團消毒棉花——可能就出現在下一道菜裡頭。於是她賭了，說：「是的。」這個「是」，就是她準備給我的最大折讓。「好吧。」我說，而她也就走開了。我留了五美元的小費——處罰可憐的服務生，這說不過去吧？——走出餐廳，送崔兒比上計程車。這位經理賭我不會鬧事，她對了。

一直對到現在爲止。

這家餐廳，如果你想知道的話，叫做法式燒烤（French Roast），位於曼哈頓八十五街和百老匯大道交口的東北角。我上次去看，菜單上還有烤雞。祝你用餐愉快。

——SJD（二〇〇五年五月八日）

「靠道路上的脫序行爲賺錢」

自從我搬到上班地方的附近之後就很少開車了。因此，我現在每次開車時，就會發生不守規矩的事。人們在車裡的行爲，和其他的狀態是大異其趣。亂按喇叭、破口大罵、插隊。這只是我太太。其他的駕駛人更壞。

這有一個明顯的理由，你不必長時間忍受不守規矩的後果。如果你在機場安檢入口處插隊，你要花很長的一段時間和被你插隊的人緊緊地貼在一起。但如果是開車子插隊，你是揚長而去。

我以前通勤時，有一個交流道，不守規矩的人大獲全勝。（如果你對芝加哥很熟，那是丹萊昂路〔Dan Ryan〕匯入艾森豪路之處。）下高速公路時有兩個車道。一條通往另一個高速公路，一條下到市區走平面車道。幾乎沒有人要走那條平面車道。可能有長達半英里的車子耐心地等候接上高速公路，但約有二十%的駕駛人，先假裝要往平面車道，然後在最後一秒才粗暴而非法地插隊。因爲這些作弊的人，每個排隊的老實人要耽擱十五分鐘以上。

社會科學家有時候會談到「認同」這個觀念。這是說，你對你自己是哪一種人有一定的看法，而當你去做一些不合乎這個身分的事時，你會覺得很難受。這導致你會去做一些看起來不符合短線利益的事。阿克洛夫和克朗頓（Rachel Kranton）把這個想法推廣到經濟學上。我讀過他們的論文，但還是不太瞭解「認同」，根本不知道他們在講什麼。我第一次眞正瞭解他們的意思，是在我終於瞭解我的認同有一個很關鍵的部分：我不是那種會爲了縮短通勤時間而插隊的人，即便插隊很容易，而且花十五分鐘大排長龍似乎很傻。但如果我要插隊，我必須從根本上重新思考我是什麼樣的一個人。

當我的計程車司機插隊時，我毫不在意（事實上，我還挺喜歡的），這或許顯示我的道德修養還有待加強。

上面拉拉雜雜的，只是我所要講的重點的前奏曲。前幾天在紐約市，我的計程車司機下高速公路時，繞過了大排長龍的車陣，在最後一秒鐘插進去。一如往常，我樂得當這個輕微小罪的無辜旁觀者／受益者。但後來所發生的事，更讓我體內的經濟學家感到心滿意足。一名警察站在路中央，把每輛插隊的車子攔下來——包括我的計程車——停到路肩，那裡有第二個警察在開罰單，好像生產線似的。我大略估計，這二名警察一個小時開三十張罰單，每張一百一十五美元。平均一個警察一小時有一千五百美元以上（假設罰單都收得到錢），這眞是讓本市賺錢的妙點子。而且把眞正該罰的人繩之以法。超速其實沒有害到別人，除非是間接傷害。於是我在想，直接去抓像插隊這種壞心行爲更孚眾望。這非常合乎布拉頓（William Bratton）「破窗」哲學的精神。我不確定這種執法是否從根本上減少了道路騙子的數目，因爲被抓到的機率一直是小到不行。然而其優點是(a)當蠻橫的駕駛人被抓到時，每個守法的駕駛人都會同聲歡呼；(b)這是對行爲不檢者課稅的非常有效方式。

因此，我對全國警察局的警政建議是，在道路上找一些方便取締的點，然後讓樂趣自動出現。

——SDL（二〇〇五年十一月十八日）

「拉斯維加斯規則」

上週末，李維特和我跑到拉斯維加斯，去做一些研究。（眞的。）這陣子我們有點悶悶不樂，於是決定玩二十一點。那是新年的除夕夜，大約晚上九點，在凱撒皇宮（Caesars Palace）。我們找個空位坐下來，莊家是個來自密西根的年輕女子，人很好，很有耐心地教我們各種好習慣，這些東西我們都不懂，顯示我們兩人都是生手。例如，一隻手要放在膝蓋上。當你要牌時，就輕敲檯子上的牌兩下。當你不要補牌時，就把你的牌插到籌碼底下。諸如此類。

有一陣子，李維特太過緊張。他已經拿到二十一點，卻不知怎麼搞的又叫了一張牌。最後一張是2。倒不是他不會玩或不會算術；只是心不在焉——後來他宣稱是忙著和我說話——而莊家看到他做了某個動作，要不然就是沒把某個動作做確實，所以顯示出他要一張牌。於是他有四張牌：一張JQK之類的人頭牌、一張4、一張7、和一張2。莊家很同情地看著他。我替李維特作證，對她說，他不是白痴，當然不會故意在二十一點時叫牌。她似乎相信我們的話。她說她要叫主管來看看怎麼處理。

她呼叫主管的名字，主管就在她後頭。我看得到這名主管，也看得出來他沒聽到。記住，這可是除夕夜的賭城，吵得很呢。她一直呼叫，我一直看到他聽不見，但她不會轉身去叫他。那表示她背對著堆滿籌碼的桌子，就算李維特笨到在二十一點叫牌，他應該有足夠的智力抓起一把籌碼溜走。（也許，她可能是想，他是在扮豬吃老虎，經常要出在二十一點叫牌這招，讓莊家轉身背對賭桌。）

最後，我自己走過去請這位主管過來。莊家把狀況解釋給他聽。他似乎接受李維特的說明。然後他看著我。「你要這張牌嗎？」他問道，指的是李維特所抽的那張2。

「啊，現在我懂了，我當然要這張牌。」我說。我當時是十七點，當然我不會在十七點時叫牌，但這張2會讓我拿到可愛的十九點。

「拿去，」他把2給了我，說：「新年快樂。」

接著莊家翻出一張牌就爆掉了。

我對賭博所知有限，但我知道下次再來拉斯維加斯玩二十一點的話，我一定要來凱撒。

請不要因此就認爲李維特眞是徹底的賭博白痴：第二天，我們坐在運動賭區裡，他抓了一份每日賽事表，研究了十分鐘左右就起身下注。他發現有一匹馬的賠率是7/2，還沒出賽過。但他看到一些他喜歡的東西。他賭這匹馬鐵定會贏。然後我們就從其中一個大螢幕觀看賽事。這匹馬花了六十秒才進入閘門就位——我們以爲它被抓傷了——但進去之後，閘門一打開，他那匹馬就一路領先到終點。這比他在二十一點上的表現要好多了。

——SJD（二〇〇六年一月三日）

「我差點被送進關塔那摩（Guantanamo）監獄」

我昨天到西棕櫚灘（West Palm Beach）機場，想要回芝加哥，只見我的班機在起飛時間看板上顯示「延誤」。他們甚至連假裝沒多久就要起飛都懶得做。稍經打探，我發現另一家航空公司有另一個班次可以載我回家，於是便買了單程機票往機場的安檢區走去。

當然，在最後一秒鐘買單程機票觸動了美國運輸安全局（TSA）的警鈴。於是我從隊伍中被拉出來搜查。先是全身搜查。然後搜行李。

我沒想到最近的研究竟然讓我惹上麻煩。最近我一直在思考恐怖主義的事。我的隨身行李中有九一一恐怖行動的詳細資料，裡頭全是恐怖分子的照片和出身背景資料。還有好幾頁我隨手寫的恐怖分子動機、潛在目標等東西。檢查員從我袋子裡首先拿出來的就是這些東西。先前的歡樂氣氛頓時轉為黑暗。四名安全局人員突然把我圍住。看起來他們不太相信我的解釋。當主管走過來時，其中一位安檢人員說：「他說他是研究恐怖主義的經濟學家。」

他們繼續搜，把我兩個包包裡的東西全都搜出來。自從我上次清理包包之後，就一直沒動過，比我更新網頁還懶。我的書包有十二個袋子，全都塞滿了垃圾。

「這是什麼東西？」檢查員問道。

「那是怪獸電力公司的護唇膏和鑰匙鍊。」我答道。

就這樣搞了三十分鐘。除了護唇膏之外，他特別感興趣的是我的護照（幸好那真的是我的護照）、PowerPoint 簡報、散落在包包裂縫裡的藥丸（經過多年風霜，上面鋪滿了鉛筆心和帆布鬚鬚）、和一本破舊的書《當好人遇上壞事》（*When Bad Things Happen to Good People*）。

他最後終於滿意我不是臥底的，讓我登上開往芝加哥的飛機。感謝上帝，我把最近寫部落格常用到的那本恐怖份子手冊留在家裡，要不然我當時就會被直接送到古巴去了。

——SDL（二〇〇五年七月十四日）

「諾貝爾獎得主謝林（Thomas Schelling）」

自從我離開大學之後，已經換了十次地址。每次搬家，我就會看著那箱破舊的大學筆記天人交戰，是不是要整箱丟掉。畢竟，已經超過十五年了，我從來都沒打開過那個箱子。

謝林得到諾貝爾經濟學獎一事，終於讓我有個理由去打開這個箱子。我大學三年級時，修了謝林所開的經濟系一〇三〇課。我想這門課的名稱大概是「衝突和策略」。上課的情形我還記得很清楚。謝林理個平頭，在講台上走來走去（如果我沒記錯的話，他從來不寫黑板），一個故事接著一個故事地講，闡述簡單的賽局理論觀念在日常生活中的應用。一個故事講完，到另一個故事開始講之前，停了好久，讓我以爲他是臨時想出來的，雖然我自己教書的經驗告訴我，不是這麼一回事。

我覺得，這個賽局理論的入門課深具啓發性。對一個做策略性思考的人，或是想要做策略性思考的人來說，賽局理論的基本工具是不可或缺的。謝林的課，美在數學是如此容易，且馬上可以應用到現實世界的問題上。這門課講的課題都是很基本的：第一堂上囚犯的兩難問題；第二、三堂上謝林自己的「引爆點」（tipping point）模型；接著上公有財的悲劇和公共財賽局；然後是承諾機制、有實質意義的威脅和沒有實質意義的威脅、以及控制自我行爲的策略和戰術。（如果你不瞭解這行的話，告訴你，謝林在葛拉威爾讓「引爆點」一詞大爲流行之前的三十年，就提出這個名詞。）

任何的經濟學家都可以在課堂上教這些東西，但沒有人教得像謝林一樣。每個觀念都附上密集的例子。我筆記做得很糟糕——我只寫下幾個關鍵字——如今我只能從這些字去猜背後的故事：「當羅德西亞變成辛巴威」、VHS vs. Beta、「橋牌隊的牌技品質」、「選擇同事」、「杜勒斯國際機場vs.國內線機場」、「橄欖球教練布萊恩特（Bear Bryant）不該投票給南加大」、「一個好的氣象預報員不做沒把握的猜測」、「賽前派對」、「倫敦vs.羅斯福」、「隨機沖馬桶」等。

我還記得我試著把謝林的課直接應用到實務上。認識我的人都知道我隨時隨地都會睡著。我猜，我大學時有百分之九十的課都睡過了。因此，當謝林教我們承諾時，我決定開始坐在頭一排，當作不睡覺的承諾。不幸得很，睡蟲實在是太厲害了。如果謝林還記得的話，我就是那個老是坐在第一排打瞌睡的孩子。

我認爲，謝林代表賽局理論最優質的部分。他是這個領域的先鋒，一個充滿點子的人。賽局理論實在很不幸，如此吸引人的簡單概念沒多久就被埋葬了。接下來的發展很沒趣。現代賽局理論已經變成純數學，充滿了符號，並脫離日常生活。我的許多同事並不認同我這點，但我認爲賽局理論並沒有實現當初的偉大承諾。我並不是唯一有這種感覺的人。我最近和一個知名的賽局理論家談過。他告訴我，如果當初知道這門學問會演變成現在所研究的這些東西，就絕對不去做賽局理論家。

謝林是我的啓蒙老師。他的課和論文對我產生很大的影響，把我推向經濟學。我研究經濟學的方法和他很像。去年我把這事告訴我一個同事，他曾經碰到謝林，並告訴謝林應該把我當成他的入室弟子。謝林不為所動。

——SDL（二〇〇五年十月二十日）

附註

本書內容多半取材於李維特的研究，而這些研究往往與其他人協力完成。下面的註解有些即是引用這些學術報告，還有些則是其他學者的研究，在此對他們的工作表達謝意，同時也感謝他們願意進一步接受訪談，使我們能把相關理念陳述得更清晰。本書還有部分資料來自作者以往未發表的研究或採訪。至於未於附註列出的資料則是來自通常可自由取用的資料庫、新聞報導與引述。

緣起

第二〇頁，引文段落均摘自 Stephen J. Dubner, "The Probability That a Real-Estate Agent Is Cheating You (and Other Riddles of Modern Life)," *The New York Times Magazine*, August 3, 2003.

緒論

第二三—二六頁，犯罪率不斷下跌：犯罪率下跌的論述參見 Steven D. Levitt, "Understanding Why Crime Fell in the 1990's: Four Factors That Explain the Decline and Six That Do Not," *Journal of Economic Perspectives* 18, no. 1 (2004), pp. 163-90.／第二三—二五頁，超級掠奪者參見 Eric Pooley, "Kids with Guns," *New York Magazine*, August 9, 1991; John J. DiIulio Jr., "The Coming of the Super-Predators," *Weekly Standard*, November 27, 1995; Tom Morganthau, "The Lull Before the Storm?" *Newsweek*, December 4, 1995; Richard Zoglin, "Now for the Bad News: A Teenage Time Bomb," *Time*, January 15, 1996; and Ted Gest, "Crime Time Bomb," *U.S. News & World Report*, March 25, 1996.／第二四頁，福克斯對犯罪的預估可參見以下的政府報告："Trends in Juvenile Violence: A Report to the United States Attorney General on Current and Future Rates of Juvenile Offending" (Washington, D.C.: Bureau of Justice Statistics, 1996) and "Trends in Juvenile Violence: An Update" (Washington, D.C.: Bureau of Justice Statistics, 1997).／第二四頁，柯林頓總統的憂心忡忡的論調摘自一九九七年在波士頓宣佈打擊犯罪新措施的演講，參見 Alison Mitchell, "Clinton Urges Campaign Against Youth Crime," *New York Times*, February 20, 1997.／第二五—二六頁，有關麥柯維的事蹟：參見 Douglas S. Wood, "Who Is 'Jane Roe?': Anonymous No More, Norma McCorvey No Longer Supports Abortion Rights," CNN.com,

June 18, 2003; and Norma McCorvey with Andy Meisler, *I Am Roe: My Life, Roe v. Wade, and Freedom of Choice* (New York: HarperCollins, 1994).／**第二六頁，墮胎與犯罪的關聯**，參見 John J. Donohue III and Steven D. Levitt, "The Impact of Legalized Abortion on Crime," *Quarterly Journal of Economics* 116, no. 2 (2001), pp. 379-420. 其他學者對這理論的一部分不認同。詳 Ted Joyce, "Did Legalized Abortion Lower Crime?" *Journal of Human Resources* 39, no. 1 (2004), pp. 1-28，以及唐納休和李維特的回應，"Further Evidence That Legalized Abortion Lowered Crime: A Response to Joyce," *Journal of Human Resources* 39, no. 1 (2004), pp. 29-49. 另詳 Christopher L. Foote and Christopher F. Goetz, "Testing Economic Hypotheses with State-Level Data: A Comment on Donohue and Levitt (2001)," Federal Reserve Bank of Boston working paper, no. 05-15 (2005)，以及，同樣的，唐納休和李維特的回應，"Measurement Error, Legalized Abortion, the Decline in Crime: A Response to Foote and Goetz (2005)," National Bureau of Economic Research working paper, 2006.

第二六—二九頁，房地產仲介：評量房地產仲介人自售房屋與代客戶售屋的差別，參見 Steven D. Levitt and Chad Syverson, "Market Distortions When Agents Are Better Informed: A Theoretical and Empirical Exploration of the Value of Information in Real Estate Transactions," National Bureau of Economic Research working paper, 2005.／**第二七頁，加州汽車技師在檢查時放水**，參見 Thomas Hubbard, "An Empirical Examination of Moral Hazard in the Vehicle Inspection Market," *RAND Journal of Economics* 29, no. 1 (1998), pp. 406-26; and in Thomas

Hubbard, "How Do Consumers Motivate Experts? Reputational Incentives in an Auto Repair Market," *Journal of Law & Economics* 45, no. 2 (2002), pp. 437-68.／**第二七頁，婦產科醫師進行不必要的剖腹生產**，參見Jonathan Gruber and Maria Owings, "Physician Financial Incentives and Caesarean Section Delivery" *RAND Journal of Economics* 27, no. 1 (1996), pp. 99-123.

第二九—三二頁，有關競選經費的迷思，更詳盡的探討參見Steven D. Levitt, "Using Repeat Challengers to Estimate the Effect of Campaign Spending on Election Outcomes in the U.S. House," *Journal of Political Economy*, August 1994, pp. 777-98; Steven D. Levitt, "Congressional Campaign Finance Reform," *Journal of Economic Perspectives 9 (1995)* pp.183-93; and Steven D. Levitt and James M. Snyder Jr., "The Impact of Federal Spending on House Election Outcomes," *Journal of Political Economy* 105, no. 1(1997), pp. 30-53.

第三二頁，每天應喝八大杯水：參見Robert J. Davis, "Can Water Aid Weight Loss?" *Wall Street Journal*, March 16, 2004，其中引述一項醫藥協會的報告，指出：「建議每天喝八大杯水並無科學根據，大多數人經由正常的食物與飲料消耗即可獲得足夠的水份。」

第三三—三四頁，亞當・斯密的著作現在當然仍然值得研讀（尤其如果你耐心絕佳）；海爾布洛納的《俗世哲學家》（New York: Simon & Schuster, 1953）亦是如此，其中對斯密、馬克斯、韋布倫（Thorstein Veblen）、凱因斯、熊彼德（Joseph Schumpeter）與其他經濟學大師均有令人難忘的描繪。

1 小學老師與相撲選手有何共通點？

第三五—三六頁、第三九頁，以色列托兒所的研究。。參見 Uri Gneezy and Aldo Rustichini, "A Fine Is a Price," *Journal of Legal Studies* 29, no. 1 (January 2000), pp. 1-17; and Uri Gneezy, "The 'W' Effect of Incentives," University of Chicago working paper.

第三七—三八頁，謀殺案件的長期趨勢。。參見 Manuel Eisner, "Secular Trends of Violence, Evidence, and Theoretical Interpretations," *Crime and Justice: A Review of Research* 3 (2003); also presented in Manuel Eisner, "Violence and the Rise of Modern Society," *Criminology in Cambridge*, October 2003, pp. 3-7.

第三九頁，傑弗遜的談話。。參見 *Autobiography of Thomas Jefferson* (1829; reprint. New York: G.P. Putnam's Sons, 1914), p. 156.

第三九頁，捐血與酬勞。。參見 Richard M. Titmuss, "The Gift of Blood," *Transaction* 8 (1971); also presented in *The Philosophy of Welfare: Selected Writings by R. M. Titmuss*, ed. B. Abel-Smith and K. Titmuss (London: Allen and Unwin, 1987).亦參見 William E. Upton, "Altruism, Attribution, and Intrinsic Motivation in the Recruitment of Blood Donors," Ph.D. diss., Cornell University, 1973.

第四〇頁，七百萬美國小孩一夕之間消失。。參見 Jeffrey Liebman, "Who Are the Ineligible

EITC Recipients?" *National Tax Journal* 53 (2000), pp. 1165–86. Liebman's paper was citing John Szilagyi, "Where Some of Those Dependents Went," *1990 Research Conference Report: How Do We Affect Taxpayer Behavior?* (Internal Revenue Service: March 1991), pp.162–63.

第四一—五一頁，芝加哥教師作弊事件：這項研究對關鍵測驗的背景有詳細的說明，研究內容可參考以下兩篇論文：Brian A. Jacob and Steven D. Levitt, "Rotten Apples: An Investigation of the Prevalence and Predictors of Teacher Cheating," *Quarterly Journal of Economics* 118, no. 3 (2003), pp. 843–77; and Brian A. Jacob and Steven D. Levitt, "Catching Cheating Teachers: The Results of an Unusual Experiment in Implementing Theory," *Brookings-Wharton Papers on Urban Affairs*, 2003, pp. 185–209.／**第四二頁，歐克蘭五年級學童的放水老師**：取材於作者對歐克蘭公立學校一位前助理督學的訪談。／**第四六頁，北卡羅萊納州老師的作弊情況**：參見 G. H. Gay, "Standardized Tests: Irregularities in Administering of Tests Affect Test Results," *Journal of Instructional Psychology* 17, no. 2 (1990), pp. 93–103.／**第五〇—五一頁，芝加哥學校執行長鄧肯的故事大致根據作者的訪談**，亦參見 Amy D'Orio, "The Outsider Comes In," *District Administration: The Magazine for K-12 Education Leaders*, August 2002; and various *Chicago Tribune* articles by Ray Quintanilla.

第五二—五三頁，喬治亞大學的籃球測驗事件之所以曝光，是由於該校針對全國大學運動委員會的調查而公布的長達一千五百頁的文件。

第五三—五九頁，相撲的作弊：參見 Mark Duggan and Steven D. Levitt, "Winning Isn't

Everything: Corruption in Sumo Wrestling," *American Economic Review* 92, no. 5 (December 2002), pp. 1594-1605.／**第五三—五九頁，有關相撲的知識**可參考：Mina Hall, *The Big Book of Sumo* (Berkeley, Calif.: Stonebridge Press, 1997); Keisuke Itai, *Nakabon* (Tokyo: Shogakkan Press, 2000); and Onaruto, *Yaocho* (Tokyo: Line Books, 2000).／**第五八頁，兩位揭發相撲弊案的選手離奇死亡**：參見 Sheryl WuDunn, "Sumo Wrestlers (They're BIG) Facing a Hard Fall," *New York Times*, June 28, 1996; and Anthony Spaeth, "Sumo Quake: Japan's Revered Sport Is Marred by Charges of Tax Evasion, March Fixing, Ties to Organized Crime, and Two Mysterious Deaths," reporting by Irene M. Kunii and Hiroki Tashiro, *Time* (*International Edition*), September 30, 1996.

第五九—六四頁，貝果人費爾曼：費爾曼希望找一位對他的資料有興趣的經濟學者，結果引起李維特的注意。(好幾位其他學者並未回應。) 本書兩位作者隨後親自到華盛頓參觀費爾曼的業務。他們在這方面的研究整理爲以下一篇文章，內容與本章所述大致相同：Stephen J. Dubner and Steven D. Levitt, "What the Bagel Man Saw," *The New York Times Magazine*, June 6, 2004. 李維特也撰寫了一篇相關的學術論文 "An Economist Sells Bagel: A Case Study in Profit Maximization, *National Bureau of Economic Research* working paper 2006."。／**第六一頁，「海灘啤酒」研究，**參見 Richard H. Thaler, "Mental Accounting and Consumer Choice," *Marketing Science* 4 (Summer 1985), pp. 119-214；也值得一讀的是 Richard H. Thaler, *The Winner's Curse: Paradoxes and Anomalies of Economic Life* (New York: Free Press, 1992).

2 三K黨與房地產仲介有何相似處？

第六五－七四頁，洩露三K黨的祕密：自從《蘋果橘子經濟學》第一版發行之後，這一節做了重大的修正，因爲作者發現甘乃迪——在他的回憶錄《撕下面具的三K黨》，以及在和作者的訪談中——做錯誤的表示，說他自己擔任滲透和打擊三K黨的角色。（有關這件事的完整說明，詳第二四五頁〔「欺世盜名」一文，NYT Jan. 8, 2006〕。）有關整個三K黨歷史，詳 Col. Winfield Jones, *Knights of the Ku Klux Klan*, 1865–1965 (Garden City, NY: Doubleday, 1965); Wyn Craig Wade, *The Fiery Cross: The Ku Klux Klan in America* (New York: Simon & Schuster, 1987)；及許多文獻。和甘乃迪關係最密切的作品包括 *Southern Exposure* (Garden City, NY: Doubleday, 1946; re-published in 1911 by Florida Atlantic university Press, 1990)和 *The Klan Unmasked* (Boca Raton: Florida Atlantic University Press, 1990)，原先出版時是 *I Rode with the Ku Klux Klan* (London: Arco Publishers, 1954)。Ben Green, *Before His Time: The Untold Story of Harry T. Moore, America's First Civil Rights Martyr* (New York: Simon & Schuster, 1999) 也很有用。甘乃迪有關三K黨、「布朗」報告，和其他相關文件的檔案，可以在好幾個檔案室裡找到，包括 Schomburg Center for Research in Black Culture, a public library in New York City; the George State University Library in Atlanta; and the archives of the Anti-Defamation League in New York City. 皮爾森的"Washington Merry-Go-Round"廣播節目稿可以在 http://www.aladin.wrlc.org/gsdl/collect/

pearson/pearson.shtml 找到。

第七五—七六頁，定期壽險費率參見 Jeffrey R. Brown and Austan Goolsbee, "Does the Internet Make Markets More Competitive? Evidence from the Life Insurance Industry," *Journal of Political Economy* 110, no. 3 (June 2002), pp. 481-507.

第七六頁，誠如美國最高法院法官布蘭迪斯所言：「陽光是最好的殺菌劑。」參見 Louis D. Brandeis, *Other People's Money—and How Bankers Use It* (New York: Frederick A. Stokes, 1914).

第七六頁，全新二手車：這一理論以及今日我們對資訊不對稱性的認識，來自阿克洛夫（George A. Akerlof）於一九六六至一九六七年在柏克萊擔任助理教授的頭一年所寫的一篇論文："The Market for 'Lemons': Quality Uncertainty and the Market Mechanism," *Quarterly Journal of Economics*, August 1970. 這篇論文曾被退稿三次——據阿克洛夫事後回憶，其中兩家期刊告訴他，它們「不刊登以這類芝麻小事爲主題的論文」。大約三十年後，阿克洛夫因這篇論文而獲得諾貝爾經濟學獎。

第七八頁，安隆錄音帶：目前這些錄音帶可以在下述網站聽到 http://www.cbsnews.com/stories/2004/06/01/eveningnews/main6_20626.shtml. 亦參見 Richard A. Oppel Jr., "Enron Traders on Grandma Millie and Making Out Like Bandits," *New York Times*, June 13, 2004.

第七九頁，血管擴張術有必要嗎？參見 Gina Kolata, "New Heart Studies Question the Value of Opening Arteries," *New York Times*, March 21, 2004.

第七九－八五頁，房地產仲介問題：參見 Steven D. Levitt and Chad Syverson, "Market Distortions When Agents Are Better Informed: A Theoretical and Empirical Exploration of the Value of Information in Real-Estate Transactions," National Bureau of Economic Research working paper, 2005.

第八五頁，洛特，半公開的種族隔離主義者？有關洛特發表此項言論的場景，參見 Dan Goodgame and Karen Tumulty, "Lott: Tripped Up by History," Time.com/cnn.com, December 16, 2002.

第八六－八八頁，〈智者生存〉：參見 Steven D, Levitt, "Testing Theories of Discrimination: Evidence from *The Weakest Link*," *Journal of Law and Economics* 17 (October 2004), pp. 431-52.／**第八七頁，偏好性歧視理論**首見於 Gary S. Becker, *The Economics of Discrimination* (Chicago: University of Chicago Press, 1957).／第七九頁，資訊性歧視源自一些論文，包括 Edmund Phelps, "A Statistical Theory of Racism and Sexism," *American Economic Review* 62, no. 4 (1972), pp. 659-61; and Kenneth Arrow, "The Theory of Discrimination," *Discrimination in Labor Markets*, ed. Orley Ashenfelter and Albert Rees (Princeton, N.J.: Princeton University Press, 1973).

第八八－九一頁，線上約會：參見 Günter J. Hitsch, Ali Hortaçsu, and Dan Ariely, "What Makes You Click: An Empirical Analysis of Online Dating," University of Chicago working paper, 2005.

第九二頁，選民在丁金斯對朱利安尼的選舉民調中說謊：參見 Timur Kuran, *Private Truths*

Public Lies: The Social Consequences of Preference Falsification (Cambridge, Mass.: Harvard University Press, 1995); also Kevin Sack, "Governor Joins Dinkins Attack Against Rival," *New York Times*, October 27, 1989; and Sam Roberts, "Uncertainty over Polls Clouds Strategy in Mayor Race," *New York Times*, October 31, 1989.

第九二頁，選民在杜克的選舉民調中說謊：參見 Kuran, *Private Truths, Public Lies*, also Peter Applebome, "Republican Quits Louisiana Race in Effort to Defeat Ex-Klansman," *New York Times*, October 5, 1990; and Peter Applebome, "Racial Politics in South's Contests: Hot Wind of Hate or Last Gasp?" *New York Times*, November 5, 1990.

第九二頁，杜克，濫用資訊的高手：相關的資料如 Karen Henderson, "David Duke's Work-Release Program," *National Public Radio*, May 14, 2004; John McQuaid, "Duke's Decline," *New Orleans Times-Picayune*, April 13, 2003.

3 爲何毒販還和母親住一起？

第九三頁，蓋博瑞斯的傳統觀點：參見 "The Concept of the Conventional Wisdom," the second chapter of *The Affluent Society* (Boston: Houghton Mifflin, 1958).

第九四頁，史奈德與數百萬無家可歸的遊民：史奈德的社會運動所引發的爭議廣受報導，尤其是科羅拉多的報紙在一九八〇年代初期以及一九九〇史奈德自殺那年。有關此一課題的概覽可參見 Gary S. Becker and Guity Nashat Becker, "How the Homeless 'Crisis' Was Hyped," in *The Economics of Life* (New York: McGraw-Hill, 1997), pp. 175-76：本章資料摘自相同作者一九九四年發表於 *Business Week* 的文章。

第九五頁，口臭問題受到重視：李施德霖有趣的發展史在以下的著作中有精采的敘述：*Twenty Ads That Shook the World: The Century's Most Groundbreaking Advertising and How It Changed Us All* (New York: Crown, 2000), pp. 60-69.

第九五頁，小布希刻意表現像個牛仔：參見 Paul Krugman, "New Year's Resolutions," *New York Times*, December 26, 2003.

第九五頁，強暴案並不如一般所想像那樣多：二〇〇二全國犯罪調查在設計上特別注意受訪者的誠實回答，結果發現婦女一生中成爲強暴或非自願性行爲受害者的機率是八分之一（而不是論者所宣稱的三分之一），至於男性的風險則是四十分之一，而不是論者所宣稱的九分之一。

第九六頁，犯罪並沒那麼多：參見 Mark Niesse, "Report Says Atlanta Underreported Crimes to Help Land 1996 Olympics," Associated Press, February 20, 2004.

第九七—一一二頁，凡卡德希深入販毒幫派：凡卡德希目前爲哥倫比亞大學社會學與非裔美國人研究的教授。／**第九七—一〇二頁，凡卡德希的親身經歷**大都根據作者的訪談，亦參見 Jordan Marsh, "The Gang Way," *Chicago Reader*, August 8, 1997; and Robert L. Kaiser, "The Science of Fitting In," *Chicago Tribune*, December 10, 2000.／**第一〇三—一一二頁，快克幫派的細節**參見以下四篇論文：Sudhir Alladi Venkatesh and Steven D. Levitt: "The Financial Activities of an Urban Street Gang," *Quarterly Journal of Economics* 115, no. 3 (August 2000), pp. 755-89; "'Are We a Family or a Business?' History and Disjuncture in the Urban American Street Gang," *Theory and Society* 29 (Autumn 2000), pp. 427-62; "Growing Up in the Projects: The Economic Lives of a Cohort of Men Who Came of Age in Chicago Public Housing," *American Economic Review* 91, no. 2 (2001), pp. 79-84; and "The Political Economy of an American Street Gang," American Bar Foundation working paper, 1998. See also Sudhir Alladi Venkatesh, *American Project: The Rise and Fall of a Modern Ghetto* (Cambridge, Mass.: Harvard University Press 2000)／

第一〇七頁，毒品交易是美國最危險的工作：根據勞工統計局的資料，美國最危險的十個合法行業是伐木工、漁夫、飛機與船舶駕駛、結構金屬工、司機／業務人員、屋頂修理工、電力裝設人員、農場工人、建築工人、卡車司機。

第一一二頁，尼龍絲襪的發明：杜邦的一位年經化學家卡若瑟斯（Wallace Carothers）經過七年的研究後，發明一種方法將液態聚合體由微小噴嘴吹出，產生超強的纖維，這就是尼龍。幾年後，杜邦開始在紐約與倫敦推出尼龍絲襪。不過和通俗說法不同的是，這種奇蹟性纖維的名稱NYLON並非取自紐約與倫敦這兩大城市名字的組合，也不是謠傳中調侃當年稱霸絲綢市場的日本：「日本佬，這回你們輸了」（Now You've Lost, Old Nippon）的縮寫。這個名字其實只不過是「別跑」（No Run）的諧音，暗示這種新襪子其實不耐穿，不過這個缺陷幾乎絲毫未使它的成功有所遜色。可惜長期爲憂鬱症所苦的卡若瑟斯未能目睹自己的心血開花結果：他於一九三七年服氰化物自殺。參見 Matthew E. Hermes, *Enough for One Life-time: Wallace Carothers, Inventor of*

Nylon (Philadelphia: Chemical Heritage Foundation, 1996).

第一一三頁，快克暱稱：大達拉斯酒類與藥物濫用委員會（The Greater Dallas Council on Alcohol and Drug Abuse）曾就古柯鹼的街頭俗名整理出相當有趣的索引。古柯鹼粉的別名有：Badrock, Bazooka, Beam, Berni, Bernice, Big C, Blast, Blizzard, Blow, Blunt, Bouncing Powder, Bump, C, Caballo, Caine, Candy, Caviar, Charlie, Chicken Scratch, Coca, Cocktail, Coconut, Coke, Cola, Damablanca, Dust, Flake, Flex, Florida Snow, Foo Foo, Freeze, G-Rock, Girl, Goofball, Happy Dust, Happy Powder, Happy Trails, Heaven, King, Lady, Lady Caine, Late Night, Line, Mama Coca, Marching Dust/Powder, Mojo, Monster, Mujer, Nieve, Nose, Nose Candy, P-Dogs, Peruvian, Powder, Press, Prime Time, Rush, Shot, Sleighride, Sniff, Snort, Snow, Snowbirds, Soda, Speedball, Sporting, Stardust, Sugar, Sweet Stuff, Toke, Trails, White Lady, White Powder, Yeyo, Zip. 可抽的古柯鹼別名有：Base, Ball, Beat, Bisquits, Bones, Boost, Boulders, Brick, Bump, Cakes, Casper, Chalk, Cookies, Crumbs, Cubes, Fatbags, Freebase, Gravel, Hardball, Hell, Kibbles'n Bits, Kryptonite, Love, Moonrocks, Nuggets, Onion, Pebbles, Piedras, Piece, Ready Rock, Roca, Rock(s), Rock Star, Scotty, Scrabble, Smoke House, Stones, Teeth, Tornado.

第一一三頁，快克拓荒者：布蘭東與美國中情局的合作傳聞，曾在報上以三天連載詳盡報導，引發極大爭議：*San Jose Mercury* News series by Gary Webb, beginning on August 18, 1996. 亦參見 Tim Golden, "Though Evidence Is Thin, Tale of C.I.A. and Drugs Has a Life of Its Own," *New York Times*, October 21, 1996; and Gary Webb, *Dark Alliance: The CIA, the Contras, and the*

Crack Cocaine Explosion (New York: Seven Stories Press, 1998). 美國司法部稍後對此曾進行詳細調查，參見 "The C.I.A.—Contra—Crack Cocaine Controversy: A Review of the Justice Department's Investigations and Prosecutions," 亦可上網 www.usdoj.gov/oig/special/9712/ch01p1.htm.

第一一三頁，美國的幫派，參見 Frederick Thrasher, *The Gang* (Chicago: University of Chicago Press, 1927).

第一一四頁，快克之前黑白差距的縮小，參見 Rebecca Blank, "An Overview of Social and Economic Trends By Race," in *America Becoming: Racial Trends and Their Consequences*, ed. Neil J. Smelser, William Julius Wilson, and Faith Mitchell (Washington, D.C.: National Academy Press, 2001), pp. 21-40.／**第一一四頁，黑人嬰兒死亡率**，參見 Douglas V. Almond, Kenneth Y. Chay, and Michael Greenstone, "Civil Rights, the War on Poverty, and Black-White Convergence in Infant Mortality in Mississippi," National Bureau of Economic Research working paper, 2003.

第一一四—一一六頁，有關快克各種負面影響，參見 Roland G. Fryer Jr., Paul Heaton, Steven D. Levitt, and Kevin Murphy, "The Impact of Crack Cocaine," University of Chicago working paper, 2005.

4 罪犯都跑到哪裡去了？

第一一九—一二〇頁，西奧塞古的墮胎禁令，有關西奧塞古與羅馬尼亞的背景資料取材自各種來源，包括 "Eastern Europe, the Third Communism," *Time*, March 18, 1966; "Ceauçescu Ruled with an Iron Grip," *Washington Post*, December 26, 1989; Ralph Blumenthal, "The Ceauçescus: 24 Years of Fierce Repression, Isolation and Independence," *New York Times*, December 26, 1989; Serge Schmemann, "In Cradle of Rumanian Revolt, Anger Quickly Overcame Fear," *New York Times*, December 30, 1989; Karen Breslau, "Overplanned Parenthood: Ceauçescu's Cruel Law," *Newsweek*, January 22, 1990; and Nicolas Holman, "The Economic Legacy of Ceauçescu" *Student Economic Review*, 1994.／**第一一九頁，羅馬尼亞墮胎禁令及其影響**，參見：Cristian Pop-Eleches, "The Impact of an Abortion Ban on Socio-Economic Outcomes of Children: Evidence from Romania," Columbia University working paper, 2002; and Cristian Pop-Eleches, "The Supply of Birth Control Methods, Education and Fertility: Evidence from Romania," Columbia University working paper, 2002.

第一二一—一二三頁，美國犯罪大幅下降：如前所述，這一資料取材自 Steven D. Levitt, "Understanding Why Crime Fell in the 1990's: Four Factors That Explain the Decline and Six That Do Not," *Journal of Economic Perspectives* 18, no. 1 (2004), pp. 163-90.／**第一二一頁，福克斯刻意的誇大**：參見 Torsten Ove, "No Simple Solution for Solving Violent Crimes," *Pittsburgh Post-Gazette*, September 12, 1999.

第一二三頁，政治人物對犯罪的態度愈趨寬容：這一課題的相關探討參見 Gary S. Becker and Guity Nashat Becker, "Stiffer Jail Terms Will Make Gunmen More Gun-Shy," "How to Tackle

Crime? Take a Tough, Head-On Stance," and "The Economic Approach to Fighting Crime," all in *The Economics of Life* (New York: McGraw-Hill, 1997), pp. 135-44。這些文章均摘自相同作者發表於 *Business Week* 的文章。

第一二三—一二五頁，監獄囚禁人數增加：毒品罪入監服刑者增加十五倍，參見 Ilyana Kuziemko and Steven D. Levitt, "An Empirical Analysis of Imprisoning Drug Offenders," *Journal of Public Economics* 88, nos. 9-10 (2004), pp. 2043-66.／**第一二四頁，如果把所有囚犯釋放會如何？**參見 William Nagel, "On Behalf of a Moratorium on Prison Construction," *Crime and Delinquency* 23 (1977), pp. 152-74.／**第一二五頁，迪埃猶利歐的揶揄之詞：**參見 John J. DiIulio Jr., "Arresting Ideas: Tougher Law Enforcement Is Driving Down Urban Crime," *Policy Review*, no. 75 (Fall 1995).

第一二五—一二六頁，死刑：紐約州一九九五尚未處決一名犯人的詳細說明，參見 "Capital Punishment in New York State: Statistics from Eight Years of Representation, 1995-2003" (New York: The Capital Defender Office, August 2003)，可查閱 nycdo.org/8yr.html. 近期紐約上訴法院裁決死刑爲違憲，使得所有死刑的執行幾乎停擺。／**第一二六頁，處決一名犯人等於減少七件他可能犯下的殺人案：**參見 Isaac Ehrlich, "The Deterrent Effect of Capital Punishment: A Question of Life and Death," *American Economic Review* 65 (1975), pp. 397-417; and Isaac Ehrlich, "Capital Punishment and Deterrence: Some Further Thoughts and Evidence," *Journal of Political Economy* (1977), pp. 741-88.／**第一二六頁，「我不會再去對死刑機器修修補補。」**摘自布萊克門法官在

一九九四年最高法院駁回重審一件德州死刑案的反對意見：*Callins v. Collins*, 510 U.S. 1141 (1994); cited in *Congressional Quarterly Researcher* 5, no. 9 (March 10, 1995). 美國法院似乎也對死刑失去胃口——部分原因是由於近年無辜者遭處決或被判死刑者獲赦免的情形時有所聞。一九九〇年代，平均每年有二百九十人被判死刑，但自二〇〇〇年起的四年，這個數字已降為一百七十四人。參見 Adam Liptak, "Fewer Death Sentences Being Imposed in U.S.," *New York Times*, September 15, 2004.

第一二七—一二八頁，警察真的可以降低犯罪嗎？：參見 Steven D. Levitt, "Using Electoral Cycles in Police Hiring to Estimate the Effect of Police on Crime," *American Economic Review* 87, no. 3 (1997), pp. 270-90; Steven D. Levitt, "Why Do Increased Arrest Rates Appear to Reduce Crime: Deterrence, Incapacitation, or Measurement Error?" *Economic Inquiry* 36, no. 3 (1998), pp. 353-72; and Steven D. Levitt, "The Response of Crime Reporting Behavior to Changes in the Size of the Police Force: Implications for Studies of Police Effectiveness Using Reported Crime Data," *Journal of Quantitative Criminology* 14 (February 1998), pp. 62-81.／**第一二八頁，一九六〇年代是犯罪的好時間**：參見 Gary S. Becker and Guity Nashat Becker, *The Economics of Life* (New York: McGraw-Hill, 1997), pp. 142-43.

第一二八—一三一頁，紐約的治安奇蹟：「我們的雅典時期」的說法來自作者與前警官 William J. Gorta 的訪談，他也是 CompStat 發明人之一。／**第一二九頁，破窗理論**：參見 James Q. Wilson and George L. Kelling, "Broken Windows: The Police and Neighborhood Safety," *Atlantic*

Monthly, March 1982.／第一三一頁，布拉頓在洛杉磯上任後增加警力：參見 Terry McCarthy, "The Gang Buster," *Time*, January 19, 2004.

第一三三—一三四頁槍械法規：美國槍枝數多於成人數，參見 Philip Cook and Jens Ludwig, *Guns in America: Results of a Comprehensive Survey of Gun Ownership and Use* (Washington: Police Foundation, 1996).／第一三三頁，槍枝與犯罪的關聯：參見 Mark Duggan, "More Guns, More Crime," *Journal of Political Economy* 109, no. 5 (2001), pp. 1086–1114.／第一三三頁，瑞士的槍枝：參見 Stephen P. Halbrook, "Armed to the Teeth, and Free," *Wall Street Journal Europe*. June 4, 1999.／第一三三頁布萊迪法案毫無作用：參見 Jens Ludwig and Philip Cook, "Homicide and Suicide Rates Associated with Implementation of the Brady Handgun Violence Prevention Act," *Journal of the American Medical Association* 284, no. 5. (2000), pp. 585–91.／第一三三頁，歹徒購買黑槍：參見 James D. Wright and Peter H. Rossi, *Armed and Considered Dangerous: A Survey of Felons and Their Firearms* (Hawthorne, N.Y.: Aldine de Gruyter, 1986).／第一三四頁，以免費心理治療作爲繳回槍枝報酬：參見 "Wise Climb-Down, Bad Veto," *Los Angeles Times*, October 5, 1994.／第一三三頁，爲何槍枝買回沒有效果：參見 C. Callahan, F. Rivera, and T. Koepsell, "Money for Guns: Evaluation of the Seattle Gun Buy-Back Program," *Public Health Reports* 109, no. 4 (1994), pp. 472–77; David Kennedy, Anne Piehl, and Anthony Braga, "Youth Violence in Boston: Gun Markets, Serious Youth Offenders, and a Use-Reduction Strategy," *Law and Contemporary Problems* 59 (1996), pp. 147–83; and Peter Reuter and Jenny Mouzon, "Australia: A Massive Buy-back of Low-Risk Guns," in *Evaluating Gun Policy: Effects on Crime and Violence*, ed. Jens Ludwig and Philip Cook (Washington, D.C.: Brookings Institution, 2003).／**第一三四頁，洛特的攜槍理論**：參見 John R. Lott Jr. and David Mustard, "Right-to-Carry Concealed Guns and the Importance of Deterrence," *Journal of Legal Studies* 26 (January 1997), pp. 1-68; and John R. Lott Jr., *More Guns, Less Crime: Understanding Crime and Gun Control Laws* (Chicago: University of Chicago Press, 1998).／**第一三四頁，洛特利用瑪麗・羅許的化名**：參見 Julian Sanchez, "The Mystery of Mary Rosh," *Reason*, May 2003; and Richard Morin, "Scholar Invents Fan to Answer His Critics," *Washington Post*, February 1, 2003.／**第一三四頁，對洛特理論的反駁**：參見 Ian Ayres and John J. Donohue III, "Shooting Down the 'More Guns, Less Crime Hypothesis," *Stanford Law Review* 55 (2003), pp. 1193-1312; and Mark Duggan, "More Guns, More Crime," *Journal of Political Economy* 109, no. 5 (2001), pp. 1086-1114.

第一三五—一三六頁，快克泡沫的破滅：有關快克歷史與相關細節，參見 Roland G. Fryer Jr., Paul Heaton, Steven Levitt, and Kevin Murphy, "The Impact of Crack Cocaine," University of Chicago working paper, 2005.／**第一三五頁，二五%殺人案件**：參見 Paul J. Goldstein, Henry H. Brownstein, Patrick J. Ryan, and Patricia A. Bellucci, "Crack and Homicide in New York City: A Case Study in the Epidemiology of Violence," in *Crack in America: Demon Drugs and Social Justice*, ed. Craig Reinarman and Harry G. Levine (Berkeley: University of California Press, 1997), pp. 113-30.

第一三六頁，人口老化理論：參見 Steven D. Levitt, "The Limited Role of Changing Age Structure in Explaining Aggregate Crime Rates," *Criminology* 37, no. 3 (1999), pp. 581-99. 雖然老化理論目前已經廣受質疑，但不少專家仍繼續鼓吹。參見 Matthew L. Wald, "Most Crimes of Violence and Property Hover at 30-Year Low," *New York Times*, September 13, 2004，該文中司法統計局長 Lawrence A. Greenfield 指出：「有關這些年來犯罪率爲何一直下跌，而且目前處於我們一九七三年開始測量以來的最低水準，或許並沒有單一因素可以解釋。可能與人口因素有關，也可能是因爲許多惡性重大者給關在牢裡。」／**第一三六頁，「地平線的一端烏雲密佈」**：參見 James Q. Wilson, "Crime and Public Policy" in *Crime*, ed. James Q. Wilson and Joan Petersilia (San Francisco: ICS Press, 1995), p. 507.

第一三七—一四五頁，墮胎與犯罪的關聯：參見 John J. Donohue III and Steven D. Levitt, "The Impact of Legalized Abortion on Crime," *Quarterly Journal of Economics* 116, no. 2 (2001), pp. 379-420; and John J. Donohue III and Steven D. Levitt, "Further Evidence That Legalized Abortion Lowered Crime: A Response to Joyce," *Journal of Human Resources* 39, no. 1 (2004), pp. 29-49.／**第一三七頁，東歐其他地區與北歐的墮胎研究**：參見 P. K. Dagg, "The Psychological Sequelae of Therapeutic Abortion—Denied and Completed," *American Journal of Psychiatry* 148, no. 5 (May 1991), pp. 578-85; and Henry David, Zdenek Dytrych, et al., *Born Unwanted: Developmental Effects of Denied Abortion* (New York: Springer, 1988).／**第一三八頁，洛伊對韋德案的多數意見**：*Roe v. Wade*, 410 U.S. 113 (1973).／**第一三八頁，典型被墮胎掉的小孩**：參見 Jonathan

Gruber, Philip P. Levine, and Douglas Staiger, "Abortion Legalization and Child Living Circumstances: Who Is the 'Marginal Child?'" *Quarterly Journal of Economics* 114 (1999), pp. 263-91.／第一三九頁，預測未來成爲罪犯的最重要因素：參見 Rolf Loeber and Magda Stouthamer-Loeber, "Family Factors as Correlates and Predictors of Juvenile Conduct Problems and Delinquency," *Crime and Justice*, vol. 7, ed. Michael Tonry and Norval Morris (Chicago: University of Chicago Press, 1986); also, Robert Sampson and John Laub, *Crime in the Making: Pathways and Turning Points Through Life* (Cambridge, Mass.: Harvard University Press, 1993).／第一三九頁，母親二十歲以下亦是如此：參見 William S. Comanor and Llad Phillips, "The Impact of Income and Family Structure on Delinquency," University of California—Santa Barbara working paper, 1999.／第一三九頁，母親的教育水準是子女未來是否犯罪最重要的單一因素：Pirkko Räsäneu et al., "Maternal Smoking During Pregnancy and Risk of Criminal Behavior Among Adult Male Offspring in the Northern Finland 1966 Birth Cohort," *American Journal of Psychiatry* 156 (1999), pp. 857-62.／第一三九頁，殺嬰事件大幅下降：參見 Susan Sorenson, Douglas Wiebe, and Richard Berk, "Legalized Abortion and the Homicide of Young Children: An Empirical Investigation," *Analyses of Social Issues and Public Policy* 2, no. 1 (2002), pp. 239-56.／第一四一頁，澳洲與加拿大的研究：參見 Anindya Sen, "Does Increased Abortion Lead to Lower Crime? Evaluating the Relationship between Crime, Abortion, and Fertility," unpublished manuscript; and Andrew Leigh and Justin Wolfers, "Abortion and Crime," *AQ: Journal of Contemporary Analysis* 72, no. 4

(2000), pp. 28-30.／**第一四一頁，因墮胎而未生下的女孩**：參見 John J. Donohue III, Jeffrey Grogger, and Steven D. Levitt, "The Impact of Legalized Abortion on Teen Childbearing," University of Chicago working paper, 2002.／**第一四二頁，墮胎罪孽更甚於奴隸制度**：參見 Michael S. Paulsen, "Accusing Justice: Some Variations on the Themes of Robert M. Cover's *Justice Accused*," *Journal of Law and Religion* 7, no. 33 (1989), pp. 33-97.／**第一四二頁，墮胎「堪稱唯一有效的犯罪防範措施」**：參見 Anthony V. Bouza, *The Police Mystique: An Insider's Look at Cops, Crime, and the Criminal Justice System* (New York: Plenum, 1990).／**第一四二頁，拯救一隻斑點梟要花九百萬美元**：參見 Gardner M. Brown and Jason F. Shogren, "Economics of the Endangered Species Act," *Journal of Economic Perspectives* 12, no. 3 (1998), pp. 3-20.／**第一四二頁，願意花三十一美元來預防類似埃克森．瓦爾德茲號漏油事件**：參見 Glenn W. Harrison, "Assessing Damages for the Exxon Valdez Oil Spill," University of Central Florida working paper, 2004.／**第一四三—一四四頁，人體器官價格表**：摘自 the state of Connecticut's Workers' Compensation Information Packet, p. 27，可查閱 wcc.state.ct.us/download/acrobat/info-packet.pdf.

5 怎樣才算理想的父母？

第一四七—一四八頁，親子專家的觀點時刻都在改變：赫爾柏特的著作 (New York: Knopf, 2003) 羅列各種與子女教養有關的建議。／**第一四八頁，艾索的「嬰兒管理策略」與對睡眠方式不**

當的警告‧‧參見 Gary Ezzo and Robert Bucknam, *On Becoming Babywise* (Sisters, Ore.: Multnomah, 1995), pp. 32 and 53.／**第一四八頁，布拉索頓與「互動」的小孩**‧‧T. Berry Brazelton, *Infants and Mothers: Difference in Development*, rev. ed. (New York: Delta/Seymour Lawrence, 1983), p. xxiii.／**第一四八頁，侯爾特對「不當刺激」的警告**‧‧L. Emmett Holt, *The Happy Baby* (New York: Dodd, Mead, 1924), p. 7.／**第一四八頁，啼哭「是寶寶的運動」**‧‧L. Emmett Holt, *The Care and Feeding of Children: A Catechism for the Use of Mothers and Children's Nurses* (New York: Appleton, 1894), p. 53.

第一四九－一五三頁，手槍與游泳池‧‧參見 Steven Levitt, "Pools More Dangerous than Guns," *Chicago Sun-Times*, July 28, 2001.

第一五〇－一五一頁，山德曼對美國狂牛症與其他風險的評論‧‧參見 Amanda Hesser, "Squeaky Clean? Not Even Close," *New York Times*, January 28, 2004; and "The Peter Sandman Risk Communication Web Site" at http://www.psandman.com/index.htm.

第一五三－一五六頁，父母究竟有多重要？‧參見 Judith Rich Harris, *The Nurture Assumption: Why Children Turn Out the Way They Do* (New York: Free Press, 1998)‧‧哈瑞絲的介紹也可以做為天生教養爭論的極佳參考。參見 Malcolm Gladwell, "Do Parents Matter?" *The New Yorker*, August 17, 1998; and Carol Tavris, "Peer Pressure," *New York Times Book Review*, September 13, 1998.／**第一五四頁，「『又來了』」**的評論‧‧參見 Tavris, *New York Times*.／**第一五四頁，品克認為哈瑞絲的觀點「震撼人心」**‧‧Steven Pinker, "Sibling Rivalry: Why the Nature/Nurture Debate Won't Go Away," *Boston Globe*, October 13, 2002, adapted from Steven Pinker, *The Blank Slate: The Modern Denial of Human Nature* (New York:Viking, 2002).

第一五七—一五九頁，芝加哥的選校：取材自 Julie Berry Cullen, Brian Jacob, and Steven D. Levitt, "The Impact of School Choice on Student Outcomes: An Analysis of the Chicago Public Schools," *Journal of Public Economics*, forthcoming; and Julie Berry Cullen, Brian Jacob, and Steven D. Levitt, "The Effect of School Choice on Student Outcomes: Evidence from Randomized Lotteries," National Bureau of Economic Research working paper, 2003.

第一五九頁，進入高中的學生沒辦法應付高中的課業：參見 Tamar Lewin, "More Students Passing Regents, but Achievement Gap Persists," *New York Times*, March 18, 2004.

第一五九—一六〇頁，回溯八年級考試成績差異來分析黑白的所得差距：參見 Derek Neal and William R. Johnson, "The Role of Pre-Market Factors in Black-White Wage Differences," *Journal of Political Economy* 104 (1996), pp. 869–95; and June O'Neill, "The Role of Human Capital in Earnings Differences Between Black and White Men," *Journal of Economic Perspectives* 4, no. 4 (1990), pp. 25–46.／**第一五九頁，「減少黑白的考試成績差距」**：參見 Christopher Jencks and Meredith Phillips, "America's Next Achievement Test: Closing the Black-White Test Score Gap," *American Prospect* 40 (September-October 1998), pp. 44–53.

第一五九頁，「裝白人」：參見 David Austen-Smith and Roland G. Fryer Jr., "The Economics of 'Acting White,'" National Bureau of Economic Research working paper, 2003.／**第一五九頁，**

阿柏杜爾—賈巴：Kareem Abdul-Jabbar and Peter Knobler, *Giant Steps* (New York: Bantam, 1983), p. 16.

第一六〇—一七四頁，黑白學生ECLS測驗成績差距：摘自 Roland G. Fryer Jr. and Steven D. Levitt, "Understanding the Black-White Test Score Gap in the First Two Years of School," *The Review of Economics and Statistics* 86, no. 2 (2004), pp. 447-464. 雖然這篇論文對測驗分數與一些家庭因素（看電視、父母的體罰等）的相關未曾著墨，但附錄中包含這些資料的迴歸。有關ECLS研究本身：本書寫作時，一項對這一研究的檢討張貼於 nces.ed.gov/ecls/。

第一七〇頁，領養父母的智商高於生身母親：參見 Bruce Sacerdote, "The Nature and Nurture of Economic Outcomes," National Bureau of Economic Research working paper, 2000.

第一七一頁，芬蘭兒童識字早：參見 Lizette Alvarez, "Educators Flocking to Finland, Land of Literate Children," *New York Times*, April 9, 2004.

第一七二頁，送書給每位幼兒：參見 John Keilman, "Governor Wants Books for Tots; Kids Would Get 60 by Age 5 in Effort to Boost Literacy," *Chicago Tribune*, January 12, 2004.

第一七四—一七五頁，養父母的影響：參見 Sacerdote, "The Nature and Nurture of Economic Outcomes."

6 完美的父母，續篇：換個名字會更好？

第一七七—一七八頁，失敗的故事：取材自作者的訪談與 Sean Gardiner, "Winner and Loser: Names Don't Decide Destiny," *Newsday*, July 22, 2002.

第一七八頁，法官與叫「魔女」女孩：取材自作者的訪談。

第一八〇頁，弗萊爾與黑人偏低成就的研究：摘自作者的訪談。

第一八〇頁，黑白抽煙的差異：參閱 Lloyd Johnston, Patrick O'Malley, Jerald Bachman, and John Schulenberg, "Cigarette Brand Preferences Among Adolescents," *Monitoring the Future Occasional Paper* 45, Institute for Social Research, University of Michigan, 1999.

第一八〇—一八七頁，黑人名字（與其他黑白文化差異）：參見 Roland G. Fryer Jr. and Steven D. Levitt, "The Causes and Consequences of Distinctively Black Names," *Quarterly Journal of Economics* 119, no. 3 (August 2004), pp. 767-805.

第一八四頁，「白人」履歷表勝過「黑人」履歷表：最近一次這類研究參見 Marianne Bertrand and Sendhil Mullainathan, "Are Emily and Greg More Employable than Lakisha and Jamal? A Field Experiment Evidence on Labor Market Discrimination," National Bureau of Economic Research working paper, 2003.

第一八五頁，YO XING HEYNO AUGUSTUS EISNER ALEXANDER WEISER KNUCKLES

JEREMI-JENKO-CONLEY：參見 Tara Bahrampour, "A Boy Named Yo, Etc.: Name Changes, Both Practical and Fanciful, Are on the Rise," *New York Times*, September 25, 2003.

第一八五頁，MICHAEL GOLDBERG，印度出生的錫克教徒：參見 Robert F. Worth, "Livery Driver Is Wounded in a Shooting," *New York Times*, February 9, 2004.

第一八六頁，WILLIAM MORRIS, NÉ ZELMAN MOSES：取材自作者與該機構前營運長 Alan Kannof 的訪談。

第一八七頁，以品牌命名：摘自加州出生證明資料與 Stephanie Kang, "Naming the Baby: Parents Brand Their Tot with What's Hot," *Wall Street Journal*, December 26, 2003.

第一八八頁，名叫笨蛋（Shithead）的女孩：打電話到廣播節目說外甥女叫笨蛋的女子可能資訊有誤，當然也可能純粹是說謊。無論如何，她認爲黑人取名字有時太過頭，倒是和不少人的感受相同。二〇〇四年五月，在禁止學校黑白隔離法案施行五十年的慶祝會上，黑人影星寇斯比發表演講時，痛斥低所得黑人各種自我毀滅式的行爲，包括取「貧民窟」的名字。他的說法立即遭到黑人與白人評論者的強烈指責。（參見 Barbara Ehrenreich, "The New Cosby Kids," *New York Times*, July 8, 2004; and Debra Dickerson, "America's Granddad Gets Ornery," *Slate*, July 13, 2004.）不久之後，加州教育廳長里奧丹（Richard Riordan）——洛杉磯前市長，有錢的白人——也因被認爲有種族偏見而受到攻擊。（參見 Tim Rutten, "Riordan Stung by 'Gotcha' News," *Los Angeles Times*, July 10, 2004.）里奧丹拜訪聖塔芭芭拉一所圖書館倡導某項閱讀方案時，遇到一個叫艾西斯（Isis）的六歲女孩。她告訴里奧丹她的名字是代表「埃及公主」，里奧丹卻開玩笑地回答：

「那是指愚笨、骯髒的女孩。」這句話引起公憤，黑人社運者還要求里奧丹引咎辭職。黑人議員戴馬理（Mervyn Dymally）聲稱艾西斯是「非裔美國小女孩。如果換作一個白人女孩，他還會說同樣的話嗎？」後來證實艾西斯其實是白人。雖然有些社運人士希望讓反里奧丹的抗議持續下去，但艾西斯的母親卻勸大家放輕鬆。她說她的女兒並沒有把里奧丹的玩笑話當眞：「我覺得她認爲這個人腦筋不太好。」

第一九四頁，更詳盡的名字資料：以下是我們所選出的一組名字，或有趣、或優美、或不尋常、或極爲普通、或有些怪異，並附上它們代表的教育程度。每個名字在加州資料中至少出現十次。

女孩名字（括號中數字爲母親所受教育年數）

Abigail (14.72), Adelaide (15.33), Alessandra (15.19), Alexandra (14.67), Alice (14.30), Alison (14.82), Allison (14.54), Amalia (15.25), Amanda (13.30), Amber (12.64), Amy (14.09), Anabelle (14.68), Anastasia (13.98), Angelina (12.74), Annabel (15.40), Anne (15.49), Anya (14.97), Ashley (12.89), Autumn (12.86), Ava (14.97), Aziza (11.52), Bailey (13.83), Beatrice (14.74), Beatriz (11.42), Belinda (12.79), Betty (11.50), Breanna (12.71), Britt (15.39), Brittany (12.87), Bronte (14.42), Brooklyn (13.50), Brooklynne (13.10), Caitlin (14.36), Caitlynn (13.03), Cammie (12.00), Campbell (15.69), Carly (14.25), Carmella (14.25), Cassandra (13.38), Cassidy (13.86), Cate (15.23), Cathleen (14.31), Cecilia (14.36), Chanel (13.00), Charisma (13.85), Charlotte (14.98), Chastity* (10.66), Cherokee (11.86), Chloe (14.52), Christina (13.59), Ciara (13.40), Cierra (12.97), Cordelia (15.19), Courtney

(13.55), Crimson (11.53), Cynthia (12.79), Dahlia (14.94), Danielle (13.69), Daphne (14.42), Darlene (12.22), Dawn (12.71), Deborah (13.70), December (12.00), Delilah (13.00), Denise (12.71), Deniz (15.27), Desiree (12.62), Destiny (11.65), Diamond (11.70), Diana (13.54), Diane (14.10), Dora (14.31), Eden (14.41), Eileen (14.69), Ekaterina (15.09), Elizabeth (14.25), Elizabethann (12.46), Ella (15.30), Ellen (15.17), Emerald (13.17), Emily (14.17), Emma (15.23), Faith (13.39), Florence (14.83), Francesca (14.80), Frankie (12.52), Franziska (15.18), Gabrielle (14.26), Gennifer (14.75), Georgia (14.82), Geraldine (11.83), Ginger (13.54), Grace (15.03), Gracie (13.81), Gretchen (14.91), Gwyneth (15.04), Haley (13.84), Halle (14.86), Hannah (14.44), Hilary (14.59), Hillary (13.94), Ilana (15.83), Ilene (13.59), Indigo (14.38), Isabel (15.31), Isabell (13.50), Ivy (13.43), Jacquelin(12.78), Jacqueline (14.40), Jade (13.04), Jamie (13.52), Jane (15.12), Janet (12.94), Jeanette (13.43), Jeannette (13.86), Jemma (15.04), Jennifer (13.77), Johanna (14.76), Jordan (13.85), Joyce (12.80), Juliet (14.96), Kailey (13.76), Kara (13.95), Karissa (13.05), Kate (15.23), Katelynne (12.65), Katherine (14.95), Kayla (12.96), Kelsey (14.17), Kendra (13.63), Kennedy (14.17), Kimia (15.66), Kylie (13.83), Laci (12.41), Ladonna (11.60), Lauren (14.58), Leah (14.30), Lenora (13.26), Lexington (13.44), Lexus (12.55), Liberty (13.36), Liesl (15.42), Lily (14.84), Linda (12.76), Linden (15.94), Lizabeth (13.42), Lizbeth (9.66), Lucia (13.59), Lucille (14.76), Lucy (15.01), Lydia (14.40), MacKenzie (14.44), Madeline (15.12), Madison (14.13), Mandy (13.00), Mara (15.33), Margaret (15.14), Mariah (13.00), Mary (14.20), Matisse (15.36), Maya (15.26), Meadow (12.65), Megan (13.99), Melanie (13.90), Meredith

(15.57), Michaela (14.13), Micheala (12.95), Millicent (14.61), Molly (14.84), Montana (13.70), Naomi (14.05), Naseem (15.23), Natalie (14.58), Nevada (14.61), Nicole (13.77), Nora (14.88), Olive (15.64), Olivia (14.79), Paige (14.04), Paisley (13.84), Paris (13.71), Patience (11.80), Pearl (13.48), Penelope (14.53), Phoebe (15.18), Phoenix (13.28), Phyllis (11.93), Portia (15.03), Precious (11.30), Quinn (15.20), Rachel (14.51), Rachell (11.76), Rebecca (14.05), Renee (13.79), Rhiannon (13.16), Rikki (12.54), Ronnie (12.72), Rosalind (15.26), Ruby (14.26), Sabrina (13.31), Sadie (13.69), Samantha (13.37), Sarah (14.16), Sasha (14.22), Sayeh (15.25), Scarlett (13.60), Selma (12.78), September (12.80), Shannon (14.11), Shayla (12.77), Shayna (14.00), Shelby (13.42), Sherri (12.32), Shira (15.60), Shirley (12.49), Simone (14.96), Siobhan (14.88), Skylynn (12.61), Solveig (14.36), Sophie (15.45), Stacy (13.08), Stephanie (13.45), Stevie (12.67), Storm (12.31), Sunshine (12.03), Susan (13.73), Suzanne (14.37), Svetlana (11.65), Tabitha (12.49), Talia (15.27), Tallulah (14.88), Tatiana (14.42), Tatum (14.25), Taylor (13.65), Tess (14.83), Tia (12.93), Tiffany (12.49), Tracy (13.50), Trinity (12.60), Trudy (14.88), Vanessa (12.94), Venus (12.73), Veronica (13.83), Veronique (15.80), Violet (13.72), Whitney (13.79), Willow (13.83), Yael (15.55), Yasmine (14.10), Yvonne (13.02), and Zoe (15.03).

---

*由純潔（Chastity）在此的表現來看，那個叫「魔女」（Temptress）的十五歲女孩如果叫純潔，表現也不見得會好多少。

男孩名字（括號中數字爲母親所受教育年數）

Aaron (13.74), Abdelrahman (14.08), Ace (12.39), Adam (14.07), Aidan (1535) Alexander (14.49), Alistair (15.34), Andrew (14.19), Aristotle (14.20). Ashley (12 95), Atticus (14.97), Baylor (14.84), Bjorn (15.12), Blane (13.55), Blue (13.85), Brian (13.92), Buck (12.81), Bud (12.21), Buddy (11.95), Caleb (13.91), Callum (15.20), Carter (14.98), Chaim (14.63), Christ (11.50), Christian (13.55), Clyde (12.94), Cooper (14.96), Dakota (12.92), Daniel (14.01), Dashiell (15.26), David (13.77), Deniz (15.65), Dylan (13.58), Eamon (15.39), Elton (12.23), Emil (14.05), Eric (14.02), Finn (15.87), Forrest (13.75), Franklin (13.55), Gabriel (14.39), Gary (12.56), Giancarlo (15.05), Giuseppe (13.24), Graydon (15.51), Gustavo (11.68), Hashem (12.76), Hugh (14.60), Hugo (13.00), Idean (14.35), Indiana (13.80), Isaiah (13.12), Jackson (15.22), Jacob (13.76), Jagger (13.27), Jamieson (15.13), Jedidiah (14.06), Jeffrey (13.88), Jeremy (13.46), Jesus (8.71), Jihad (11.60), Johan (15.11), John-Paul (14.22), Jonathan (13.86), Jordan (13.73), Jorge (10.49), Joshua (13.49), Josiah (13.98), Jules (15.48), Justice (12.45), Kai (14.85), Keanu (13.17), Keller (15.07), Kevin (14.03), Kieron (14.00), Kobe (13.12), Kramer (14.80), Kurt (14.33), Lachlan (15.60), Lars (15.09), Leo (14.76), Lev (14.35), Lincoln (14.87), Lonny (11.93), Luca (13.56), Malcolm (14.80), Marvin (11.86), Max (14.93), Maximilian (15.17), Michael (13.66), Michelangelo (15.58), Miro (15.00), Mohammad (12.45), Moises (9.69), Moses (13.11), Moshe (14.41), Muhammad (13.21), Mustafa (13.85), Nathaniel (14.13), Nicholas (14.02), Noah (14.45), Norman (12.90), Oliver (15.14), Orlando (12.72), Otto (13.73), Parker (14.69), Parsa (15.22), Patrick

(14.25), Paul (14.13), Peter (15.00), Philip (14.82), Philippe (15.61), Phoenix (13.08), Presley (12.68), Quentin (13.84), Ralph (13.45), Raphael (14.63), Reagan (14.92), Rex (13.77), Rexford (14.89), Rocco (13.68), Rocky (11.47), Roland (13.95), Romain (15.69), Royce (13.73), Russell (13.68), Ryan (14.04), Sage (13.63), Saleh (10.15), Satchel (15.52), Schuyler (14.73), Sean (14.12), Sequoia (13.15), Sergei (14.28), Sergio (11.92), Shawn (12.72), Shelby (12.88), Simon (14.74), Slater (14.62), Solomon (14.20), Spencer (14.53), Stephen (14.01), Stetson (12.90), Steven (13.31), Tanner (13.82), Tariq (13.16), Tennyson (15.63), Terence (14.36), Terry (12.16), Thaddeus (14.56), Theodore (14.61), Thomas (14.08), Timothy (13.58), Toby (13.24), Trace (14.09), Trevor (13.89), Tristan (13.95), Troy (13.52), Ulysses (14.25), Uriel (15.00), Valentino (12.25), Virgil (11.87), Vladimir (13.37), Walker (14.75), Whitney (15.58), Willem (15.38), William (14.17), Willie (12.12), Winston (15.07), Xavier (13.37), Yasser (14.25), Zachary (14.02), Zachory (11.92), Zane (13.93), and Zebulon (15.00).

第一九七頁，加州白人女孩一九六〇年與二〇〇〇年最普遍的名字：這項資料其實始自一九六一年，但一年的差異可以忽略不計。

第一九九頁，秀蘭・鄧波兒是症狀，而非病因：參見 Stanley Lieberson, *A Matter of Taste: How Names, Fashions, and Culture Change* (New Haven, Conn.: Yale University Press, 2000). 該書作者李柏森是哈佛社會學者，被公認是名字研究的權威。書中詳述自一九六〇年起，美國猶太裔家庭率先讓許多女孩名字流行起來（Amy, Danielle, Erica, Jennifer, Jessica, Melissa, Rachel, Rebecca, Sarah, Stacy, Stephanie, Tracy），從非猶太裔家庭開始流行的名字寥寥可數（Ashley,

KelIy, Kimberly）。有關命名習慣的討論亦參見 Peggy Orenstein, “Where Have All the Lisas Gone?” *New York Times Magazine*, July 6, 2003‥如果純粹以娛樂觀點，可參見 *The Sweetest Sound* (2001)，這是 Alan Berliner 有關名字的紀錄片。

第一九九頁，男孩名字轉變為女孩名字（但相反的情況卻不曾發生）‥這項發現摘自貝勒維大學心理學者與專有名詞學者伊凡斯（Cleveland Kent Evans）的著作。伊凡斯的部分著作可上網 academic.bellevue.edu/CKEvans/cevans.html‥亦參見 Cleveland Kent Evans, *Unusual & Most Popular Baby Names* (Lincolnwood, Ill.: Publications International/Signet, 1994); and Cleveland Kent Evans, *The Ultimate Baby Name Book* (Lincolnwood, I11.: Publications International/Plume, 1997).

尾聲‥到哈佛的兩條路

第二〇四頁，在芝加哥郊區長大的白人男孩‥這一段文字以及第五章提及這名男孩的文字均摘自作者對卡辛斯基的專訪以及 Ted Kaczynski, *Truth Versus Lies*, unpublished manuscript, 1998‥亦參見 Stephen J. Dubner, “I Don’t Want to Live Long. I Would Rather Get the Death Penalty than Spend the Rest of My Life in Prison,” *Time*, October 18, 1999.

第二〇四頁，來自佛羅里達的黑人男孩‥本章及前章的相關敘述均取材自作者對弗萊爾的訪談。

國家圖書館出版品預行編目資料

蘋果橘子經濟學／李維特 (Steven D. Levitt)，
杜伯納 (Stephen J. Dubner)著；李明譯.
-- 初版.-- 臺北市：
大塊文化，2006[民 95]
面：　公分.-- (From ; 33)
譯自：Freakonomics: a rogue economist explores the hidden side of everything
ISBN　986-7291-93-X(平裝)

1. 經濟

550　　　　94026123

LOCUS

LOCUS

LOCUS

LOCUS